KB165474

서북(西北)

●우루무치시

신장위구르자치구

간쑤성

칭하이성

시닝시 ●

시장 자치구

●리싸시

서남(西南)

원난성
쿤밍시 ●

한중문화교류 30년사

한중문화교류 30년사

"한중 상생 동반자의 시대" 미래와 과제

유재기 지음

도서출판 대가

2022년은 한중수교 30년을 맞는 뜻깊은 해다. 지난 30년간 양국은 정치, 경제, 사회, 문화 등 각 분야에서 괄목할 발전을 이뤄왔다. 특히 문화 분야에서는 상대국 내에 한류(韓流)와 한풍(韓風)이라는 신조어를 탄생시키며 문화교류, 협력, 문화산업 교역에서도 적잖은 다양한 활동이 왕성하게 이어져왔다. 한편, 여러 가지 복잡한 문화 외적 사정으로 한때 문화교류 활동이 중단되어 안타까운 기간도 있었다.

지난 30년간 양국 문화 분야에서 이뤄진 여러 활동과 사례를 한 권의 책으로 엮기 위해 노력했지만 방대한 자료를 한군데에 정리하기에는 한계가 있음을 알면서 진행해 송구한 마음이다. 그러나 짧은 기간이더라도 양국 간에 진행된 문화활동과 주요 사례를 살펴보고 앞으로의 교류와 협력, 문화산업 교역활동에 참고가 될 기대감에 용기를 얻었다. 지명, 작품명, 회사명 등 일부 고유명사는 혼란을 피하기 위해 원칙적으로 중국어 간체자나 번체자로 표기했고 일부 분야이지만 한국 문화활동의 중국 진출에 비중을 둔 것은 자료 확보의 어려움이라는 부득이한 사정이 있어 독자 여러분의 넓은 양해를 구한다.

　선린 이웃인 한중 양국 간 문화 분야의 교류, 협력, 문화산업 교역활동이 순조롭게 진행되고 더 확대되어 양국 문화가 세계문화 향수층에 끊임없이 제공되기를 기대하며 이 책이 지난 30년 간의 한중 양국 문화교류 등에 대한 이해가 필요한 독자들에게 조금이나마 도움이 되길 바라는 마음이다.

2022년 6월

저자 柳在沂

목차

책을 엮으면서   004

I. 서언   008

II. 한중수교와 문화교류 기반 구축

01 호기심과 기대감 속의 문화교류   016
02 정부간 문화교류 기반구축   020
03 초기 문화교류   022

III. 분야별 한중문화교류

01 공연예술   028
02 영화   046
03 방송   055
04 전시   059
05 스포츠   065
06 문화재   072
07 게임   079
08 한국어 보급확산   086
09 기타(도서출판, 음식, 지자체 등)   092
10 상대국 내 자국 문화원 설치   098
11 여가활동과 외교   099

IV. 문화교류 발전과 한계

01 한류와 한풍의 탄생   104
02 한류가 중국 대중문화계에 미친 영향   162
03 문화교류의 한계   166

V. 문화교류와 경제

01 한류의 경제적 효과   186
02 스타 마케팅의 위력   189
03 기업 이미지 제고와 문화교류   193

VI. 한중문화산업 교역

01 중국의 사회·문화적 환경   198
02 경제적 환경   204
03 뉴미디어산업 환경   210
04 주요 문화콘텐츠별 최근 동향   216
05 중국의 주요 문화콘텐츠별 수출·입 동향 231
06 한중 주요 문화콘텐츠 교역   255

VII. 한중문화교류의 전망

01 회고   296
02 전망   302

참고문헌   308

PART I

서언

한중 양국은 수교 이후 지난 30여 년간 문화산업을 포함한 전 문화 분야에서 괄목할 문화교류 활동을 진행해왔다. 자국 문화 보호·육성 강화책의 간헐적인 시행으로 인해 해외문화 및 문화산업의 정상적인 자국 유입에 부분적인 어려움도 겪었다. 특히 적어도 외형상 사드(THAAD: 고고도 미사일 방어체계) 문제로 양국간 문화교류 활동에 상당한 제약을 받다가 2016년 6월 이후 2021년 말까지 중국 내 새로운 한국 문화활동은 사실상 멈추었고 설상가상 2020년 초부터는 코로나19로 인해 정상적인 문화교류 활동은 찾아보기조차 힘들었다.

2000년 전후 중국에서는 한류(韓流), 한국에서는 한풍(漢風)이라는 신조어를 탄생시키며 왕성했던 문화교류 활동이 현재는 한때 추억으로 비치는 느낌은 필자만의 지나친 생각은 아닐 것이다. 한류와 한풍은 일부 부정적인 면도 있었지만 대체로 자국 문화발전에 자성의 기회를 제공했다는 긍정적인 평가가 대세다. 문화교류란 물 흐르듯 흐르는 것이 일반적이고 자연스러운 현상이라고 할 때 문화교류에 대해 자국의 국익확보에 거추장스럽게 여기면서 부분적 제한이라는 보이지 않는 힘을 가하는 것은 자국 문화발전에 도움이 안 된다는 사실을 우리는 잘 알고 있다. '지원은 하되 간섭하지 않는다.' 라는 문화예술 정책이 창조적 발전을 낳은 자국 문화와 문화 콘텐츠가 세계인의 주목을 받았음을 가볍게 여기면 발전이 없다고 전문가들은 충고한다. 지난 30여 년간 양국 문화교류 활동에서 표출된 여러 어려움 중 역사적, 문화적 충돌이 발전의 장애 요소로 등장했다.

여기에는 여러 가지 원인이 있겠지만 기저에는 상대방의 역사적, 문화적 이해 부족에 기인한다고 할 것이다. 양국은 수교 초기 상호 필요성에 의해 대단히 가까운 관계를 유지해왔지만 시간이 흐르고 자국의 경제적, 사회적 환경이 변화하면서 다양한 목소리가 각 분야에서 흘러나왔다. 특히 뉴미디어의 발달로 양국 국민은 다양한 미디어에 쉽게 접근하면서 상대방을 신뢰하지 않는 다소 민감한 사안을 공론화하며 불신을 증폭시키고 상대방을 비방하는 현상이 새로 등장했다.

지난 30여 년간 양국은 문화적 유사성, 지리적 인접성, 경제적 상호 보완성 덕분에 단기간에 괄목할 발전을 이룬 것은 주지의 사실이다. 문화산업 시장 측면에서 접근해보면 한국의 문화콘텐츠 창작과 중국의 방대한 시장과 인력 등을 감안한 상호 발전방안이 상당히 진행되었지만 오늘날 무척 달라져 있음을 느낀다. 상대방 문화에 대한 올바른 이해와 존중 속에 활발한 문화교류는 문화산업 분야를 포괄하는 동반성장과 진정한 우의증진이라는 환경 속에서 강력한 동력을 확보해도 부족한 시점에 이 같은 장애 요인 극복이 쉽지 않아 보여 우려되고 안타깝다. 하지만 양국의 문화교류가 제약받거나 멈추면 서로에게 이익이 되지 않는다.

다양한 분야에서 예상하지 못한 사건이 발생하더라도 전문가, 정책입안자, 관계자가 지혜를 모아 활발한 교류활동이 자연스럽게 진행되도록 모든 어려움을 극복해 나가야 한다. 따라서 이 같은 현실을 감안해 30여 년간 양국 문화교류 진행 과정을 요약·정리하고 뉴미디어 시대에 걸맞은 새로운 문화교류 방안을 살펴보았다.

PART **II**

한중 수교와 문화교류 기반 구축

01 호기심과 기대감 속의 문화교류
02 정부간 문화교류 기반 구축
03 초기 문화교류

01 호기심과 기대감 속의 문화교류

　수교 전후로 한중 양국 국민 사이에 상대방 문화에 대한 호기심과 기대감이 상당히 높았을 것이다. 약 7억 명의 중국인이 1988년 9월 서울에서 개최된 제24회 하계올림픽 개막식을 TV로 시청했고 반세기 동안 접근하지 못했던 한국 문화를 처음 접했다고 한다. 중국뿐만 아니라 구소련을 포함한 동구 공산권 국가가 서울올림픽에 대거 참가해 냉전시대가 저물고 새로운 데탕트 시대를 잉태하는 소중한 분위기를 느꼈던 기억도 있다. 이듬해인 1989년 11월 9일 동서 냉전의 산물인 베를린 장벽이 무너지는 세계사적 사건이 일어났으니 더욱 그렇다.

　한편, 수교 전 한중 양국은 상대국에서 개최되는 국제 스포츠 행사에 적극 참가했는데 1986년 9월 서울에서 개최된 제10회 아시안게임에 중국은 수백 명의 대규모 선수·임원단을 파견했고 1990년 8월 베이징에서 개최된 제11회 아시안게임에는 한국이 대규모 선수·임원단을 파견했다. 이 같은 국제 스포츠 행사에서의 상호 문화 접촉은 또 다른 호기심을 불러일으켰다. 특히 베이징 아시안게임 기간에는 700여 명의 대규모 선수·임원단 외에 한국인 관광객 5만여 명이 중국을 찾았으며 여기에는 기업인 등 다양한 분야의 인사가 포함되어 있었다.

양국은 경제적 상호 보완성, 문화적 유사성, 지리적 인접성 덕분에 단기간에 괄목할 성장을 했다고 많은 사람이 평가했다. 수교 초기 중국은 한국을 모범적인 개발도상국으로 여겼고 한국은 중국의 방대한 시장과 잠재력에 호기심과 기대감이 있었는데 특히 중국문화에 큰 기대를 걸었다. 이 같은 호기심과 기대감 속에 수교 전인 1991년 11월경 중국 문화부는 한국 문화체육관광부와 수교 후 양국간 문화예술 분야 교류와 협력에 대한 사전답사 성격으로 대외문화연락국장 우춘더(吳春德), 아주처장 자오바오즈(趙宝智), 부처장 류우후이(劉宇輝) 세 명을 한국에 파견했다. 이들은 한국 국립극장 등 문화예술 분야 인프라와 소프트웨어를 시찰하며 상당한 호감을 갖고 귀국했다는 후문도 있었다. 거의 반세기 동안 양국간 문화교류가 없어 1992년 8월 24일 수교가 이루어진 후 정치, 경제, 사회, 문화 분야의 교류협력사업이 봇물처럼 터졌다.

수교 이듬해인 1993년 10월 정부간 첫 공식 문화교류 행사는 중국 문화부가 초청한 한국 국립무용단의 베이징 공연이었다. 당시 한국 정부측 대표로 김동호 문화체육관광부 차관이 참석해 중국 문화부 류더여우(劉德有) 부부장(차관)과 양국간 문화교류에 대해 많은 대화를 나누었다. 공연장으로 손색없는 베이징 시내 바오리 극장(保利劇院: 1,400석 규모)에서 진행된 한국 국립무용단 공연은 참석한 관객뿐만 아니라 언론보도를 접한 일부 시민의 기대 이상의 호응을 얻었다.

02 정부간 문화교류 기반 구축

　수교 초기 양국 정부는 문화예술, 관광, 스포츠, 문화재 등 다양한 분야의 교류협력 증진을 위한 제도적 장치 마련에 들어갔다. 그 첫 번째로 마련된 것이 문화교류의 근간인 '한중 정부간 문화에 관한 협정(Agreement on Cultural Cooperation Between the Government of the Republic of Korea and the Government of the People's Republic of China)'이다. 이 협정은 수교 이후 약 1년 7개월이 지난 1994년 3월 28일 김영삼 대통령의 중국 국빈방문 기간 베이징에서 서명되었다. 총 18개 조로 구성된 이 협정은 양국 정부간 문화예술, 언론, 학술, 교육, 영화, 출판, 체육, 청소년(청년), TV 등의 분야를 포괄해 양국은 이 협정에 근거해 1994년 12월 2일 제1차 한중 문화공동위원회를 개최했다. 여기서 향후 2년 기간인 1995년~1996년 양국 정부간 문화교류 세부 시행계획에 합의·서명함으로써 쌍방 다양한 문화교류가 진행되고 민간 분야 교류도 탄력을 받았다. 그리고 '한중 정부간 문화에 관한 협정' 정신에 입각한 전문 분야별 각종 합의서와 협정서가 체결되었는데 한중 관광진흥협의회에 관한 규정 합의서, 한중 체육협력에 관한 협정서, 한중 문화재 교류합의서, 한중 청소년교류에 관한 양해각서 등이다.

1995년 5월 24일 베이징에서 체결된 '한중 양국간 관광진흥협의회 규정에 관한 합의서'는 당시 한국 문화체육관광부와 중국 국가여유국(國家旅游局) 관계자의 정례 협의를 통해 관광 분야의 협력 촉진과 정보자료 교환 등으로 상호 이익 추구에 그 목적을 둔 합의서다. 이에 근거한 한중 관광진흥협의회는 초기에 한국 문화체육관광부 관광국장과 중국 국가여유국 부국장(副局長: 관광청 차장급)을 단장으로 매년 교차회의를 진행하다가 상당 기간이 지나면서 중국측은 국가여유국 외사사(外事司) 사장(司長: 국장급)이 대표로 참석하기도 했다. 그리고 양국간 스포츠 교류와 협력증진을 위해 체결된 '한중 체육협력에 관한 협정서'는 1995년 6월 9일 베이징호텔에서 한국 문화체육관광부 장관과 중국 우사오주(伍紹祖) 국가체육운동위원회(현 국가체육총국) 주임(主任: 장관) 간에 서명되었는데 양국간 호혜평등 원칙에 따라 스포츠 분야 교류와 협력증진을 위한 총 5개 조문으로 구성되었다. '한중 문화재 교류합의서'는 당시 한국 문화재관리국(현 문화재청)과 중국 국가문물국(國家文物局: 차관급) 간에 양국간 역사·문화유산관리 보호 및 복구를 비롯해 학술연구 분야의 인적교류 촉진을 목적으로 1998년 6월 5일 베이징에서 합의·체결되었다.

　다음은 '한중 청소년(청년) 교류에 관한 양해각서'인데 양국의 미래를 책임질 젊은이들의 교류가 대단히 중요하다는 데 양국이 인식을 공유하고 1998년 11월 12일 베이징 인민대회당에서 '대한민국 정부와 중화인민공화국 정부간 청소년(청년) 교류에 관한 양해각서'에 합의·서명했다. 이 첫 번째 양해각서에는 양국은 청소년 및 청소년 지도자로 구성되는 20명의 대표단을 연 2회, 10일 또는 2주 일정으로 상호 방문하게 하고 양국 국민간 우의와 이해증진을 위해 청소년 문화예술 교류와 청년기업인간 교류도 장려한다고 규정했다. 그런데 1998년 11월 12일 김대중 대통령의 중국 국빈방문 기간에 체결된 첫 번째 양해각서

상 교류 규모가 다소 부족함을 상호 인식하고 이를 확대해야 한다는 주장이 계속 이어져왔다. 그러던 중 2003년 7월 7일~10일 노무현 대통령의 중국 국빈방문 이후 양국은 2004년 5월 13일 베이징호텔에서 중국 청소년의 연간 방한 규모를 500명으로 확대한다는 내용의 두 번째 '대한민국 정부와 중화인민공화국 정부간 청소년 교류 약정'을 체결했다. 이 서명식에 한국측은 당시 대한민국 주중대사였던 김하중 대사가, 중국측은 중화전국청년연합회(中華全國靑年聯合會: 共靑團의 대외행정기관) 후웨이(胡偉) 상무 부주석(차관급)이 각각 서명했고 중국측은 저우창 공청단 중앙 제1서기(장관)가 배석했는데 저우창(周强) 제1서기는 1998년 11월 한중간 체결된 첫 번째 양해각서를 주관했을 뿐만 아니라 청소년 교류의 중요성을 깊이 인식하는 인사로 현재는 중국 인민최고법원장(中國人民最高法院長: 한국의 대법원장)으로 있다.

청소년 교류가 매우 중요하다는 데 인식을 공유한 양국은 2007년 4월 10일 원자바오(溫家宝) 총리의 방한 당시 노무현 대통령과 세 번째 '대한민국 정부와 중화인민공화국 정부간 청소년 교류 약정'에 다시 조인하면서 한국 청소년의 중국 방문 규모도 연간 100명으로 확대되어 다양한 프로그램이 진행되었다. 하지만 당시 중국과 일본간 청소년 교류 규모에 비하면 매우 작은 규모였다. 중국 청소년 분야의 정책적 업무 관장은 중화전국청년연합회가 일반행정업무를 진행하고 중국공산주의청년단이 사업을 진행한다. 당시 중화전국청년연합회에는 공청단 중앙 제1서기가 이 연합회의 주석직(主席職)을 겸하고 부주석(차관급) 4~5명을 두고 있는 것으로 알려져 있다.

당시 중국 공청단은 전국적으로 약 8천만 명 이상의 규모로 사회 각계각층의 전문 요직에 뿌리내린 젊은 엘리트 집단으로 중국의 미래를 이끌고 나갈 인재의 산실로 그 비중과 영향력이 대단하다는 정평이 나 있었다. 양국간 청소년

왕래는 상대방 문화를 올바로 이해함으로써 진정한 우의증진을 기할 수 있어 미래지향적인 장기 투자사업으로 그 가치를 측정하기 어려울 것이다.

03 초기 문화교류

　한중 수교 이후 1997년까지 5년간은 대체로 문화교류의 초기 단계라고 할
수 있다. 이 기간에는 비교적 양국 정부간 교류가 많았다. 물론 다양한 영역에
서 이루어졌는데 가장 대표적인 분야는 공연, 전시, 스포츠, 학술, 청소년 분야
라고 생각된다. 그런데 당시 한국의 경제 사정이 어려워 문화예술 분야 교류는
위축될 수밖에 없었다. 1997년 12월 3일 한국은 IMF로부터 구제금융을 받아
수년간 긴축재정 등으로 그 극복을 위해 각고의 노력을 기울이던 시기였기 때
문이다. 1994년~1997년 문화예술 각 분야의 교류는 상당히 이어져왔다. 그런
데 초기 민간 분야의 문화교류에서 상호주의 또는 호혜원칙이 아닌 일방적인
조건으로 한국이 중국 진출을 위해 많이 노력했다. 특히 공연행사가 중국 내에
서개최될 경우, 상당한 비용을 한국측이 부담하는 경우가 많았는데 정확한 현
지 시장 분석 부족으로 행사가 일회성에 그치거나 실적 위주로 진행되어 큰 어
려움을 겪기도 했다. 따라서 너나 할 것 없이 수많은 공연예술단체의 중국행
러시가 이루어졌는데 그와 관련된 문제점도 많았다. 국·공립 단체든 민간단체
든 한 나라의 문화예술단체의 특정 국가 내 행사가 이루어질 때 현지인들은 단
체 성격을 언급하지 않고 그 나라의 문화 수준을 평가한다는 것이 전문가의 분

석이다. 해당 국가의 이미지와 직결되므로 더욱 그렇다는 중론이다.

1995년 3월 31일 베이징 창청호텔(長城飯店)에서 한국관광공사 사장, 대한민국 주중대사, 허광웨이(何光偉) 중국 국가여유국장을 포함한 300여 명이 참석한 가운데 한국관광공사 베이징사무소 개소식이 열려 한중 양국의 관광교류 기초를 다졌다. 1998년 6월 2일 베이징에서 한중 양국은 중국인 단체 해외여행 승인 대상국 MOU를 체결했다. 당시 한국측 대표로 문화체육관광부 관광국장, 중국측 대표로 국가여유국 순깡(孫剛) 부국장이 서명했는데 당시 중국 정부가 중국인 단체(10인 이상) 해외여행을 승인한 국가나 지역은 화교(華僑)나 화인(華人)이 많이 거주하는 홍콩, 마카오, 싱가포르, 대만, 태국 등으로 그들간 교류에 그쳐 사실상 제3국으로서의 중국인 단체 해외여행 승인 대상국은 한국이 최초였다.

1995년 초부터 중국인 단체 해외여행 대상국의 한국 포함을 두고 중국 국가여유국과 약 3년 2개월에 걸친 협의 끝에 마침내 결실을 맺음으로써 양국간 관광객 교류가 대폭 증가하는 추세를 보였다. 수교 초기 10여 년간 정부간 문화 분야 인적교류가 매우 활발히 이루어졌다. 당시 문화예술 분야는 한국 문화체육관광부와 중국 문화부(현 文化和旅游部), 방송·영화·TV는 중국 국가 라디오 영화 텔레비전총국(國家廣播電影電視總局), 스포츠는 국가체육총국(國家體育總局), 간행물·게임 등 출판 분야는 국가신문출판총서(國家新聞出版總署), 종교는 국가종교사무국(國家宗教事務局: 차관급) 등과의 교류가 활성화되어 왔지만 이 같은 정부간 관계자의 상대국 방문은 시간이 흐르면서 횟수가 점점 줄어드는 추세다. 이와 동시에 양국간 민간 분야의 전문인사 교류는 점점 활기를 띠며 2002년 이후 다양한 분야에서의 인적교류가 본격적으로 이루어졌다.

다음으로 문화예술 분야를 세부 영역별로 구분해 주요 발자취를 찾아보자.

다양하고 폭넓은 분야를 대상으로 접근해야 하지만 자료 확보의 한계 등 여러 가지 어려움으로 문화예술 분야의 상호 교류 현황보다 한국의 중국 진출자료 기술에 많은 지면을 할애하는 것이 안타깝다. 아울러 독자 여러분의 양해를 구한다.

PART **III**

분야별 한중 문화교류

01 공연예술   **07** 게임

02 영화   **08** 한국어 보급·확산

03 방송   **09** 기타(출판·음식·지자체 등)

04 전시   **10** 상대국 내 자국 문화원 설치

05 스포츠   **11** 여가활동과 외교

06 문화재

01 공연예술

　한중 양국간 문화예술 교류에서 가장 활발한 것이 이 분야인데 많은 공연이 줄지어 진행되었다. 수교 초기인 1993년 10월 한국 국립무용단의 베이징, 상하이 공연 이후 1994년 KBS 예술단의 베이징, 선양(瀋陽) 순회공연과 코리아나(KOREANA)의 상하이 콘서트, 같은 해 여름 충남예술단의 하얼빈 여름축제 참가, 88예술단의 제3회 중국 국제민간예술제(베이징, 선전) 참가, 창무회의 제1회 베이징 국제무용 페스티벌 참가, 같은 해 9월 한국 디딤무용단의 베이징, 텐진, 하얼빈, 지난(濟南) 순회공연 등이 현지 중국인의 관심과 이목을 집중시켰다.

　1995년 11월에는 원광대 이길수 무용단의 상하이 국제민속예술제 참가, 같은 해 같은 달에는 김남윤 독주회가 중국 중앙음악대학 연주홀에서 열렸고 같은 해 3월에는 중국 지린성(吉林省) 오케스트라의 서울 예술의전당과 전주 콘서트가 있었으며 4월 10일~5월 8일에는 중국 인형극단의 서울 예술의전당 토월극장 장기 공연이 열렸다. 광둥(廣東) 실험현대무용단의 한국 창무국제예술제 참가, 같은 해 10월 중국 선양(瀋陽) 설화예술단의 방한 공연, 11월 중국 네이멍(內蒙) 예술단의 광주비엔날레 참가 등이 계속 이어졌다.

　1996년은 양국간 문화교류사업이 상승세를 이어가는 시기였다. 같은 해 2월 한국 국립국악관현악단장 박범훈이 베이징 콘서트홀(北京音樂廳)에서 개최된 중국 중앙민족악단 신년음악회에 초청되어 지휘를 맡았고 베이징무용대학 무용단(30명)의 한국 한양대 무용학과 초청공연이 이루어졌으며 중국 문화부가 파견한 중국예술단(40명)의 서울, 대전, 천안 순회공연도 순조롭게 진행되었다. 같은 해 가을인 10월 25일~11월 2일 서울시는 베이징 시립교향악단(100여 명)을 초청해 연주회를 가졌고 9월 14일~9월 18일에는 LG전자 협찬으로 한국 우호예술단(40명 내외)의 베이징, 상하이, 텐진 순회공연이 이루어졌다. 같은 해 10월 10일~10월 14일 베이징에서 개최된 중국 내 최초의 외국문화주간 행사인 한국문화주간의 다양한 프로그램을 베이징호텔 1층 그랜드볼룸(약 600평 규모), 21세기극장(1,710석 규모) 등에서 동시다발적으로 진행해 많은 중국인이 한국 문화를 입체적으로 느낄 기회를 제공하고 일부 재중 외국공관의 부러움도 샀다는 것이 당시 시각이었다. 이 한국문화주간 행사의 세부 프로그램 구성을 보면 국립국악원의 종묘제례악 연주, 창무예술원(16명)의 '춤, 그 신명', 툇마루 무용단(15명)의 '해변의 남자-가을', 홍신자 무용단(15명)의 '지구인 Ⅱ', 코리아나(10명)의 '축제의 노래' 등으로 차오양구(朝陽區)에 위치한 21세기극장에서 진행되었다. 10월 10일~11일 양일간 베이징호텔 1층 그랜드볼룸에서는 패션쇼 '1996 大韓民國 文化周服裝表演'이 진행되었으며 'Body Work 예술 의상전'에 한국 전통의상 150점과 현대의상 40여 점이 동시에 전시되었는데 많은 사람의 관심 속에 국가 이미지 제고와 한국 의상의 브랜드 가치를 높였다는 것이 당시 현지 전문가들의 평가였다.

당시 한국문화주간 행사 개막식에는 한국 문화체육관광부 장관과 중국 문화부 제1부부장(차관)인 리옌차오(李源潮)가 테이프 컷팅을 했는데 문화부 부장은 베이징 부재로 참석하지 못한 것으로 알려졌다. 리옌차오 제1부부장은 이후 장쑤성(江蘇省) 당서기를 거쳐 중국공산당 중앙조직부장(한국의 청와대 인사수석)과 중국공산당 중앙정치국 위원과 국가 부주석을 역임했다. 어쨌든 갑작스러운 장소 대여 변경 등 모든 어려움을 극복하고 한국문화주간 행사가 진행되어 대체로 성공적이었다는 것이 주변 전문가의 평가였다. 같은 해 10월 25일~26일 베이징 시내 중심가 서우두극장(首都劇院)에서 한국 극단 '미추' 출연진 30여 명이 작품 '봄이 오면 산에 들에'를 열연했고 같은 달 24일~25일 서울 컨템포러리 무용단(20여 명)이 '명성황후', '초혼', '허준'을 공연해 많은 박수갈채를 받았다. 같은 해인 1996년 10월 23일~28일에는 상하이 말리예술단(25명)이 한국 무용협회 초청으로 제16회 서울 국제무용제에 참가했고 쓰촨성(四川省) 성회(省會)인 청두시(成都市) 인형극단 30여 명도 12월 18일부터 이듬해 1월 29일까지 서울을 비롯한 전국 대도시에서 순회공연을 가졌다. 1997년으로 넘어가면서 더 많은 문화예술 교류활동이 이어졌다.

새해 벽두인 1월 12일 베이징 콘서트홀에서는 중국 교향악단이 주관한 한국 HOREP-SAN 예술단 44명과 중국 교향악단 및 실내악단 50여 명의 합동 콘서트가 추진되었고 중국의 설날(春節)을 막 지난 2월 14일~15일에는 중국 교향악 페스티벌이 진행되었는데 베이징 콘서트홀과 하이뎬취극장(海淀區劇院)에서 한국의 저명 지휘자 곽승 씨가 한국의 '밀양아리랑 서곡'을 지휘했다. 같은 해 4월 4일~6일 베이징 21세기극장에서 개최된 Hennessy Concert Opera 행사에 세계적인 성악가 신영옥 씨가 '리골레토'에 출연해 관객의 뜨거운 찬사를 받았다. 5월 13일에는 제9회 희사자전 국제교류 음악회에 피아니스트 박은희 씨가 미국, 일본, 중국 피아니스트와 함께 참가해 뜨거운 박수갈채를 받았다. 6월 16일에는 피아니스트 서주희 씨가 베이징 콘서트홀에서 중국 교향악단과 '라흐마니노프 No. 2'를 협연해 관객을 매료시켰는데 다음 날 중국 영자지 차이나 데일리(China Daily)는 서주희 씨의 연주를 대서특필했다. 6월 20일~23일에는 '김덕수 사물놀이패'와 한복 전문가 이리자(李利子) 씨가 한국인 한복 모델네 명과 상하이 국제무역센터, 난징(南京) 금릉호텔, 양저우시(揚洲市) 우호회관에서 개최된 문화행사에 참가해 대성황을 이루었고 그해 8월 11일~15일에는 중국 문화부 초청으로 한국 국립무용단(45명)이 한중 수교 5주년 기념사업의 일환으로 상하이 일부대무대(逸夫大舞臺: 998석 규모), 창춘둥팡대극장(長春東方大劇院: 1,450석 규모), 베이징 바오리극장(保利劇院) 세 도시의 주요 극장에서 순회공연을 가졌는데 중국 전문예술가들은 '천년의 춤', '무녀도'로 구성된 프로그램을 상상 이상으로 극찬했다. 같은 해 10월 10일 중국 베이징 인민대회당, 11일 베이징 21세기극장에서 중국예술총공사가 주관한 이탈리아 산타 세실리아(Santa Cecilia)교향악단 초청연주회가 진행되었는데 당시 이 교향악단의 상임 지휘자는 한국이 낳은 세계적인 지휘자 정명훈으로 관중을 열광의 도가니로 몰아넣어 연주회 다음날 영자지 차이나 데일리는 산타 세실리아 교향악단 소개보다 지휘자 정명훈 씨에 대한 대서특필로 지면을 채웠다.

콘서트 첫날 인민대회당에는 이탈리아 국방장관, 중국 첸치첸(錢其琛) 부총리 겸 외교부장, 주중 주요국 외교사절이 대거 초청되어 행사의 격조를 한층 높였다. 10월 25일~26일 베이징시 초청으로 서울시립교향악단 100여 명의 연주회가 21세기극장에서 열렸고 11월 19일~20일 베이징 콘서트홀에서는 중국 중앙민족악단이 주최한 한중 민족관현악 연주회가 진행되었는데 한국측 국립국악관현악단, 김덕수 사물놀이패(약 50명)와 중국측 중앙민족악단(50여 명)의 합동연주는 일반 시민뿐만 아니라 관련 전문가의 시선도 집중시켰다.

1997년에는 중국의 각종 예술단의 방한 러시가 이루어졌다. 3월 16일~22일 한중문화원 초청으로 베이징 경극단(京劇團) 59명의 방한공연이 있었고 5월 11

일~17일 부산시가 주최한 아시아 주간(Asian Week) 행사에는 베이징 민속공연단(15명)이 참가했으며 6월 5일~8일 한국 현대무용협회가 주관한 제16회 국제현대무용제에는 중국 공작춤의 대표 주자인 양리핑(楊麗萍) 등 세 명이 참가해 대환영을 받았다. 같은 해 9월 7일~12일 서울 예술의전당 초청으로 중국 선양음악대학 교향악단 78명(한족 70명, 조선족 8명)이 서울국제음악제에 참가했고 11월 27일~12월 3일 국립극장 대극장에서는 한·중·일 북의 대합주가 진행되었는데 중국은 자국의 전통북춤의 고장인 산시성(山西省) 봉주고악예술단(縫州鼓樂藝術團)이 참가해 3개국의 북이 함께 연주되면서 특성이 비교되기도 했다. 11월 1일~9일 문화일보 등의 주최로 상하이 교향악단 83여 명의 방한 연주회가 열렸고 12월 27일부터 이듬해 1998년 3월 30일까지 장기간 예술의전당에서는 중국문화대전이 진행되었는데 개막식에는 중국 문화부 류중더(劉忠德) 부장(장관)과 주무즈(朱穆之) 중국 대외문화교류협회장 등 주요 인사 아홉 명이 참석해 행사의 비중이 느껴졌다.

1997년 2월 오늘날의 중국을 총설계했다는 등샤오핑(鄧小平) 주석이 홍콩 반환을 몇 개월 앞두고 세상을 떠났고 그해 5월 1일 노동절을 기해 중국은 처음으로 주5일 근무제를 도입해 시행했다. 같은 해 7월 1일 중국은 홍콩 주권 반환을 경축하기 위해 7월 5일 베이징 인민대회당에서 홍콩 주권회복 경축 대형 교향악 음악회를 열었는데 한국, 미국, 일본, 베트남, 태국, 필리핀, 말레이시아, 싱가포르 등에서 청소년관현악단이 참가했다. 특히 1997년 2월 12일 북한 노동당 비서였던 황장엽 씨와 일행 김덕홍 씨가 베이징 싼리툰(三里屯)에 위치한 대한민국 주중대사관 총영사관에 망명하는 사건이 발생해 이들의 신변 보호를 위해 중국 정부가 무장경찰과 장갑차를 총영사관 주변에 배치하는 삼엄한 경비태세에 들어갔다. 하지만 한중 양국간 문화교류는 끊임없이 이어져왔다. 8

월 11일~25일 중국 문화부 초청으로 한국 국립예술단(약 45명)의 중국 주요 도시 순회공연이 이루어졌다. 그해 12월 3일 불행히 한국은 IMF 구제금융을 받는 어려움을 겪었는데 이듬해에도 교류행사는 간헐적으로 이어졌다.

1998년 7월 1일~3일 베이징대와 중국 국제문화교류 중심에서 이화여대 HANDBELL 앙상블(16명)의 연주회가 열렸고 서울예술단(30여 명)은 중국 문학예술계 연합회(약칭 文聯) 초청으로 제4회 중국 국제민간예술제에 참가했으며 같은 해 4월 14일~18일 베이징, 같은 해 8월 19일~28일 난징과 상하이에서 진행된 행사에는 한국, 일본, 이집트, 이탈리아, 몽골, 스페인 등 15개국이 참가했다. 1999년에도 다양한 문화예술 교류행사가 진행되었다. MBC가 주최한 중국 빙등예술제가 5월 15일~6월 14일 일산 호수공원에서 진행되었고 8월 24일에는 한중우호협회와 주한 중국대사관이 주최한 한중 수교 7주년 기념음악회가 금호미술관에서 진행되었다. 9월 21일~10월 3일에는 중국 문화부 초청으로 50여 명 규모의 국립예술단의 베이징, 하얼빈, 창춘 세 개 도시 순회공연이 이루어졌다. 이는 1998년 대한민국 정부 수립 50주년을 기념·경축하기 위해 중국 문화부가 파견한 중국예술단 방한 공연에 대한 답방 공연 형식이었다. 11월 30일 상하이 콘서트홀에서는 한국 남녀 성악가 120여 명으로 구성된 '프리모칸탄테' 공연이 있었고 특히 11월 11일 베이징 노동자체육관(工人體育館)에서 열린 한국 아이돌 그룹 클론(Clon) 콘서트는 청소년 관객을 매료시켜 한국 드라마와 함께 한류의 서막으로 장식되었고 1999년 11월 19일자 베이징 칭년바오(北京靑年報)에 최초로 한류라는 신조어가 등장하는 결과를 가져왔다.

2000년 4월 28일~30일 186명으로 구성된 대규모 한국 오페라단이 상하이 대극장(上海大劇院)에서 선보인 '춘향전'은 엄청난 반향을 일으켰고 이보다 앞선 2월 초 설날(春節)에는 베이징 노동자체육관에서 인기 아이돌 그룹 H.O.T 콘서트가 열렸다. 당시 영국 보컬 그룹 '911'의 베이징 콘서트가 진행 중이었는데도 불구하고 현지 언론과 청소년들의 모든 관심은 H.O.T 콘서트에 쏠렸다. 따라서 먼저 치러진 클론 콘서트와 더불어 H.O.T 콘서트는 중국 내 한류 확산의 기폭제가 되었다는 것이 현지 관계자의 한결같은 분석이었다. 같은 해 5월 6일~13일 중국 중앙민족악단이 주최한 제2회 한중 관현악 축제가 베이징, 광저우, 후이저우(惠州) 세 개 도시에서 순회공연으로 열렸는데 한국측은 국립국악관현악단 50여 명이 참가해 한국 문화예술의 수준을 널리 알렸다. 같은 해 5월 10일 베이징 21세기극장에서는 세계적인 바이올리니스트 정경화 씨의 콘서트가 열렸는데 운집한 베이징의 수많은 클래식 애호가가 한국의 클래식 음악 수준에 감탄했다. 5월 20일~24일 중국 대외연출공사가 주관한 국제예술행사에 한국 국립발레단(59명)이 초청되어 베이징 21세기극장에서 가진 두 차례 공연도 관객의 우레와 같은 박수갈채를 받았다. 6월 28일~7월 7일에는 서울예술단의 베이징, 상하이, 충칭 순회공연이 이루어졌고 7월 14일~16일에는 NRG의 콘서트가 베이징, 상하이, 하얼빈에서 열렸다. 같은 해 가을인 9월 13일~14일 한중 수교 8주년 기념사업의 일환으로 중국 문화부 초청으로 세계적인 피아니스트 백건우 씨가 중국 교향악단과 협연을 가졌는데 이는 중국에서의 초연으로 대단한 호평을 받아 이후 수차례나 초청 콘서트로 이어졌다. 10월 9일~22일에는 한국 문화관광부 초청으로 당시 40여 년의 긴 역사와 높은 기량을 겸비한 동방가무단(東方歌舞團) 41명의 서울, 대전, 광주, 제주 순회공연이 이루어졌다. 같은 해 10월 19일~22일에는 국립극장에서 BESETO 연극제가 개최되었는데 이는 당시 매년 베이징, 서울, 도쿄를 돌아가며 개최해온 베세토 연극제로 중국측은 저장성 소백화월극단(小百花越劇團) 연기자 40여 명을 참가시켰고 일본은 가부키단(歌舞伎團)이 참가했으며 한국측은 '춘향전'으로 화려한 무대를 장식했다. 그리고 해가 저무는 12월 11일에는 중국 텐진 콘서트홀에서, 12월 13일에는 베이징 중산공원(中山公園) 음악당에서 한중 우호음악회가 개최되어 2000년 한 해를 마무리했다.

2001년 4월 22일 대형 공연기획사 베이징 가화문화발전그룹과 한국 CJ인터내셔널 공동주최로 베이징올림픽 유치 분위기 조성 및 한중 문화교류 증진을 위한 한중 슈퍼콘서트가 베이징 중화세기단(中華世紀壇)에서 열렸는데 이 행사에는 코리아나, 안재욱, 베이비복스, 유승준이 출연했다. 2002년은 한중 수교 10주년이 되는 뜻깊은 해이자 한국에서 FIFA 월드컵 축구대회가 개최된 해로 다양한 행사가 이어졌다. 특히 수교 5주년, 10주년으로 이어지는 특정 주기에는 다른 해보다 뜻깊은 행사가 비교적 많이 열렸다. 한국의 11개 단체의 공연행사가 중국에서 열렸고 중국 16개 예술단이 한국에서 공연활동을 했다. 이에 한중 양국은 2002년을 한중 국민교류의 해로 지정하고 문화예술뿐만 아니라 정치, 경제, 사회 분야의 교류도 활발히 진행했다. 같은 해 3월 28일 베이징에서는 한중 수교 10주년 및 한중 국민교류의 해 기념선포식이 열렸고 3월 30일에는 국립극장에서 같은 의미의 기념선포식이 진행되었는데 당시 문화부 쑨자정(孫家正) 부장이 참석해 의미를 더했다. 6월 2일~11일에는 한국 문화예술진흥원 초청으로 중국 충칭시(重慶市) 촨극장(川劇院) 예술단 32명이 서울공연예술제와 수원 화성 국제연극제에 참가해 양국의 우의를 다졌다. 7월 28일~8월 2일에는 평화, 우정, 미래를 캐치프레이즈로 한 2002 텐진 국제 어린이문화예술 페스티벌에 한국 피아노 연주자와 합창단 50여 명이 참가했고 한중 수교 10주년 기념일인 8월 24일 전후인 8월 22일~9월 1일에는 한국 국립예술단 65명이 중국 문화부 초청으로 중국 주요 세 개 도시 순회공연을 가졌고 8월 24일에는 베이징 캠핀스키호텔 2층 그랜드볼룸에서 한중 수교 10주년 기념행사도 진행했다. 8월 21일~9월 초까지 중국 깐쑤성 돈화예술극장 소속 예술단 74명이 '돈황악무(敦煌樂舞)'라는 작품을 가지고 2001~2002 한중 정부간 문화교류계획에 의거해 방한해 서울, 대전, 전주 세 개 도시 순회연주회를 가져 대대적인 환영을 받았고 이와 관련해 한국도 국립국악원과 한국종합예술학교가 참여한 오케스트라 팀 65명이 8월 22일~9월 1일 베이징 중산공원 콘서트홀과 하얼빈 베이팡(北方) 극장에서 공연을 가졌다. 같은 해 8월 30일에는 한국 YTN과 베이징 대외우호교류협회가 공동주관한 한중 교감 2002 행사가 한중 수교 10주년 기념 한중 교류의 밤 행사로 진행되었는데 베이징호텔 컨벤션홀에서 난타 공연과 앙드레김 패션쇼를 선보여 큰 인기를 끌었다. 9월 25일에는 KBS 초청으로 KBS홀에서 중국 차이나 필(China Phil) 140여 명이 연주회를 개최했고 그 답방 형식으로 KBS교향악단 130여 명이 10월 22일 베이징, 10월 24일 상하이 콘서트를 진행해 상대국 문화의 올바른 이해와 우의증진에 이바지했다. 9월 21일~23일 베이징 핑안따제(平安大街)에서 거리 퍼레이드로 진행된 제5회 베이징 국제관광문화제에는 한국 풍산예술단 아홉 명이 참가해 농악무대를 펼쳤고 10월 11일~11월 2일 제5회 베이징 국제음악제에는 한국 예술단과 저명 음악인들이 참가했다. 10월 19일~27일 부산시 일원에서 개최된 합창을 통한 인류의 대통합을 주제로 개최된 2002 부산 합창올림픽에 중국 16개 합창단, 784명이 참가했다. 구체적으로 살펴보면 텐진 난카이(天津南開)대 합창단 및 지휘자 13명, 신깡텐산(新疆天山) 합창단 38명, 하얼빈 비운팀 합창단 68명, 네이멍 라디오·TV Arts 앙상블 47명, 베이징 Divine Love 합창단 40명, 탕산(唐山) 합창단 38명 등이며 세계 40여 개국 200여 개 팀, 합창단 1만여 명이 참석한 대규모 축제였다. 같은 해 10월 22일 베이징 바오리극장에서 세계적인 피아니스트 백건우 씨의 두 번째 중국 연주회가 열렸고 상하이에서는 KBS교향악단과의 협

연도 있었다. 10월 25일~11월 4일 베이징에서 개최된 국제 성악콩쿠르대회에
는 한국, 미국, 러시아 등 17개국, 76명이 참가했는데 당시 독일 유학생이던 한
국측 참가자 김태현(1975년생) 씨가 수상의 기쁨을 누렸다. 같은 해 11월 4일~12
일 베이징 시내 중심가에 위치한 서우두극장과 런이극장(人藝劇院), 아동극장(兒
童劇院)에서 제9회 BESETO 연극제가 분산 개최되었는데 한국측은 극단 '노뜰'
에서 13명이 출연해 '시골 선비 조남명'을 선보였고 '연희단거래패' 출연진 31명
은 11월 7일~12일 아동극장에서 열연했다. 11월 22일에는 베이징 중산공원
음악당에서 한·중·일 민족악단 합동공연이 열렸는데 한국측은 25명의 연주
단이 참가했고 11월 29일~30일 양일간 약 90명 규모의 BESETO 오페라단(단
장: 강화자)이 '춘향전'을 무대에 올렸으며 11월 23일에는 저장성 성수도(省會)인 항
저우 체육관에서 강타, 문희준, 보아 등의 콘서트가 성황리에 진행되었다. 같
은 해 11월 27일 베이징 21세기극장에서는 중일 청년교류중심이 주최하고 중
국 세기연출공사와 일본 BMC공사가 공동주관한 김연자(金蓮子) 씨의 가창 콘
서트(歌唱演唱會)가 대성공을 거두었고 연말인 12월 16일~18일에는 한국예술종
합학교 무용원 70여 명이 베이징무용대학에서 격조 높은 공연을 가졌다.

　2003년 접어들어 3월 22일~28일 한국의 Irish 챔버오케스트라(15명)가 베이
징 중예박람문화교류공사 주관으로 베이징, 상하이, 선양, 잉커우(營口), 따롄
에서 순회연주회를 가졌고 9월 27일~10월 14일에는 베이징 국제오페라 축제
가 개최되었는데 이 행사에는 개최국 중국을 포함해 한국, 일본, 스위스, 오스
트리아, 캐나다 6개국, 총 17개 작품이 무대 위에 올랐다. 한국측은 9월 26일
~28일 21세기극장에서 서울예술단이 오페라 '로미오와 줄리엣' 공연을 진행
하면서 현지 관객의 환호를 받았다. 이 베이징 국제오페라 축제는 당초 5월 4
일~22일 개최될 예정이었는데 SARS(非典: 重症呼吸器症候群 : Severe Acute Respiratory

Syndrome) 문제로 연기된 것이다. (주: 중국은 SARS를 약칭 非典으로 표기했음을 참고하기 바랍니다.)

당시 중국 전역에서 창궐한 SARS로 인해 특히 다중이 모이는 문화예술 행사, 스포츠 행사, 각종 학술회의 등이 모두 취소되거나 연기되어 당시 기억나는 상황을 간략히 언급해 이해를 돕고자 한다. 알려진 바에 의하면 SARS는 남쪽 지역인 중국 광둥성에서 시작되어 중국 전역으로 확산 추세에 있었다. 중국 정부는 최고 방역령을 내리고 극복을 위해 다양한 조치를 취했는데 베이징은 그해 4월 21일 SARS가 절정을 이루었다. 그해 봄 중국에 진출해 있던 외국인들에게 대부분 본국 철수 명령이 내려지고 매우 어수선한 분위기였다. 당시 필자가 베이징 시내와 외곽지역을 돌아보니 시내 호텔은 텅텅 비어 을씨년스러웠고 외곽지역은 베이징시민을 포함해 외지인의 출입을 막는 바리케이드와 함께 팻말이 처져 시내에서 받은 느낌은 '아! 이것이 대공황이구나!'였고 무서운 공포감을 자아내기에 충분했다. 그 엄중한 시기에 베이징 주재 외국 공관들은 자국민에게 본국 철수 명령을 내려 본인의 의사에 따라 귀국하는 사람이 많았으며 한국의 상황과는 조금 달랐다. 당시 한국인과 한국에는 단 한 명의 SARS 환자도 발생하지 않았고 SARS가 중국에만 국한된 것이 아니라 우리 모두 공동으로 퇴치해야 한다는 숭고한 정신이 깔린 것으로 보였기 때문이다. 따라서 한국은 SARS 퇴치를 위해 중국과 함께 물심양면 노력을 기울였고 이에 중국인들은 내심 한국에 고마워했던 것으로 기억한다.

SARS 퇴치 후 2003년 7월 7일~10일 노무현 대통령의 중국 국빈방문이 있었는데 SARS 발생 후 외국 국가원수로는 한국 대통령이 처음으로 이는 전 세계에 시사하는 메시지가 컸다. 그리고 SARS 퇴치 과정의 상당수 의사, 간호사 등 의료진의 숭고한 희생을 기리기 위해 한국 문화체육관광부와 중국 문화부는 SARS 퇴치 위문공연(抗非典 慰問演出)을 그해 8월 11일 베이징 시내 전람관극장(2,600석 규모)에서 진행했는데 한국측은 당시 인기가 하늘을 찌르던 아이돌그룹 보아, 동방신기 등이 무대에 올랐고 중국측도 일부 인기를 누리던 젊은 가수들이 출연했다. 중국측은 중국 문화부장, 위생부 부부장 등 관계부처 장·차관, 한국측은 때마침 베이징에서 개최 중이던 국제 관광행사 참석차 방중한 문화체육관광부 장관이 참관하면서 한중 양국이 이웃으로서 상대방의 고통을 함께 나누는 아름다움으로 장식했다.

이 행사가 SARS 퇴치 이후 상당 시간 미루어진 것은 당초 6월 하순경 인민대회당에서 개최하기로 계획하고 중국 문화부 대외문화연락국과 협의가 진행되었지만 6월 하순은 WHO가 SARS 종식을 공포한 지 얼마 되지 않았고 인민대회당에서 개최하면 한 줄씩 비우고 관람객을 채우더라도 1만 명은 수용할 수 있지만 SARS의 여진 등을 우려해 다소 늦어진 8월 11일로 추진된 것이다. 당시 필자와 함께 이 행사를 추진한 리신(李新) 부국장은 이후 주독 중국대사관 문화담당공사를 거쳐 퇴임 후 여생을 보내는 것으로 알려졌다. SARS 퇴치 이후 그동안 멈추었던 한중 문화교류 활동은 점점 재개되기 시작했다. 그해 경주 문화EXPO에는 중국 우루무치 공연단 19명이 9월 30일~10월 12일 공연행사를 진행했고 10월 24일~25일 양일간 중국 허난성(河南省) 예술단 24명의 방한 공연이 이루어졌다. 이에 앞서 같은 해 5월 8일~11일 한국 SBS, 한강 오페라단, 한전아트센터 공동주관으로 서울 월드컵경기장에서 푸치니 오페라 '투란도트'를 무대에 올렸는데 이 오페라는 중국의 유명 영화감독 장이머우(張藝謨) 씨가 연출을 맡아 입장권 최고가가 무려 50만 원에 책정되는 등 화제가 무성했다.

2004년 주요 문화예술 공연활동을 찾아보면 5월 10일~14일 베이징대에서 공청단 베이징대학위원회와 베이징대 한중교류협회(동아리)가 공동주관한 제1회 한국문화제가 진행되었는데 주요 콘텐츠로 한국의 전통혼례식, 전통적인 각종 운동경기, 여행, 음식, 음악, 영화를 비롯해 한국의 문화, 경제, 미용 강연 등 다양하게 구성되어 참관한 학생들이 한국 문화를 이해하는 데 큰 영향을 미친 것으로 분석했다. 5월 29일 베이징 중앙음악대학 부속 중등음악학교 콘서트홀에서 한중 양국 젊은 청소년들의 교류의 장이 된 제2회 한중 청소년 교류음악회가 개최되었고 6월 5일에는 사단법인 한국오페라단과 중국 대외문화교류협회가 공동주최하고 중국 대외연출공사가 주관한 '동방의 빛이여! 영원히 빛나리!'라는 주제의 공연이 베이징 인민대회당에서 진행되었는데 이 행사에는 한국의 유명 소프라노, 테너 등 성악가들의 출연과 기악 부문에서 한국이 낳은 세계적인 피아니스트 정명화 씨의 연주가 관객을 완전히 매료시켰다. 7월 15일~18일 한국관광공사가 주관한 한중 우의문화 관광축제가 베이징에 위치한 중화세기단과 인민대회당에서 진행되었는데 앙드레김 패션쇼, 유진박 공연, 리틀앤젤스 공연, 한류 스타 NRG, 이정현, 강타, 보아 등의 공연과 중국의 한 개 찬조팀 공연으로 명실상부한 축제의 장이었다는 평가였다. 같은 해 8월 5일~8일 베이징 왕푸징 중학생 국제음악제가 개최되었는데 한국, 미국, 일본, 호주, 독일, 스웨덴, 캐나다, 덴마크 등 11개국 706명이 참가했으며 한국에서는 현일고교 학생 19명이 참가했다. 8월 17일~27일에는 제6회 아시아예술제가 베이징과 창춘에서 개최되었는데 연례적인 이 행사에는 한국, 북한, 일본, 인도, 파키스탄, 인도네시아 등 16개국이 참가했으며 한국에서는 관현악 20명과 무용 9명, 민속단 4명, 스태프 9명 총 42명으로 구성된 국립국악원 공연단이 8월 15일~28일 태평무, 가야금 산조, 장구춤, 살풀이 등을 베이징, 창춘, 옌지(延吉) 세 개 도시에서 순회공연을 가졌고 북한은 문화성 문화예술국장을 단장으로 한 '피바다 가극단' 52명을 이끌고 참가했다. 10월 1일~18일 중국 문학예술계연합회(약칭: 文聯)가 주최한 제6회 중국 국제민간예술제가 베이징과 산시성 타이옌(太原), 따통(大同)에서 열렸는데 한국에서는 인천 타악예술단인 '환락예술단(20명)'이 참가했으며 세계 22개국에서 450여 명이 참가했다. 10월 18일 저녁 베이징영화대학(電影學院) 강당에서 한류스타 장나라 자선 콘서트가 개최되었는데 수입금을 중국 정부 소속 중국 자선총회 국제교류중심에 기부해 한국 연예인으로서 자긍심을 높였고 한국인의 따뜻한 마음을 전하는 뜻깊은 행사로 주변의 많은 관심과 주목을 받았다.

2004년과 2005년은 한국 TV 드라마가 중국인의 관심 속에 큰 사랑을 받아 중국 내 한류가 절정을 이룬 시기였다. 특히 2005년 9월 1일~10월 15일 후난위성TV 채널에서 '대장금(大長今)'이 방영되면서 폭발적인 열기 속에 제2 한류를 운운하던 시기였기 때문이다. 2005년 양국의 공연활동도 예나 다름없이 진행되었다. 5월 1일~31일 약 1개월간 베이징에서는 '베이징에서 만납시다(相約北京)' 행사가 진행되었는데 한국에서는 국립발레단 90여 명이 5월 13일~14일 양일간 베이징시 남쪽에 위치한 문화부 소속 톈차오(天橋) 극장에서 '백조의 호수'를 열연했고 5월 24일~29일 개최된 베이징 현대음악제에 한국의 가야금 앙상블을 중국중앙음악대학 콘서트홀(약 500석 규모)에서 연주했다. 5월 28일에는 한국의 사단법인 매헌 윤봉길 의사 기념사업회와 중국 대외연출공사가 공동주관한 창극 '청년 시대' 공연이 21세기극장에서 열렸고 이에 앞서 5월 22일에는 지린성 옌변예술극장, 5월 25일~26일에는 상하이 예하극장에서 공연했는데 공연단 규모는 45명이었다. 같은 해 7월 2일에는 베이징 팡산취(房山區) 외곽에 위치한 저우커우뎬(周口店) 문화광장에서 베이징올림픽 D-3주년 기념행사의 일환으로 CCTV-3에서 제작해 인기리에 방영되었던 '同一个首歌' 프로그램 제작진과 공동으로 진행한 행사에 한국 아시아문화교류재단에서 동방신기, 강타, 보아 등 유명 한류스타를 파견해 엄청난 열기를 일으켰다. 7월 13일에는 베이징 올림픽 문화제의 일환으로 베이징시 중심가 왕푸징(王府井)에서 11개국 청년들이 참가한 거리 퍼레이드 행사에 한국 염광여상 고적대 90여 명이 참가해 연주했는데 베이징 시민들의 가장 뜨거운 박수갈채를 받았다. 8월 11일~18일 광시 짱주(廣西壯族) 자치구 수도인 난닝시(南寧市)에서는 한국영화문화제가 개최되었는데 현지인들의 관심과 호응은 당시 한류 열기를 그대로 느끼게 했다. 9월 24일 오전 베이징 차오와이따제(朝外大街)에서 제8회 베이징 국제관광문화제가 개최되었는데 한국, 미국, 영국, 멕시코, 이집트, 프랑스, 네덜란드, 핀란드, 우즈베키스탄 등 19개국, 39개 팀이 참가해 열연을 펼쳤다. 노천공연에 참가한 한국의 아리랑 어린이합창단과 구남(邱南) 어린이 태권도팀의 매력적인 연출에 주변 사람들이 놀랐다. 그리고 10월 22일 저녁 베이징 노동자체육관에서 열린 한국 유명 연예인 비(Rain)의 콘서트는 대단한 성공을 거두었다. 같은 해 11월 10일~17일 광둥성 푸산시(佛山市)에서 중국 문화부가 주최하고 푸산시가 주관한 제7회 아시아예술제가 진행되었는데 한국, 일본, 북한, 아프가니스탄, 인도, 인도네시아, 네팔, 파키스탄, 태국, 베트남, 스리랑카 등 23개국이 참가했다. 한국에서는 벽산예술단 28명이 참가했으며 이 행사 도중에 참가국 문화장관급 고위 인사가 참가하는 아시아 문화장관 포럼이 개최되기도 했다. 11월 18일에는 China Phil에서 초청한 피아니스트 백건우 씨의 초청 콘서트가 베이징 콘서트홀에서 진행되었는데 백건우 씨의 중국 콘서트는 그것이 세 번째였다. 10월 15일~11월 5일 베이징에서 개최된 제8회 베이징 국제음악제에는 한국이 낳은 세계적인 바이올리니스트 장영주 씨가 개막식 날 연주로 관객의 뜨거운 호응을 얻었다. 그해 연말인 12월 22일~24일 베이징시 중심가 왕푸징에 위치한 아동극장(약 700석 규모)에서 한국 ㈜자스텍과 중국 대외연출공사가 공동 주관한 점프(Jump) 공연이 성공적으로 추진되면서 2005년 공연활동이 막을 내 렸다.

2006년에도 양국간 문화예술 교류활동은 끊임없이 이어졌는데 2007년은 특히 한중 교류의 해이자 한중 수교 15주년이어서 의미 있는 공연활동이 계속 되었다. 2007년 3월 21일 한중 교류의 해 개막행사의 일환으로 한국 국립극장 에서 개막 축하 연주회가 개최되었는데 60여 분간 진행된 이 행사에 한국측은 오케스트라, 퓨전밴드, 성악가, 합창단 등이 출연했고 중국측에서도 성악가와 오케스트라가 참가해 협연으로 우의를 다졌다. 폐막행사는 같은 해 12월 베이 징에서 중국 문화부 주관으로 성대히 거행되었다. 5월과 6월에는 양국간 전통 예술공연이 서울과 베이징에서 열렸는데 한국은 국립창극단, 중국은 경극원 공연이 상대국에서 진행되어 시민들의 주목을 받았다. 수교일인 8월 24일 한 중 수교 15주년 기념 한중 문화의 밤 행사가 베이징 인민대회당에서 진행되었 는데 한중 전통음악 합동공연과 클래식을 포함한 대중가수들의 라이브콘서 트도 큰 호응을 받았다. 11월 17일~18일 양일간 한국의 사단법인 한중문화예 술포럼과 중국 대외연출공사가 공동주관한 한국의 '얼레리 꼴레리' 연극작품 은 중국인의 흥미를 자아내는 데 손색이 없었다는 것이 당시 참관자들의 평가 였다.

2008년은 중국으로서는 대단히 뜻깊은 해였다. 전 세계인의 축제 베이징 하 계올림픽이 2008년 8월 8일 저녁 8시 개막식을 앞두고 있었기 때문이다. 같은 해 6월 18일 베이징 국가대극원(國家大劇院)과 6월 21일 텐진 중화극원(天津中華劇 院)에서 한국 국립국악원의 전통음악과 무용이 무대 위에 올려졌고 올림픽 기 간인 8월 11일~16일에는 한국의 디딤무용단 60여 명이 베이징올림픽조직위원회 초청으로 중산음악당에서 작품 '천무(天舞)'를 선보여 관객과 주요 언론의 호평을 받았다. 같은 해 10월 22일~26일 광시짱주 자치구 성수도인 난닝시에서는 제10회 국제 민가(民歌) 예술제가 진행되었는데 2008년은 이 자치구가 성립 50주년을 맞는 뜻깊은 해로 23개국 전통예술단과 6개국 가수들이 개막식을 화려하게 장식했으며 한국은 무형문화재 제3호인 남사당 놀이팀 여섯 명이 참가해 현지인들의 뜨거운 박수갈채를 받았다. 같은 해 가을인 10월에는 한국의 LIM공연기획사 초청으로 중국 국립발레단(The National Ballet of China) 175명이 성남아트센터에서 작품 '홍등(紅燈)'을 열연했는데 관객들의 뜨거운 반응 속에 각 분야 전문가들의 뜨거운 호평을 받았다.

2009년 8월 18일~26일 네이멍 자치구 오르도스시(鄂爾多斯市)에서 제11회 아시아예술제가 개최되었는데 8월 18일 저녁 개막식 공연에 한국의 서울예술단(26명)이 무대 위에 올라 하이라이트를 화려하게 장식했다. 같은 해 가을 10월 16일~21일 제16회 BESETO 연극제가 서울에서 진행되었는데 중국측은 상하이 화극예술중심(話劇藝術中心)의 '선비와 망나니'를 10월 19일~20일 양일간 남산예술센터에서 열연했고 10월 20일~21일 양일간 명동 예술극장에서 쓰촨성 촨극장이 선보인 '불타는 산(火焰山)'도 인기가 대단했다. 하지만 2010년 이후의 공연예술 활동자료를 확보하지 못해 독자 여러분에게 전해드리지 못하는 점을 송구스럽게 생각하며 양해를 구한다.

2010년 이후에도 예년과 다름없이 공연활동이 진행되었지만 2016년 6월 30일 이후부터는 한중간 문화예술 활동이 사실상 거의 중단된 상태다. 그런데 중국은 2019년 5월 15일 아시아 47개국이 참가하는 아시아 문명 대화대회 아시아문화 카니발(亞洲文明對話大會 : Conference on Dialogue of Asian Civilization, Asian Culture Carnival) 행사를 개최했다. 이 아시아문화 카니발은 문화여행과 인민왕래 평행 세미나(6개 세션), 아시아 문화관광전, 칭하이(青海) 전시회가 동시에 진행되었는데 2019년 5월 15일 오전 베이징 국제회의중심에서 시진핑 주석은 라오스 국왕 등 아시아 8개국 정상과 유네스코 사무총장 등 내·외빈 1,500여 명이 참석한 개막 연설에서 문화의 상호 존중, 아시아의 또 다른 아름다움 공유, 타 문화에 대한 개방과 포용, 시대와 함께 혁신발전 동시 추진 등 네 가지 사안을 제안했고 같은 날 저녁 8시~9시 40분까지 열린 중국 국가체육장(National Stadium)인 니아차오(鳥巢 : Bird's Nest)에서 열린 아시아문명 대화대회 아시아문화 카니발 개막식 공연행사에 한국측은 윤미라 무용단의 삼고무(三鼓舞) 28명이 중국 대외연출공사 초청으로 참가해 '우리의 아시아 대합창' 등 14개 프로그램 중 네 번째로 등장한 하이라이트 프로그램에 한·중·일 타악공연으로 호평을 받았다. 중국은 산시강주라고(山西絳州鑼鼓), 일본은 Wadaiko Sai팀이 출연했으며 주요 가수들의 합창에는 한국의 비가 초청받아 참가함으로써 한한령(限韓令)이 해제되는 느낌이 들 정도였다. 개막식 공연은 소규모 올림픽 개막전을 방불케 할 만큼 매우 화려하고 웅장했으며 대규모 문화예술 행사로 기교도 꽤 뛰어나다는 평가를 받았다. 하지만 문화교류 활동은 문화 카니발 행사 하나로 그쳤다.

사드 문제로 시작된 한중간 문화예술, 관광교류의 중단이 언제쯤 정식으로 재개될지는 미지수다. 워낙 변수가 많아 언제 어떻게 변화를 가져올지 유추하기 매우 어렵기 때문이다. 이 같은 상황에 코로나19의 세계적인 확산으로 각국이 외국인 입국을 제한하면서 2022년 들어서도 대중이 모이는 문화예술 활동을 진행할 수 없는 어려움에 처해 있다.

02 영화

    한중 양국간 영화 분야 교류도 대체로 활발히 전개되었지만 수익 차원에서는 기대에 크게 미치지 못한 것으로 생각된다. 한국영화를 중국측이 공식적으로 처음 수입한 것은 수교 이듬해인 1993년이다. 창춘영화제작창(長春電影制作廠)에서 수입한 한국영화는 두 편이었는데 '지옥의 드레스'와 '후회 없는 사랑'이다. 하지만 미국영화의 중국 진출은 이보다 훨씬 앞선 미중 수교 이후 얼마 안된 1980년대 중반이다. 1985년 5월 1일 중국 노동절에 미국영화 '명사수 하터'가 상하이에서 상영되었고 이듬해인 1986년 3월 19일 헐리우드 영화가 베이징에서 처음 상영되었다. 그런데 중국은 한중 수교 이후 매년 두 편 내외의 한국영화를 공식적으로 수입해왔지만 시장에서 티켓판매 흥행 수입 측면에서 성공한 작품이 거의 없어 다소 어려움을 겪었다는 관계자들의 언급을 말하지 않을 수 없다. 최근 들어 상황이 조금 나아지고 있지만 티켓판매 흥행 수입 측면에서 성공한 작품은 여전히 한두 편에 불과한 것으로 알려져 있다. 이렇게 공식적으로 티켓판매 흥행 수입 측면에서 성공을 거두지 못하는 이유 중 하나는 수입되기 전후를 막론하고 수입영화가 이미 해적판 DVD 등으로 시중에 유통 중이라는 것이 숨길 수 없는 사실이기 때문이다. 물론 정품 DVD나 또 다른 뉴미디어를 통해 일부 보급은 되었겠지만 어쨌든 중국 영화시장에서 한국영화 티켓판매 흥행 수입이 매우 초라한 것만은 분명하다는 것이 시장관계자들의 말이다.

한중 양국간 영화 분야 교류는 공동제작을 포함해 다양한 방식으로 이루어져왔지만 상대국에서 개최되는 국제영화제 참가를 비롯해 상대국 내 자국 영화제 개최 등이 상당한 영역을 차지한다. 중국에서 한국영화 주간행사는 1994년 4월 1일~30일 처음 베이징, 상하이, 창춘 세 개 도시에서 개최되었는데 '나의 사랑, 나의 신부' 등 일곱 편이 상영되어 현지인들의 큰 주목을 받았다. 중국 영화 주간행사의 첫 한국 개최도 같은 해 9월 서울, 부산, 광주 세 개 도시에서 진행되어 수많은 관객의 찬사를 받았다. 그리고 이보다 1년 앞선 1993년 제1회 상하이 국제영화제에 한국은 '서편제'를 출품해 감독상과 여우주연상을 수상하는 기쁨을 누렸다. 1995년 10월 28일~11월 6일 진행된 제2회 상하이 국제영화제에 한국은 경쟁부문에 '피아노가 있는 겨울' 한 편을 출품했는데 이 영화제는 한국, 미국, 독일, 프랑스, 인도, 이집트 등 49개국 300여 편의 작품이 선보인 대형 국제영화제로 발돋움하는 시기였다. 1996년 8월 23일~28일 개최된 제3회 창춘영화제에 한국은 '소나기'라는 작품을 출품했다. 당시 중국의 3대 영화제는 상하이 국제영화제, 창춘영화제, 금계백화영화제였는데 2011년 베이징 국제영화제 창설 이후 창춘영화제는 그 입지가 점점 좁아지는 느낌이다.

1997년에는 영화제 참가와 별도로 상대국 영화 수출·입이 크게 대두되었는데 당시 삼성영상사업단에서는 한국영화 '은행나무 침대'를 30만 달러에 중국에 판매해 같은 해 6월 전국 20여 개 영화관에서 동시 상영을 추진했고 중국영화의 한국 진출은 씨예진(謝晉) 감독의 '아편전쟁'을 수십만 달러에 수입한 것으로 알려져 있다. 1998년 6월 8일~12일 한국영화진흥공사(현 한국영화진흥위원회)와 중국 라디오 영화 텔레비전 총국 영화국(電影局)과 공동주관하에 한국영화진흥공사 시사실에서 중국영화 주간행사를 진행했는데 중국측은 다섯 편의 중국영화를 선보였다. 같은 해 9월 한국영화진흥공사와 중국영화자료관 공동주관으로 베이징, 상하이, 창춘에서 각각 한국영화 회고전을 진행했는데 양국간 상호주의 원칙하에 자국 영화의 상대국 소개행사가 순조롭게 진행되었다.

2000년에는 주중 한국대사관(문화원)과 중국 베이징영화대학이 공동주관한 한국영화 주간행사가 있었고 같은 해 11월 24일~12월 3일 한국영상자료관, 씨네마테크 부산, 중국영화자료관이 공동주최하고 한국 문화관광부, 주한 중국대사관, ㈜월드씨네마가 공동후원한 중국영화 서울, 부산 회고전이 진행되었는데 이 회고전에는 '붉은 수수밭', '칭기즈칸', '신녀', '조춘이월', '그 산 그 사람 그 개' 다섯 편을 총 27회 상영해 관객의 뜨거운 반응을 얻었다. 2002년은 한중 수교 10주년이었다. 대체로 5주년, 10주년, 15주년 등 5년 주기 해에는 다른 해보다 문화예술 분야에도 특별한 의미를 부여해 행사를 진행하는 경우가 많다. 특히 2002년은 한중 수교 10주년일 뿐만 아니라 한중 국민교류의 해와 FIFA 한일월드컵이 개최되는 해로 당시 여러 여건이 문화교류 행사를 추진하는 데 무척 유리했다. 따라서 2002년에는 공연, 전시, 인적교류, 문화산업 등 다양한 분야의 활동이 활발했다. 그해 10월 18일~22일 장쑤성 우시시에서 열린 제11회 금계백화영화제에는 수많은 사람이 모였다. 중국 국내 영화제 행사임에도 이 영화제에 한국, 미국, 일본, 프랑스, 영국, 독일, 스페인, 폴란드, 이집트, 모로코, 체코, 이란, 이탈리아, 미얀마, 베트남, 러시아 등에서 80여 명의 영화계 주요 인사가 참석해 대성황을 이루었다. 이 같은 성황 속에 주중 한국대사관, 금계백화영화제 주최·주관기관인 중국 영화가협회측과 이 영화제 개최 기간의 한국영화 주간행사 개최를 합의하고 주중 한국대사관은 이 기회에 중국인들이 한국영화를 올바로 이해하고 인식하도록 다양한 홍보를 곁들였다. 그리고 2002년은 중국이 일본과 국교 정상화 30주년을 맞는 해로 이 금계백화영화제 개최 기간에 일본영화 주간행사도 동시에 진행되었고 프랑스도 중국 영화가협회측과 협의해 프랑스영화 주간행사도 함께 진행했다. 따라서 이같이 한국, 일본, 프랑스 3개국 영화 주간행사가 같은 기간에 같은 지역인 우시시 일원에서 개최되어 서로 자국 영화의 자존심에 기대가 부푼 것으로 기억한다.

당시 한국영화 주간행사 개막식은 2002년 10월 20일 오후 우시시 최고 번화가에 위치한, 620석 규모의 따스제영화관(大世界影城)에서 열렸는데 개막식이 열리기도 전에 영화관 안팎은 현지 한국영화 매니아로 인산인해를 이루어 비집고 영화관 안으로 들어갈 수 없을 만큼 엄청난 인기를 누렸다. 입장권을 구하지 못해 안절부절못하는 사람이 어림잡아 300~400명을 훨씬 상회해 보였고 특히 한국 영화배우가 참석할 거라는 소문에 영화관으로 온 사람도 많았다고 당시 참관인들이 전했다. 그런데 한국영화를 그렇게 열렬히 사랑했던 현지인들의 희망을 감안해서라도 한국영화 주간행사에 한국 영화배우가 참가해줄 것을 한국측에 여러 번 요청했지만 여러 여건으로 인해 한국 영화배우의 참가는 결국 무산되고 말았다. 따라서 한국 영화배우를 그렇게 보고 싶어했던 현지 주민들에게 일정상 참석하지 못해 안타깝다고 양해를 구할 수밖에 없었던 당시 기억이 아직도 생생하다.

한편, 일본영화 주간 개막행사는 같은 날 오전 9시 30분 약 400석 규모의 창장클럽(長江Club)에서 개최되어 개막작품으로 영화 '하수도'가 상영되었다. 개막식에는 영화 '하수도'의 남녀 주연배우, 감독, 제작자가 모두 참석해 현지인들의 진한 사랑을 받았다. 하지만 참석한 관람객은 200여 명에 불과해 한국영화 주간 개막행사와는 대조를 이루었다. 같은 날 밤 저녁 7시 우시시 시내 다른 영화관에서 프랑스영화 주간 개막식이 개최되어 꽤 많은 관람객이 찾아왔지만 한국영화 주간행사 개막식 열기와는 다소 거리가 있었다. 2002년 12월 2일~7일 베이징에 위치한 중국농업대 공청단 소속 학생들이 한국문화 영화제를 개최했는데 12월 2일 이 대학 대강당(1,200여 명 수용)에서 진행된 개막식은 학생들의 열기로 뜨거웠다. 물론 행사 개막식에는 주중 한국대사관 문화참사관이 참석해 개막 연설을 하기도 했다.

2003년에도 중국 내 한국영화 상영은 그런대로 순조롭게 진행되었다. 2월 13일에는 영화 '좋은 사람 있으면 소개시켜줘(愛你不后悔)'가 베이징 서우두극장 등 전국 18개 영화관에서 동시 개봉되었는데 2월 14일 발렌타인데이를 기해 개봉된 이 영화는 그런대로 관객의 호응을 많이 받았다. 그리고 베이징사범대 대학원생들이 주최하고 국가 라디오 영화 텔레비전 총국이 후원한 제10회 대학생영화제 개막식이 4월 18일 열렸다. 4월 19일에는 중국영화자료관에서 한국영화 주간행사 개막식이 열렸고 4월 27일에는 베이징사범대 대학원 컨퍼런스홀에서 한국영화 세미나(韓國電影研討會)를 진행했지만 나머지 한국영화 주간행사는 당시 중국 전역을 엄습한 SARS로 인해 9월 13일~10월 12일로 연기되었다. 당시 중국 대학생영화제는 젊은 대학생의 시각에서 행사 개최 전년도에 제작·발행한 중국산 영화를 평가하는 성격의 행사로 전국에서 30여만 명의 대학생이 대거 참여한 꽤 의미 있고 인기 있는 행사로 알려져 있었다. 이 같은 중국 대학생영화제 개최 기간에 한국영화 주간행사와 세미나 등 한국영화 관련 행사 추진은 주최측과 수차례 협의 후 진행할 수 있었고 반응도 뜨거웠다.

2003년 11월 1일~5일 제12회 금계백화영화제가 저장성 자싱시(嘉興市)에서 개최되었는데 주중 한국대사관측은 중국 영화가협회측과 협의해 이 영화제 개최 기간에 한국영화 주간행사를 개최하기로 했다. 한국영화 주간행사 개막식이 11월 2일 840석 규모의 런민극장(人民劇院)에서 열렸는데 전년도인 제11회 금계백화영화제 기간의 한국영화 주간행사와 달리 한국의 유명배우 정준호 씨와 장나라 씨가 참석함으로써 개막식에 참석한 관객뿐만 아니라 수많은 현지인의 뜨거운 환영 속에 행사는 성공적으로 진행되었고 개막식 이후 저녁 양광호텔(陽光大酒店)에서 주중 한국대사관이 마련한 간담회에는 70여 명의 현지 기자와 주요 영화인이 참석했다. 저녁 8시경에는 정준호 씨와 장나라 씨의 팬 싸인회를 개최해 현지 젊은이와 한국영화 매니아에게 큰 기쁨을 주었다.

자싱시에서 개최된 한국영화 주간행사는 전년도 우시시의 제11회 금계백화영화제 개최 기간 중 한국영화 주간행사 때 한국 영화배우들의 참석이 이루어지지 못해 한국영화를 사랑하는 현지 팬들에게 아쉬움을 남겼지만 이를 불식하는 데 크게 기여했을 뿐만 아니라 한국 영화배우들을 만나보고 싶어 대로변에 길게 줄지어 서 있는 수많은 자싱시 시민들에게 기쁨을 줄 수 있어 무척 만족스러운 행사였다. 따라서 자싱시에서 개최된 한국영화 주간행사 개막식에 참석해준 정준호 씨와 장나라 씨의 헌신적인 배려에 중국 금계백화영화제 주최측이나 주중 한국대사관측 모두 깊은 감사 표시와 함께 입체적으로 진행된 한국영화 주간행사는 큰 성공을 거두었다.

2004년 들어서도 전과 다름없이 중국 내 한국영화와 TV 드라마 등 한국 영상물에 대한 중국인들의 관심은 식지 않고 이어졌다. 상하이 저명 일간지 원후이바오(文匯報)는 2004년 6월 12일자 '기적을 창조하는 한국영화(創造奇蹟的韓國電影)'와 '한국영화 성공 비결(韓國電影成功的奧秘)'이라는 기사에서 한국 영화산업 성장 분석기사를 크게 실었는데 이 같은 기사는 중국 현지인들에게 무척 긍정적인 효과로 이어질 수 있었다. 이 신문기사를 요약·정리하면 2004년 봄 상하이 국제영화제 기간 중 한국영화가 상영된 곳에는 관람객과 기자가 대거 몰려 한국영화에 대한 중국인들의 폭발적인 관심을 보여주었고 당시 중국 영화산업 발전과 국제협력 포럼에서도 수많은 중국·해외 참가자가 "중국영화는 한국을 배워야 한다."라는 의견을 피력했다. 또한 뉴스워크 최신판은 '한국영화가 헐리우드를 무찌르다'라는 제목의 기사에서 한국영화의 업적에 대해 한국영화의 급속한 발전으로 한국은 '동방의 헐리우드', '아시아의 새로운 영화예술의 중심지'가 되어 헐리우드는 더 이상 한국영화계를 좌지우지 못 하게 되었다고 했다. 그리고 한국 영화산업의 성공 비결은 한국 정부의 영화산업 진흥정책, 예술성과 상업성의 조화, 한국 전통문화의 자양분 흡수, 적극적인 신인 양성과 인재 등용, 외모와 연기력을 겸비한 스타 양산 등이라며 한국영화가 헐리우드를 극복했다는 극찬 기사와 함께 한국영화의 업적으로 최근 수년간 주요 국제영화제 수상실적과 한국영화가 이미 아시아에서 벗어나 세계적 관심 대상이 되었다고 진단하고 중화권 영화계의 거장 왕쟈웨이(王家衛)가 언급한 "중화권 영화는 한국영화의 기백을 배워야 하며 중화권 내에서만 머무는 '우물 안 개구리' 신세에서 벗어나야 한다."라는 내용과 쉬커(徐克) 감독의 "한국영화는 현재 아시아에서 1위다."라는 발언, 장이머 감독의 "예술성과 상업성을 절묘하게 조화시킨 한국영화를 배워야 한다."라는 발언 등 중국영화계 거목들의 발언 내용을 기사화해 중국영화계의 분발을 촉구했다. 이 밖에도 한국영화에 대한 중국 언론의 극찬 기사들은 현지인들이 한국영화에 관심을 갖게 하는 데 큰 기여를 했다고 생각한다.

제13회 금계백화영화제가 2004년 9월 15일~20일 닝샤후이주 자치구 수도인 인촨에서 개최되었는데 한국측은 '취화선' 등 세 편을 출품했다. 그리고 같은 해 10월 12일~15일 서울과 부산에서 중국영화 여덟 편이 상영되었는데 당시 중국영화제 개막식에는 영화 텔레비전 총국 영화담당 여성 부국장(차관) 짜

오스(趙實)를 단장으로 한 대표단 아홉 명이 방한해 참석한 동시에 양국간 영화산업 발전을 위한 협력방안 의견도 교환했다. 중국영화제 개최에는 CGV측 지원이 있었는데 이는 CGV의 중국 시장 진출과 관련 있는 것으로 상호협력 체계 구축으로 보인다.

2005년 상황을 보면 9월 1일~10월 15일 후난 위성TV 채널에서 한국 TV드라마 '대장금'이 방영되었고 중국 내 한류가 절정을 이루면서 제2 한류가 운운되고 일부이지만 중국 내 반한류 기류가 진행되던 시기다. 그해 중국은 해외 55편의 영화를 수입해 상영했는데 그중 한국영화는 다섯 편이었다. 이 한국영화 다섯 편의 중국 영화시장 전개 활동을 보면 '지하철(地鐵)'은 90개 프린트를 가지고 8월 4일 개봉해 540만 명의 관객을 확보했고 '피아노를 치는 대통령(總統浪漫史)'은 5월 13일 45개 프린트로 전국 45개 극장에서 상영되었으며 '주먹이 운다(哭泣的拳鬪)'도 8월 11일 전국 60개 극장에서 개봉되어 상영되었다. 그리고 '동갑내기 과외하기(野蠻女老師)'는 8월 19일 전국 50개 극장에서 상영되었으며 '외출(外出)'도 11월 11일 전국 60개 극장에서 개봉되어 520만 명 이상의 관객을 확보해 당시 중국 극장에서 한국영화는 그런대로 선전 중이었다.

2006년 중국은 해외로부터 50편의 영화를 수입했는데 그중 일반 필름영화가 46편, 디지털영화가 네 편이었다. 이를 국가별로 분류해보면 미국 21편, 프랑스 아홉 편, 영국 네 편, 일본 네 편, 한국 세 편, 독일 두 편, 러시아, 호주, 필리핀, 영국-남아공 합작품과 프랑스-멕시코 합작품이 각각 한 편, 대만 두 편으로 중국 영화시장에서도 미국영화가 대체로 시장을 장악했다. 그중 한국영화 세 편 수입은 빠이(八一)영화제작창에서 2005년 9월 15일 '댄서의 순정(舞女純情)'과 2006년 1월 11일 '무영검(無影劍)'을 수입했고 창춘영화제작창에서 2006년 1월 24일 '데이지(雛菊)'를 수입했다.

2008년 9월 10일~14일 제17회 금계백화영화제가 랴오닝성 따롄에서 개최되었는데 같은 기간에 주최측이 한국의 '임권택 감독 영화특별전'을 진행하면서 큰 호응을 받았고 2009년 제18회 금계백화영화제에서도 한국 배우들이 주연상을 수상하는 등 한중 양국간에는 이후에도 영화 분야의 교류가 계속 이어졌다. 2014년 양국은 '한중 영화합작합의(韓中合作拍攝電影的協議)' 체결로 한국의 영화감독들은 중국 진출 기회를 얻었으며 중국영화계는 한국의 새롭고 신선한 피의 수혈을 기대하는 환경이 조성되었다고 했다. 하지만 한중합작영화가 중국 시장에서 중국영화의 지위를 얻었는데도 불구하고 성적은 기대에 못 미쳤다. 이는 양국의 문화적 차이, 전문가 부재, 감정상 불일치 등이 한중 합작영화 제작의 장애 요인으로 작용했다는 것이 당시 전문가들의 분석이다. 2014년 한중 영화합작 합의 이후 중국 영화시장에서 티켓판매 흥행 수입 1억 위안(한화 약 175억 원) 이상을 확보한 한중 합작영화는 '20세여 다시 한 번'이 3억 6,400만 위안, '나는 증인이다'가 2억 1,500만 위안, '미스 히스테리'가 1억 6,000만 위안으로 꽤 흥행한 것으로 보인다.

중국 라디오 영화 텔레비전총국과 한국영화진흥위원회가 공동주최하고 CJ CGV와 CJ E&M이 주관한 2015년 중국영화제가 10월 30일~11월 1일 CGV 여의도점에서 성황리에 열렸다. 2016년 4월 러화위러(樂華娛樂)영화사는 한중 합작영화 '몽상합화인(夢想合伙人)'을 제작·상영해 티켓판매 흥행 수입은 1억 위안에 못 미친 8,000만 위안으로 알려졌다. 어쨌든 양국간 영화 분야 교류협력은 2016년 하반기 이후 사드 갈등으로 수년간 멈춘 상태였지만 중국이 개최한 국제영화제에 한국측의 참가가 간헐적, 선택적으로 이루어진 사례도 있었다.

03 방송

    방송 분야의 TV프로그램 교류는 뒷장 '한류와 한풍'에서 많이 다루므로 여기서는 생략하고 한류와 한풍에서 다루지 않은 부분을 보충 설명하고자 한다. 우선 양국의 라디오 프로그램 중 음악방송 협력을 들 수 있는데 1997년 5월부터 한국의 ㈜Media Plus와 중국의 국제라디오방송국의 합의하에 한국에서 유행하는 음악을 수년간 방송을 통해 소개하는 '서울음악실'이라는 정규 라디오 방송 프로그램이 시작되면서 한국의 인기 있는 대중가요가 중국인들에게 널리 전파되었다.

    중국 국제라디오방송과 협의한 '서울음악실' 프로그램의 진행 상황을 살펴보자. 방송 지역은 베이징, 상하이, 광저우, 톈진, 항저우, 선양, 창사, 충칭, 난징, 청두, 허페이(合肥), 하얼빈, 홍콩, 마카오 14개 제1선 및 제2선 대도시 지역의 가시청 인구 약 3억 9천만 명이 대상이고 방송 프로그램 구성은 한국의 대중음악을 집중적으로 방송하되 한국의 엔터테인먼트 뉴스 소개와 영화, 드라마, 패션, 음식 등 한국의 다양한 문화 소개도 곁들여 진행되었다. 중국 청소년 등을 대상으로 한 최초의 한국 관련 중국 국내 라디오 음악방송인 '서울음악실'의 주요 청취자는 15~25세 젊은이로 이들이 평균 60%를 차지하며 그중 학생과 전문직 종사자가 80% 이상인 것으로 나타났다. 라디오 평균청취율은 13.8%로 당시 중국의 유사 라디오 프로그램 청취율 4~5%에 비하면 매우 높았다. 이 와 별도로 유사 라디오 방송(FM 96.6, AM 720)이 있었는데 한국의 우전소프트사 가 중국인민라디오방송과 함께 'LG手機時尚韓國'이라는 프로그램을 운영했 다. 베이징 음악방송, 상하이 둥팡 음악방송, 텐진 음악방송, 광둥 문예방송, 우한(武漢) 초전 음악방송, 칭다오 문예방송, 샤먼방송 8대 도시 라디오 음악방 송국에서 주당 19시간의 방송량을 송출하면서 한국 대중음악 확산에 크게 기 여했다. 2003년에는 예년과 마찬가지로 중국의 TV 특정 채널에서 한국인들 이 출연해 한국문화를 소개하는 상황이 이어졌는데 관광 위성TV 채널(旅游衛視 : Travel Satellite TV)이 제작·방영한 '외국인의 중국생활(外國人在中國)' 프로그램에 당 시 주중 한국대사관 문화참사관이 출연해 한국의 설날, 음식 등 한국의 다양 한 전통문화를 소개했는데 이 프로그램은 2003년 2월 19일(수) 저녁 8시 5분 ~8시 30분에 처음 방송되었고 2월 20일(목) 오후 2시 9분~2시 34분에 재방송 되었다. 2003년『나는 한국인이다(我是韓國人)』의 저자 신세용(申世庸, 당시 28세) 씨가 모친과 함께 CCTV-1 대담프로 '實話實說'에 출연해 13세 어린 나이에 미국 유 학을 떠나 문화적 차이를 극복하고 우수학생으로 성장한 과정 등 다양한 이야 기로 프로그램이 구성되었다. 당시 중국은 전 세계 170여 개 국가에 46만여 명 의 유학생을 보내고 있었는데 한국인 신세용 씨의 유학생활 성공기를 훌륭한 모범사례로 평가하는 사람이 많았다. 이 책은 2003년 1월 8일 중국 화이출판 사(華藝出版社)에서 중국어판으로 출간되었다.

신세용 씨가 출연한 프로그램 '實話實說'은 2003년 2월 16일(일) 저녁 9시 15 분~9시 55분 첫 방송을 비롯해 같은 채널에서 2월 17일(월) 오전 10시 3분~11 시 3분에 재방송되었고 CCTV-4 채널에서도 2월 22일(토) 오후 1시 5분~1시

45분에 재방송되었다. 또한 2월 22일(토) 오후 6시 20분~7시에 CCTV-2에서도 방송되었으며 CCTV-4에서는 2월 23일(일) 오전 0시 5분~45분에 재방송되는 등 큰 관심 속에 다섯 번이나 CCTV 세 개 채널에서 방송되어 한국인의 근면성과 우수한 기질 등을 보여주는 좋은 사례였다는 것이 관계자들의 전언이었다.

한편, 톈진TV에서는 2003년 4월 3일부터 '아리랑 타임'이라는 프로그램을 편성해 한국의 문화예술뿐만 아니라 경제를 포함한 시사적 내용도 방송했다. '아리랑 타임'은 톈진TV-1에서 매주 일요일 저녁 7시 30분에 첫 방송을 하고 재방송은 매주 월요일 아침 7시 50분과 톈진TV 위성채널에서 매주 화요일 밤 11시 30분에 방송했다. 2000년 초부터 CCTV와 베이징 텔레비전방송(BTV)에서 10년 이상 한국 주요 기업이 협찬한 프로그램 '장학퀴즈'가 방영되었다. 'SK壯元榜'과 '三星智力快車'로 청소년 대상 프로그램이다. 2000년 1월에 만들어진 'SK壯元榜'은 베이징, 상하이, 톈진 3대 직할시 위주의 전 지역 고등학생이 주요 참가 대상으로 저녁 프라임타임에 BTV에서 방송되었다. 2009년까지 총 2,650명의 우수한 고등학생이 참가해 'SK壯元榜'을 경험했고 총 435명의 우수 장원(壯元)이 탄생했다. 이 프로그램은 일선 교사뿐만 아니라 학부모의 호평을 받았다고 한다.

'三星智力快車'는 지력경시대회로 우승자에게 장학금을 지급했으며 2000년 7월 16일부터 방송되어 2006년까지만 해도 챔피언은 총 347명에 달했다. CCTV에서 진행된 이 프로그램은 주 장원, 월 장원, 연 장원으로 경시대회를 진행했으며 'SK壯元榜'과 마찬가지로 일선 교사와 학부모의 찬사를 받은 프로그램으로 정평이 났다. 2000년대 초부터 한국 TV 드라마가 중국의 주요 위성TV 채널을 통해 중국 전역에 전파됨으로써 한류가 계속 확산되는 추세 속에 2005년 9월 1일~10월 15일 '대장금'이 후난 위성TV 채널 방영으로 시청률이 최고조에 달했다. 이 시기에 같은 해 가을 중국의 모 기자가 자정 전 불이 켜진 집들을 무작위로 선정해 조사해보니 약 80% 집들이 한국 TV 드라마를 시청 중이었다면서 한국 드라마에 대한 중국인들의 관심에 놀랐다고 말했다. 2007년 상황을 보면 저녁 6시~자정 시간대에 중국 전역 80개 주요 도시에서 TV에서 방영된 중국산 드라마가 83%이고 그다음은 홍콩 드라마로 6.8%, 세 번째는 한국 드라마로 5.2%, 네 번째는 대만 드라마로 3.4%로 집계되었다. 방영량도 중요하지만 시청률 면에서는 한국 드라마 시청률이 훨씬 높았다는 데 주목해야 한다.

한중 양국간에는 특별한 이유가 없는 이상 방송 분야에서도 교류가 끊임없이 이어져왔다. 최근 뉴미디어 발달과 함께 교류의 폭이 넓어지고 있다. 2019년 기준으로 몇 가지를 찾아보면 중국영화 등 각종 영상물이 한국 내 방송을 통해 한국인의 관심을 받고 있는데 대표적인 전문 TV 채널로는 2002년 설립한 ASIAN, 2005년 설립한 中華TV, CHANNEL CHINA, CHING, ASIA UHD 다섯 개 전문채널과 푹, 티빙, 넷플릭스, 왓차플레이 같은 VOD 사이트에서도 중국의 다양한 영상물을 접할 수 있는 환경에서 중국 방송콘텐츠에 대한 접근은 매우 쉽다고 할 수 있다.

04 전시

　문화교류의 양대 축을 담당하는 전시행사도 꾸준히 이어져왔지만 공연 분야 교류에 비하면 대중성이 다소 떨어져 보인다. '한중 양국 정부간 문화에 관한 협정' 체결이 있던 해인 1994년 8월 1일~16일 지린성 조선족 자치주 옌지에서 한국 세종기념사업회가 주관한 '아름다운 한글서예교류전'이 개최되었다. 1995년 4월 7일~26일 베이징 시내 중심가에 위치한 중국 문화부 소속 중국미술관(中國美術館)에서는 한국 작가 36명의 작품 69점이 전시되었고 5월 25일~6월 3일에는 베이징시 서북쪽에 위치한 민주원화궁(民族文化宮)에서도 현대 한국화전이 개최되었는데 한국 작가 84명의 작품 84점이 전시되었다. 9월 15일~25일에는 한국문화예술진흥원(현 한국문화예술진흥위원회)이 주관한 현대 중국화전이 서울에서 개최되었는데 이 전시회에는 중국 작가의 작품 75점이 전시되었다. 9월 20일~10월 20일에는 광주시립미술관에서 광주비엔날레 특별전이 개최되었는데 이 특별전에는 중국 미술관측에서 중국 국가문물국과 문화부에 보고해 중국미술관이 소장하던 중국 국보급 작품 석 점을 광주비엔날레에 참가시켜 행사에 의의를 더했다.

　1996년 1월 12일~14일에는 베이징시 대외문화교류공사가 주관한 한국 작가 김양수 서각전이 열려 작품 30점이 전시되었다. 같은 해 10월 1일~6일 중국미술관 2층 전시실에서는 한국 칠예가협회가 주최한 1996 한중 칠예술교류 베이징전이 개최되었는데 한국 작가 52명과 중국 작가 70명의 작품 150여 점이 전시되었다. 10월 11일~17일에는 중국 중앙공예미술대학(현 청화대 미술대학) 전람실에서 이 대학 주최로 한국 동아대 오규환 교수와 중국 중앙공예미술대학 정교수의 작품 40여 점이 전시되었다. 12월 4일~8일에는 중국미술관 동남청(東南廳)에서 한국 연무회 회원 21명의 작품 30여 점이 전시되었는데 이 전시회는 한·중·일 3국 작품 100여 점을 전시한 제2회 아시아 부녀 서화전으로 치러진 행사였다. 또한 중국 작가들의 한국 전시회도 열렸는데 1996년 8월 14일 ~10월 25일 한국국제교류재단 주최로 한국 국립현대미술관에서 중국화 정품전이 진행되었는데 한국인들에게 중국화를 이해시키는 데 좋은 계기가 되었다는 것이 당시 관계자들의 평가다.

1997년 들어서도 양국간에는 예술작품 전시회가 계속되었다. 같은 해 5월 20일~25일 베이징 고궁박물관 중서관에서 중국 대외우호협회 주관으로 한중저명 서예교류전이 개최되어 한국 작가 작품 64점, 중국 작가 작품 30점이 각각 전시되어 양국의 서법(書法)이 비교되는 장을 마련했다. 9월 23일~28일에는 제3회 BESETO 미술제가 중국미술관 2층 전시실에서 개최되었는데 한·중·일 작가의 작품 각각 60점, 총 180점이 전시되었다. 이 전시회는 한국측은 사단법인 국미회, 중국측은 동방미술교류학회, 일본측은 일본국제예술협회가 공동주최·주관한 행사였다. 같은 해 9월 26일~10월 15일 1997 창춘국제조각전이 창춘 시내 일원에서 개최되었는데 한국에서는 전북대 정현도 교수가 초청을 받아 참가했다. 이 조각전은 중국 국내 작가의 작품 30점과 해외작가의 작품 14점이 전시되었는데 참가국은 한국, 멕시코, 핀란드, 러시아, 이스라엘,

독일, 호주, 이탈리아, 스웨덴, 스페인 11개국이었다. 10월 10일~12일에는 베이징에 위치한 역사박물관 1층 전시장에서 한·중·일 서법교류전이 개최되었는데 한국에서는 여초 김응현 선생의 작품 60여 점이 전시되었으며 이 전시회에는 중국과 일본 작가의 작품을 포함해 총 250여 점이 전시된 대규모 전시회로 한국측은 동방연서회, 중국측은 중국서법협회(中國書法協會), 일본측은 산케이국제서회가 공동주관한 매우 뜻깊은 행사였다.

1998년 7월 18일~23일 텐진이탕(天津藝堂)에서 한국, 미국, 일본, 독일, 러시아, 중국이 참가한 1998 텐진 국제 소년아동 문화예술계 및 어린이 그림전이 개최되었는데 한국측에서는 인천박문소학교 학생 28명의 작품이 전시되었다. 특히 중국 텐진시는 인천시와 자매도시로 양 도시간 문화예술 분야 교류가 비교적 활발했다. 같은 해 7월 23일~8월 2일에는 중국 문화부 소속 중국미술관에서 한국 이상원 화백의 작품 30점이 전시되었다. 중국 전람교류중심과 중국미술관이 공동주관한 이 전시회는 중국 문화부가 1998년을 중국미술의 해로 지정해 초청된 행사였으며 중국 문화부가 주최한 행사로 비교적 격이 높은 행사였다.

앞의 전시회 행사보다 다소 앞선 1997년 7월~1998년 8월 부여박물관에서는 뤄양(洛陽) 유물 130여 점이 전시되었고 1998년 11월~12월에는 한국 국립중앙박물관 주최로 랴오닝성 박물관 소장 유물 100여 점이 국립중앙박물관에 전시되었다. 그리고 매년 국제조각전을 개최해온 창춘시 인민정부는 1997년에 이어 1998년에도 9월 26일부터 20여 일간 세계 15개국 주요 조각가의 작품을 전시했는데 한국측은 박헌열 조각가가 참가했으며 관련 경비는 창춘시가 전액 부담했다. 1999년 9월 27일~10월 3일 주한 중국대사관이 주최하고 한국 문화관광부, 외교통상부, 한중 친선협회 등이 후원한 중국 건국 50주년 사진전이 개최되었는데 이 전시회는 중국의 발전상을 소개하는 행사였다. 2000년 9월 4일~10일 베이징 시내 중심가의 중국미술관에서 BESETO 미술제가 개최되었는데 한국측은 국제미술교류협회가 주관해 29명 작가의 작품 46점을 비롯해 Beijing, Seoul, Tokyo라는 BESETO 행사답게 중국과 일본 작가들의 작품 수준도 무척 높은 것으로 평가되었다. 칭다오 시립미술관이 주최한 '相聚靑島' 행사가 2002년 8월 17일~27일 중국 칭다오에서 열렸는데 한국은 전통 국악기 장구 한 점, 가야금 한 점, 징 한 점, 태평소 한 점과 인형 석 점이 전시되었다. 이 전시회에 참가한 악기는 주최측 요청에 따라 주한 중국대사관에서 지원했다. 같은 해 봄 한국 문화재관리국이 주최한 한국 전통 거장 작품전이 베이징에서 개최되었는데 한국의 대표작품 350여 점이 관람객의 찬사와 관심을 집중시킨 행사였다. 그리고 같은 해 11월~2003년 1월 한국 덕수궁 미술관에서 중국 근대 명화전이 개최되어 수묵화 150여 점이 전시되었다.

2003년 3월 10일 칭화대 미술대학과 한국예술종합학교 미술원 학생들의 졸업작품 50여 점이 전시되었고 같은 해 9월 20일~10월 20일 제1회 중국 국제비엔날레가 중국미술관에서 개최되었는데 한국측은 21명 작가의 작품 38점(회화 28점, 조각 10점)을 전시했다. 2004년 4월 22일~26일에는 제1회 중국 국제화랑박람회가 베이징 시내에 위치한 중국 국제과기회의중심(中國國際科技會議中心)에서 중국 녹음녹상출판총공사가 주최하고 베이징 중예박(中藝博) 문화전파유한공사가 주관해 열렸는데 한국, 미국, 일본, 유럽 각국의 60여 개 화랑에서 많은 미술품이 들어와 판매되기도 했다. 한국에서는 표화랑, 금산화랑, 예맥화랑 등 21개 화랑이 참가했는데 현재도 국제 화랑박람회가 연례적으로 개최되어 전 세계 화랑의 관심이 크다고 한다. 같은 해 7월 5일~9일 중국 국가박물관에서는 중국 인민대외우호협회 주관으로 한·중·일·캐나다 예술전이 개최되었는데 한국측은 여섯 명 작가의 작품 15점이 전시되었고 나머지 작가의 작품도 많이 전시되어 대형전회의 위상을 높였다.

2002년 중국 국가박물관은 약 30억 위안을 들여 기존 혁명박물관과 역사박물관을 통폐합하고 리모델링했으며 관장 직위는 부부장(차관)급이다. 2005년 5월 2일~5일 베이징 시내에 위치한 국제무역센터 전람청(展廳)에서 전년도에 이어 제2회 중국 국제화랑 박람회가 개최되었는데 한국, 미국, 독일, 일본, 이탈리아, 오스트리아, 영국, 스위스, 캐나다, 스페인 등 14개국 90여 개 화랑이 참가했으며 이 행사는 전년도보다 규모 면에서 훨씬 큰 행사로 한국측에서는 15개 화랑이 참가했다. 같은 해 5월 18일부터는 중국 국가박물관에서 한국의 유명작가 김창렬(유화, 물방울) 초대전이 개최되었는데 김창렬 화백의 작품 47점이 전시되어 관람객의 찬사를 받았다. 6월 21일~7월 10일에는 베이징시 중심가의 중국미술관에서 한국 작가로는 베니스비엔날레 첫 번째 초대작가였던 곽훈 씨의 초대전이 개최되어 서양화 40여 점이 전시되었다. 9월 20일~10월 20일에는 제2회 중국비엔날레가 중국미술관과 중화세기단에서 개최되었는데 한국 작가 15명의 작품이 전시되었고 개최국 중국은 175점을 전시했다. 특히 중국은 2,372명 작가의 작품 7,000여 점을 접수해 최종심사를 거쳐 유화 54점, 조각 41점, 중국화 61점, 기타 19점 최종 175점을 선정·전시해 작가들의 전시회 참가가 큰 관심과 주목을 받았다. 해외 작품으로는 총 61개국 391명 작가의 작품 1,126점이 접수되었지만 최종심사를 거쳐 총 61개국 273명 작가의 작품 314점만 선정·전시된 것을 감안하면 경쟁이 무척 치열했던 것으로 평가받았다. 같은 해 8월 24일~28일 제12회 중국예술박람회가 베이징에 위치한 국제전람중심 2층에서 개최되었는데 한국, 러시아, 스웨덴 등 10개국 공예품을 포함한 다양한 미술품이 전시되었는데 한국측에서는 36명 작가의 작품이 전시되었다. 11월 3일~11일 중국미술관에서는 경남 양산 통도사 전 주지 스님이던 성파스님(속명:조봉주)의 작품 50점이 전시되어 관객의 큰 호응을 얻었다. 11월 21일~12월 15일 중국미술관에서는 한국의 표화랑과 중국미술관 공동주최로 이용덕 화백 초대전을 개최했는데 이 행사에서는 이 작가의 작품 60여 점을 전시해 미술애호가들의 시선을 집중시켰다.

2007년 8월~9월 한중 미술교류전(한국 현대미술교류전)이 국립현대미술관과 중국미술관(중국 문화부 직속 기관) 공동주최로 중국미술관에서 개최되었는데 이 행사는 한중교류전 형식으로 추진되었다. 이번 장에서 여기까지 나열한 각종 전시 행사는 필자가 파악한 자료에 근거한 것으로 한중 양국간 실제 전시활동은 이보다 훨씬 많이 진행된 것으로 판단된다. 물론 2006년 이후부터 2016년 상반기까지도 지속적으로 전시활동이 진행되어왔지만 구체적인 행사를 모두 파악하지 못해 기술하지 못한 데 대해 독자 여러분의 양해를 구한다. 한편, 전시활동도 사드 문제 등으로 빚어진 중국의 한한령으로 2016년 6월 30일 이후 지금까지 중국 내에서 한국 작가들의 정상적인 작품 전시행사는 멈춘 상태여서 안타까울 뿐이다.

05 스포츠

양국간 스포츠 분야 교류는 수교 전부터 상당히 진행되었고 이 같은 스포츠 교류가 한중 수교에도 일정한 영향을 미쳤을 거라고 분석하는 전문가가 많다. 앞에서 말했듯이 1986년 9월 제10회 서울 아시안게임과 1988년 9월 제24회 서울올림픽, 1990년 8월 제11회 베이징 아시안게임에 쌍방의 자국 선수·임원단의 대거 파견이 대표적일 것이다. 물론 이후에도 상대국에서 개최된 국제 스포츠 행사에는 자국 선수·임원단을 많이 파견함으로써 스포츠를 통한 양국간 우의 증진이 이어져왔다. 그리고 이 같은 대규모 국제 스포츠 행사 외에도 주요 종목별 전문가 교류 등 다양한 교류활동도 지속되었다.

1995년 5월 톈진 세계탁구선수권대회에서 양국 선수들 간에 불꽃 튀는 접전이 벌어졌는데 당시 스포츠 전문채널 CCTV-5에서 실황 중계해 관심이 더욱 집중되었고 탁구 종목의 우열을 가리기 힘들 만큼 양국 선수들의 기량이 정말 대단했다는 것이 중론이었다. 1996년 2월 초 하얼빈시와 북동쪽으로 멀리 떨어진 야부리(亞布力) 지역에서 동계아시안게임과 일부 종목이 개최되었는데 당시 한국측에서는 김운용 IOC 부위원장을 비롯해 스포츠계 많은 주요 인사와 선수·임원단이 참석했다. 당시 필자는 대외연락관(Attache)로 현장에서 한국 선수·임원단 지원업무를 수행했다. 당시 중국 국가체육운동위원회(현 국가체육총국) 오샤오주(伍紹祖) 주임(장관)과 함께 주요 인사의 공항 영접을 위해 하얼빈공항에 갔는데 당시 현지 기온은 영하 27℃로 매서운 삭풍과 함께 체감온도는 영하 35℃를 맴돌아 하얼빈의 매서운 광풍과 겨울철 추운 날씨를 지금도 기억한다. 일부 종목이 진행된 야부리 경기장은 눈이 부족해 특정 인력을 동원해 눈을 공수했다.

1997년 1월 24일~2월 2일 한국 전북 무주와 전주에서 개최된 동계 유니버시아드 대회 당시 중국은 쇼트트랙, 스피드스케이팅, 피겨스케이팅, 바이애슬론, 노르딕, 알파인 스키 여섯 개 종목, 125명의 선수·임원단을 파견했고 같은 해 5월 10일~19일 부산에서 개최된 제2회 동아시아대회 때도 14개 종목에 대규모 선수·임원단을 파견했다. 특히 한중간 스포츠 분야에서는 상대국의 취약한 분야에 대한 상호 지원과 협력이 상당 기간 이루어졌다. 한국에서는 중국 태권도팀을 접수해 지원하고 중국은 한국의 다이빙과 수영 종목을 지원한 것을 예로 들 수 있다. 11월 21일~23일 베이징 수도체육관에서 한국, 중국, 일본, 카자흐스탄, 몽골, 홍콩 등 여러 국가가 참가한 아시안 쇼트트랙 스피드스케이팅 선수권대회가 열렸는데 한국측은 선수 열 명, 임원 두 명이 참가했다.

1999년 4월 23일 베이징 노동자체육관에서는 중국축구협회가 주최하고 중국 풋볼(Football)공사가 주관한 한중 축구 국가대표 친선경기가 열렸는데 6만여 관중이 입장한 가운데 경기장의 긴장된 분위기는 정말 대단했다. 그보다 앞서 1997년 한중 축구 국가대표 친선경기가 상하이에서 열렸는데 당시 중국 국가체육운동위원회(현 국가체육총국) 우샤오주 주임도 참관했다. 당시 우샤오주 주임은 언론 인터뷰에서 한국 축구에 대한 두려움을 극복해야 한다며 '공한증(恐韓症)'이라는 단어를 처음 사용했다. 이후 중국 언론에 공한증이라는 단어는 자주 등장했다. 상하이 경기에서도 한국팀이 승리했다. 같은 해 6월 12일 충칭에서 한국 프로축구단 현대의 방중 경기가 있었고 6월 14일에는 베이징 선룽탄(先農壇) 체육장(약 2만 명 수용)에서 중국 궈안(國安)팀과 친선경기를 가졌다. 당시 중국의 젊은 축구팬들은 유럽축구를 즐기고 있었지만 중국 국가대표 축구팀이 한국팀에 패하는 것이 좋았을 리 없다. "이겼다고 자만하지 말고 패했다고 너무 의기소침할 필요 없다."라는 당시 장쩌민 국가주석의 발언이 생각난다. 8월 30일 서울에서는 한중 축구 국가대표팀 친선경기가 열렸는데 이전 한국팀의 방중 친선경기에 대한 답방 행사였다. 이 경기는 당초 10월 5일 열릴 계획이었는데 월드컵 아시아예선전 일정 관계로 일정이 조정된 것이다. 하지만 한중 축구 국가대표팀 친선경기 교차개최는 장기간 이어지지 못하고 언제부터인지 사라지고 말았다.

1999년 7월 10일~12일 세팍타크로 친선 교류행사로 한국측은 열 명 규모의 선수·임원단을 중국에 파견했고 같은 해 6월 27일~7월 2일 한국의 어머니 테니스팀 17명을 중국에 파견해 스포츠 교류의 다양화를 이루어 나갔다. 그리고 5월 15일~25일 한국측은 소프트볼팀 24명을 초청하는 등 민간 스포츠 분야의 교류도 상당히 활발했다. 2001년 2월 한국측은 수영팀 17명을 상하이에 파견했고 4월 한국에서 한중 조정 교류를 위해 중국 조정팀 15명을 초청했다. 2002년은 한일월드컵이 개최되어 스포츠 행사가 비교적 적었다. 하지만 2002년은 한중 수교 10주년이 되는 뜻깊은 해로 한중 수교 10주년 및 한중 교류의 해 기념사업의 일환으로 스포츠 분야 교류활동도 이어져왔다.

2002년 8월 6일~8일 베이징시 태권도협회와 주중 한국대사관 공동주최로 베이징 띠탄(地壇)공원에 위치한 체육관에서 약 2,000명이 참가한 가운데 한국 태권도 국가대표팀의 시범경기가 열려 관객의 뜨거운 박수갈채 속에 대단한 인기를 한몸에 받았다.

같은 해 9월 29일~10월 14일 부산에서 개최된 제14회 아시안게임에 중국은 1천여 명이 넘는 대규모 선수·임원단·심판·언론인을 파견했으며 350여 개 세부종목에 참가한 중국 선수들은 뛰어난 기량으로 많은 메달을 목에 걸었다. 12월 28일에는 베이징대 무술연구중심이 주최한 베이징대 졸업생·재학생 태권도 및 중국 태권도 국가대표팀 시범경기가 베이징대 강당에서 열렸는데 800여 명의 관중이 참가한 가운데 CCTV와 BTV를 포함한 각종 언론매체에서 관심 있게 보도했다. 당시 베이징대 내에는 이 대학 최응규 교수의 주선으로 7년 전부터 태권도 7단을 보유한 북한 태권도 교관 박영규 씨가 상주하면서 태권도를 가르쳤는데 모두 ITF(국제태권도연맹) 유니폼을 착용하고 있었다. 하지만 당시 주중 북한대사관 관계자는 참석하지 않았다. 그리고 같은 해 5월 1일~8일 CCTV-2 채널 특집제작팀 네 명은 2010 평창 동계올림픽 유치와 관련해 한국을 방문해 취재한 후 6월 20일 전후로 방영했다.

2003년 8월 21일~31일 개최된 대구 하계유니버시아드대회에 중국은 단스제(段世杰) 국가체육총국 부국장(차관)을 단장으로 한 선수·임원단 350여 명이 8월 13일 방한했다. 이후 부단장인 꾸야오밍(顧耀銘) 국가체육총국 대외연락사 사장 겸 중국 올림픽위원회(COC) 비서장, 양리꿔(楊立國) 중국대학생운동협회 비서장 세 명이 합류했다. 2003년 9월 25일~26일 양일간 후베이성 성회인 우한에서 후베이TV 방송국과 주중 한국대사관 공동주최로 약 70분간의 한국 태권도 국가대표팀(22명) 시범대회와 35분간의 사물놀이팀(여섯 명) '뿌리'의 공연이 우한 시내의 화중사범대학 신관 체육관(약 3,600석 규모)에서 진행되었다. 첫날은 우한 시 일반 시민이 주 관객이었고 이튿날 행사에는 일반 시민과 현지 공안(公安: 무장 경찰) 600여 명의 단체관람으로 이루어졌는데 태권도 대표팀들이 격파하고 여성 태권도 대표들이 치한을 격퇴하는 기술을 선보일 때 관객들은 숨죽이고 지켜보다가 뜨거운 환호를 보내는 등 열기가 대단했다.

첫째 날 개막식에는 쟝자오량(將趙良) 후베이성 부성장(副省長)과 필자가 축사를 하고 양국간 스포츠 문화교류를 통해 우의증진에 보탬이 되도록 노력하는 데 인식을 공유했다. 당초 이 행사는 2003년 5월경에 추진하려고 했지만 중국 내 SARS 창궐로 9월 하순으로 연기된 것이다. 당시는 중국 전역에서 태권도에 관심이 생긴 시기로 후베이성 우한에서 개최된 동기도 중국 전 지역에서 태권도 도장이 가장 많은 성이 후베이성으로 적어도 이 같은 상황이 작용했을 것으로 판단했다. 행사를 주관한 후베이TV 방송국이 출연진 항공료, 숙식비, 교통비 등을 포함한 모든 비용을 부담했고 행사를 총괄 지휘·감독한 리신(李欣) 총감(總監)은 2003년 9월 25일 후베이 위성TV 채널을 통해 중국 국내는 물론 전 세계 38개국 시청권 국가에도 방영했다.

한편, 당시 태권도에 대한 국제적 분위기를 살펴보면 첫째, 하계올림픽 정식 종목으로 태권도가 채택되면서 그 관심이 커졌다. 2000년 9월 15일~10월 1일 개최된 시드니올림픽 당시 후안 안토니오 사마란치 IOC 위원장과 김운용 IOC 부위원장의 노력으로 태권도가 정식종목으로 채택되면서 관심이 생겼다는 것이 정설이다. 둘째, 자기보호 수단, 셋째, 건강관리라고 자신들 나름의 분석을 내놓고 있었다. 2004년 아테네올림픽 당시 중국은 태권도에서 금메달 한 개를 획득함으로써 중국 스포츠계의 관심이 점점 커지는 계기가 되었고 중국 국내에서 치러진 2001년 제9회 전국체전과 2003년 제10회 전국체전에서도 태권도를 정식종목으로 채택함으로써 더욱 주목받고 관심이 집중된 것으로 보는 것이 더 정확하다고 생각한다. 어쨌든 2003년 전후로 중국 전 지역에 약 1,500개의 태권도 도장과 약 100만 명의 태권도 회원이 있다는 중국 태권도협회 관계자의 발언을 보면 태권도에 대한 중국인들의 관심이 더 커진 것은 분명했다. 당시 주말마다 베이징시에는 천여 명 이상의 여성이 수십 개 태권도 도장에서 태권도를 배우고 소년아동센터의 태권도반의 인기가 날이 갈수록 커져 여성회원 수가 증가한다는 관계자들의 발언에 주목해야 했다.

한참 후인 2012년 중국의 주요 태권도 도장들의 현지 회원 훈련 사례 등을 살펴볼 기회가 있었는데 때마침 베이징의 우수한 태권도 도장 한 군데를 방문했다. 필자를 포함해 서너 명이 방문한 태권도 도장에는 현지 유치원생, 초등학교 저학년 학생들이 태권도를 배우느라 여념이 없었는데 도장 복도에서는 부모들이 자녀의 활동을 지켜보고 있었다. 필자는 자녀들이 태권도를 배우면서 달라진 점을 몇몇 부모에게 물어보았는데 하나같이 아이들의 담력이 무척 강해졌고 부모에 대한 공경과 예의범절이 크게 향상되어 무척 만족한다는 대답을 들었다. 또한 중국 전통 무술을 배우면 그 반응이 나타나려면 1~2년이나 걸리는 경우가 많지만 태권도를 배우면 반응이 빨리 분명히 나타나 더욱더 관심이 간다는 발언도 덧붙였다.

2004년 5월 23일~26일 한국의 GMC, 중국의 문화교류중심과 BTV 세 기관이 한국 충청대 태권도팀을 초청해 시범대회를 중국 과기회의중심에서 공동 개최했는데 14명이 출연한 시범대회는 화끈한 퍼포먼스로 관객의 뜨거운 박수갈채를 받았다. 그보다 앞서 4월 11일 베이징 톈안먼(天安門) 광장 건너편에 위치한 정양먼(正陽門) 광장에서 국제마라톤대회가 열렸는데 베이징시 인민대외우호협회와 중국육상협회가 공동주관한 이 행사에는 한국 선수 여덟 명을 포함해 미국, 일본, 러시아, 베트남, 몽골 등 해외 7개국에서 참가해 뜻깊게 마쳤다. 스포츠 전문채널인 CCTV-5에서는 4월 23일~29일 네 명으로 구성된 한국 태권도 특집제작팀을 한국에 파견해 촬영한 후 아테네올림픽이 끝나자마자 8월

31일과 9월 1일 각각 1회씩, 9월 2일과 3일에는 각각 2회씩 방영했고 12월 19일까지 장기간 총 30회 방영했다.

2005년 6월 4일에는 랴오닝성 따롄 한국문화원(민간인 설립) 개원 7주년 행사의 일환으로 열린 한국 태권도 국가대표팀의 현지 행사는 현지 젊은이들이 한국 태권도를 새로 인식하게 만들면서 큰 인기를 얻었다. 6월 26일 베이징올림픽 주 경기장 기공식이 열렸는데 필자도 베이징 주재 주요국 외교사절과 함께 초청받아 참가했다. 필자는 베이징 노동자체육관에서 진행된 2008년 베이징올림픽 슬로건 발표식 및 문화제 개막식에도 참가했는데 당시 베이징올림픽에 대한 중국인들의 큰 관심을 엿볼 수 있었다. 이날 발표된 올림픽 슬로건은 '同一个世界, 同一个夢想 : One World, One Dream'이었으며 이 행사에는 리창춘(李長春) 정치국 상무위원, 류치(劉淇) 베이징시 위원회 당서기, 천즈리(陳至立) 국무위원, 류펑(劉鵬) 국가체육총국장(장관) 등 주요 인사가 대거 참석했다. 2006년 이후에도 양국간 스포츠 교류는 끊임없이 이어져 오다가 2016년 사드 문제로 교류가 거의 중단된 상태다. 스포츠 분야도 2006년 이후 2016년 상반기까지, 그리고 2021년 이후 현재까지의 양국간 세세한 스포츠 교류활동을 파악해 독자 여러분에게 알려드리지 못해 송구스럽게 생각한다.

06 문화재

중국은 문물국 내에 박물관 업무를 관장하는 박물관사(博物館司)가 있다. 2020년 말 기준 중국에는 각급 박물관이 5,452개, 소장한 수장품은 4,319만 898건에 달하며 전문인력 40,005명을 포함해 여기에 종사하는 인력은 118,913명에 이른다고 한다. 이 같은 박물관에서는 각종 전시회를 개최하는데 2020년 27,719회 기획전을 개최했고 전시회 관람객 수는 5억 2,652만 명에 달한다(출처: 2021 China Statistical Yearbook on Culture and Related Industries pp.119~120).

이번 장에서는 앞장에서 기술한 일반적인 미술품 전시회 등과는 별도로 양국 박물관간 전시 사례를 정리했음을 참고하기 바란다. 양국 박물관간 전시품은 유물이 대부분이기 때문이다. 앞에서 말했듯이 한중 양국은 수교 이후 처음으로 1998년 6월 5일 베이징에서 '한중 문화재 교류합의서'에 각각 서명하고 문화재 분야의 교류협력을 강화해왔다. 이후 2001년 2월 21일에는 중국 사회과학원 고고연구소와 '한중 고고학 문화 공동 학술연구협의서'도 체결해 매년 교류를 추진해왔으며 2005년 6월 2일에는 중국국가문물국 중국문물연구소와도 '문화재 연구·교류협약서'를 체결해 양국간 건조물 문화재, 보존과학 분야까지 교류를 확대해 진행하기도 했다. 하지만 중국측이 동북공정 프로젝트인 동북변강 역사와 현상 계열 연구공정을 추진하면서 양국 문화재 전문기관간 교류는 순조롭게 진행되지 않았다. 중국 동북 3성 내 고구려·발해 유적 조사에 대한 한국측의 공식 요청에 회신이 없었다고 한다. 양국간 상호 이해와 신뢰 구축을 위한 인적교류와 많은 노력이 필요해 보인다.

그동안 양국의 주요 박물관간 전시회 개최 사례를 찾아 다음과 같이 정리했다. 2000년 1월 16일~12월 15일 경기도립 박물관과 중국 광둥성 박물관 공동으로 중국 역대 도자전을 경기도립 박물관 기획전시실과 중앙홀에서 개최했는데 전시품은 광둥성 박물관이 소장한 3만여 점의 도자기 중 신석기시대부터 명·청대의 우수작품을 선별해 전시했다. 2002년 10월 2일~12월 9일 한국 국립민속박물관 기획전시실에서 '신의 표정, 인간의 몸짓, 중국 탈 김학구 교수 기증전'을 개최했다. 한중 수교 10주년 및 2002 한중 국민교류의 해 기념사업의 일환으로 개최된 이 전시회에 김학주 서울대 명예교수가 중국 전역에서 탈 280점을 수집해 기증했다. 2005년 10월 19일~12월 11일 경기도립 박물관과 중국 윈난(云南) 민족박물관이 중국 윈난 민족 문화전을 경기도립 박물관 기획전시실과 중앙홀에서 공동개최했는데 이 전시회에서는 중국 윈난 박물관이 소장한 소수민족 복식 60여 벌과 유물 307점을 전시한 한편, 중국 윈난 소수민족의 역사와 문화를 주제로 국제 학술강연회도 병행 개최되었다.

2007년 5월 23일~8월 26일 서울역사박물관은 제1전시실부터 제4전시실까지 한중 수교 15주년 기념사업의 일환으로 한나라부터 당나라까지의 주요 유물을 전시했는데 한대의 동차마 의장행렬 등 103점, 16국(十六國)·북조(北朝) 시대의 도우 등 67점, 3~8세기 실크로드를 통한 은제 봉수형병 등 53점, 당나라의 풍류와 운치 궤배용 등 89점이 전시되어 관람객의 시선을 끌었다. 2007년 8월 31일~9월 9일 서울시와 중국 산시성(陝西省) 인민정부는 중국 산시성 문물정화 특별전을 한중 수교 15주년 기념사업의 일환으로 공동개최했는데 이 전시회에는 진시황릉(秦始皇陵)과 한나라 경제(景帝)의 양릉(陽陵) 출토 유물 등 90여 점이 전시되었고 부대행사로 산시성 관광사진전, 산시 민속공예전도 진행되었다.

2008년 2월 19일~3월 19일 주중 한국문화원과 국립민속박물관, MBC미술센터, 배화여대는 베이징 주중 한국문화원에서 대장금 베이징 나들이 기획전을 공동개최했는데 인기리에 방영된 한국 드라마 '대장금'에 등장했던 복식, 소품, 미니어처 등이 전시되었다. 2008년 7월 29일~8월 31일 서울역사박물관은 중국 시안 비림명비전(碑林名碑展)을 개최했는데 이 전시회에는 시안 비림박물관이 소장한 명비(名碑) 탁본 103건, 125점이 전시되었다. 전시품들은 진한대, 남북조, 수나라, 당나라, 송나라, 원나라, 명나라, 청나라의 주요 명비로 이루어져 시민들의 관심을 모았다. 2008년 10월 25일~2009년 2월 1일 경기도립 박물관과 중국 선양 고궁박물원은 경기도립 박물관 기획전시실과 중앙홀에서 중국 선양 고궁박물원 소장 청 황실 보물전을 개최했는데 이 전시회에는 선양 고궁박물원이 소장한 청나라 황실 자기, 명·청대 서화, 청나라 황실용품, 청나라 무기, 청 황실 복식과 식기가 전시되어 큰 관심을 끌었다.

2008년 7월 28일~2009년 6월 28일 국립중앙박물관은 중국국가박물관으로부터 중국 고대 회화 작품들을 전해 받아 중국 고대 회화 탄생전을 개최했다. 2010년 11월 4일~12월 5일 서울역사박물관은 서울·베이징·도쿄 세 수도의 원형과 보존 전시회를 개최했는데 이 전시회는 서울, 베이징, 도쿄 세 도시의 자연환경과 인문환경을 바탕으로 형성된 각 도시의 원형을 전시해 많은 사람의 이목을 집중시켰다. 2010년 11월 25일~2011년 2월 27일 경기도립 박물관 기획전시실에서 개최된 랴오닝 고대 문물전에는 랴오닝성 박물관, 랴오닝성 문물고고연구소, 선양시 문물고고연구소가 소장한 유물 300여 점이 전시되었는데 한국에 큰 영향을 미친 랴오닝 지역 청동기 시대 유물이 큰 관심을 끌었다. 2010년 12월 18일~2011년 4월 3일 국립중앙박물관은 실크로드 둔황(敦煌), 혜초와 함께하는 서역기행 기획전을 개최했는데 이 전시회에는 중국 신장 위구르 자치구, 깐수성(甘肅省), 닝샤(寧夏) 회족(回族) 자치구 등 실크로드 관련 유물 200여 점이 전시되었다.

2012년 7월 24일~9월 23일 국립중앙박물관은 길상, 중국 미술에 담긴 행복 염원전을 개최해 중국의 길상문화 조망을 통한 일반인의 관심을 제고하는 계기를 마련했다. 2012년 8월 24일~9월 23일 한국 국립민속박물관과 베이징 서우두박물관이 한중 수교 20주년 기념사업의 일환으로 서우두박물관에서 조선 시대 사람들의 한평생 특별전을 공동개최했는데 이 전시회에는 조 씨 삼형제 초상(보물), 변수모 출토 복식(국가 민속문화재) 등 한국인의 일상생활 문화자료 270점이 전시되었다. 2013년 11월 29일~2014년 2월 9일 서울역사박물관과 베이징 서우두박물관은 서울역사박물관 기획전시실 A에서 베이징 3,000년 수용과 포용의 여정 전시회를 공동개최했는데 이 전시회에는 서울시와 베이징시 자매결연 20주년 기념행사의 일환으로 베이징시의 역사문화를 서울 시민에게 알리는 계기가 되어 의미 있는 행사였다.

2014년 12월 16일~2015년 3월 15일 국립중앙박물관은 서예의 길잡이 중국 법첩전을 개최했는데 주요 전시 내용을 보면 중국 명필들의 필적 보존과 서예학습을 위해 제작된 법첩을 소개하고 이를 통한 중국 서예사의 흐름을 살펴보는 계기가 되었다. 순화각첩 등 중국 법첩 26건, 52점이 전시되었다. 2015년 11월 27일~2016년 1월 24일 서울역사박물관과 베이징 서우두박물관은 서우두박물관 기획전시실 B에서 '서울-베이징 국제교류전, 물길도시 서울: 청계천의 변화' 전시회를 공동개최했는데 이 전시회는 서울 청계천의 변화를 통해 서울의 도시발전사, 시민생활상과 변화상을 베이징시민에게 알리는 계기가 되었다. 2016년 11월 4일~12월 18일 중국국가박물관에서 2016 한·중·일 박물관 합동기획 특별전과 동방화예: 15~19세기 한·중·일 회화전이 공동개최되었는데 이 전시회에는 문인화, 풍속화, 불화 세 분야의 3국의 15~19세기 회화 100여 점이 전시되었다. 한국 국립중앙박물관에서는 묵죽도 등 14건, 33점을 전시했다. 2018년 1월 26일~3월 18일 국립중앙박물관에서 개최된 동아시아의 호랑이 미술-한·중·일 특별전에서는 2018년 평창올림픽 마스코트인 호랑이를 주제로 3국의 호랑이 관련 회화, 조각, 공예품 등 105건이 전시되었다.

2019년 12월 11일~2020년 3월 31일 한국 국립고궁박물관과 중국 선양 고궁박물원의 공동개최로 청 황실의 아침, 선양 고궁전이 한국 국립고궁박물관 기획전시실에서 열렸다. 이 전시회에는 청 황실의 복식과 무기, 공예품, 장신구 등 다양한 문화재가 전시되었다. 2021년 2월 2일~3월 7일 국립중앙박물관에서는 한중 소띠 교류전을 개최했는데 소 관련 소장품 두 점씩을 교환·전시했고 9월 16일~11월 14일에는 '중국 고대 청동기, 신에서 인간으로'전을 개최했는데 이 전시회에는 중국 상하이박물관이 소장한 하나라, 상나라, 주나라부터 한나라까지의 청동기 67점이 전시되었다. 이밖에도 사립박물관, 대학박물관 등 다양한 박물관의 한중교류전 자료를 찾아내 정리하지 못한 점 독자 여러분의 양해를 구한다. 그리고 전시회뿐만 아니라 인적교류 등과 분야별 박물관 간 교류합의서 체결 등으로 교류의 폭을 넓혀왔다.

한국 국립중앙박물관은 한중 박물관 교류 확대 등을 위해 중국의 각급 박물관과 다음과 같이 교류협정을 체결해왔다. 중국국가박물관과는 2005년 5월 24일 첫 체결을 포함해 총 5회(2008년 5월 22일, 2016년 9월 19일, 2010년 7월 2일, 2017년 4월

3일), 신장 위구르 자치구 투루판지구 문물국과는 1회(2009년 2월 2일), 중국 국가문물교류중심과는 2회(2010년 11월 26일, 2015년 8월 24일), 상하이박물관과는 2회(2014년 6월, 2021년 1월 8일), 중국 고궁박물원과는 2회(2015년 10월 13일, 2019년 1월 22일), 중국 저장성박물관과는 1회(2016년 1월 19일) 체결했다.

주요 인적교류 분야에서는 국립중앙박물관이 중국의 주요 박물관과 문물고고연구소 등과 네트워크 펠로십 연수자 프로그램을 진행했는데 2010년, 2011년, 2018년, 2019년 4회에 걸쳐 양국의 문물 전문가를 상대국에 파견해 인적 네트워크 강화에 매진해 의미 있는 일이었다. 또한 2006년 9월 15일 한국 국립중앙박물관에서 한·중·일 국립박물관장 회의를 창설해 매년 상대국과 교차 개최를 진행해왔으며 2021년에 개최된 제11차 회의는 코로나19로 인해 온라인 화상회의로 진행했으며 3국 국립박물관간 교류협력 강화의 계기를 확대해나가고 있다.

한중은 문화재 분야에서 교류를 확대·발전시켜야 할 것이다. 중국 전역의 특정 도서관에는 한국 관련 전적류가 보존되어 있고 박물관에는 한국 관련 유물이 많이 보존되어 있기 때문이다. 예를 들면, 따렌 뤼순박물관과의 협력사업은 고려해볼 만하다. 2014년 전후 뤼순박물관측과 한국의 모 재단측은 따렌지역을 포함한 광범위한 지역을 대상으로 한중 문화재 공동조사사업을 추진하려다가 중국문물국측 사정으로 진행하지 못했다. 광범위한 지역에 산재한 문물의 공동조사·연구를 희망했던 당시 중국 전문가들의 의견은 큰 의미가 있었다. 그리고 중국 전역 51개 도서관이 소장 중인 고려 고적(高麗古籍) 자료 2,754종(1911년 이전에 출판된 고려 고적 2,028종과 1911년 이후 중국에서 출판된 고려 출판물 426종)을 찾아『중국 소장 고려 고적 종록(中國所藏高麗古籍綜錄)』이라는 책이 1998년 2월 중국 한어대사전 출판사(漢語大詞典出版社)에서 출간되어 매우 유용하게 활용되었다. 이 프로젝트는 대우학술재단에서 지원한 사업으로 1992년 3월부터 관련 전문인사의 한국 초청 등이 이루어지면서 시작되었다.

07 게임

  한중 양국간 문화교류 분야는 그 범위가 매우 넓지만 여기서는 중국 내 한국 게임 교류만 간단히 기술한다. 우선 초기 중국 게임시장에 접근해보면 단연 한 국게임이 압도적 지위를 차지했다. 그도 그럴 것이 중국대륙에서 문화산업시 장에 대한 중앙정부나 중국 공산당의 관심이 미미해 게임산업 발전도 매우 늦 었다. 중국 게임산업의 발아기는 대체로 2000년대 초로 본다. 2001년 9월 28 일 중국대륙에서 처음 서비스를 시작한 온라인 게임 '전기(傳奇)'의 성공은 중국 게임시장에서 온라인 게임으로 전환하는 계기가 되었다. 한국 게임 '전기'는 한 국의 위메이드엔터테인먼트사가 개발·제작하고 상하이 성다게임유한공사(盛大 游戱有限公司: 약칭 盛大)가 중국 내에 서비스해 대박을 터뜨린 게임으로 상하이 성다 기업을 게임시장에서 일약 거인으로 키웠다. 2001년 11월 이 게임의 서비스 유 료화 이후 2002년 3월과 4월 당시로는 상상하기 힘든 월간 2,000만 위안 수입 을 기록함으로써 온라인 게임이 신흥산업으로 각광받는다는 것이 당시 중국 게임시장 전문가들의 평가였다.

  2002년에는 한국 게임 '미르의 전설 2'가 중국 게임시장에서 6억 위안의 매 출을 올리며 맹위를 떨쳤는데 한국 게임의 기술력과 차별화된 서비스로 시장에 접근해 시장점유율 68%, 동시접속자 70만 명, 매출실적 1위를 차지했다는 것은 당시 시장에서 잘 알려진 사실이다. 2003년 2월 18일자 베이징칭넨바오는 '한류, 중국 인터넷 게임을 휩쓸다'라는 제목의 기사에서 한국 인터넷 게임 산업의 발전과 중국 내 시장 형성 등을 소개하며 중국산 게임 육성책을 제시했다. 2003년 당시 중국인터넷게임산업보고서에 의하면 게임개발사는 홍콩과 대만 게임개발사 19개사를 포함해 총 59개였고 온라인 게임 운영사는 103개로 발표했는데 20여 년이 흐른 지금보다 보잘것 없었다. 2002년 중국대륙에서 서비스되던 인터넷 게임은 총 61종으로 한국 게임 27종, 중국 국산 게임 13종, 홍콩·마카오·대만 게임 17종, 유럽·미주 게임 2종, 일본 게임 2종으로 집계했다.

2003년이 되자 한국 게임의 중국대륙 진출은 더욱 확대되었다. 2003년 중국대륙에서 서비스된 인터넷 게임은 총 114종으로 그중 60종이 유료화했고 8종은 이용 중지 상태였다. 이렇게 중지된 게임 중에는 한국 게임 2종도 포함되어 있었다. 유료게임의 평균 접속자 수가 177만 명에 달하는 상황에서 2002년부터 중국 이용자들의 인기를 독차지한 한국 게임 '미르의 전설'이 35만 명, '뮤'가 28만 명의 동시접속자를 확보함으로써 2003년에 와 중국 게임시장에서 1, 2위를 기록했는데 이는 당시 한국 게임의 중국대륙에서 차지하는 위상을 잘 보여준다. 이같이 2003년 중국 게임시장에서 서비스되던 총 114종의 게임을 제작·생산국별로 분류해보면 한국 게임이 단연 1위였다. 한국 60종, 중국 국산 31종, 홍콩·마카오·대만 16종, 유럽·미주 4종, 일본 3종으로 집계되었다. 당시 중국 게임시장에서 게임 판매수입 상위 20위에 중국 국산 게임이 전무한 것을 보면 한국 게임의 위세를 짐작할 수 있다. 그리고 당시 중국 게임시장 상황을 살펴보면 총 시장 규모는 34억 8천만 위안(약 4억 2,100만 달러)이었고 게임 관련 업체 수는 187개사, 업체당 평균 근로자 수는 35명, 근로자 평균연령은 보통 30세 이하로 이 기술직원의 월평균 수입은 2,500~3,500위안이었는데 이 같은 여러 상황을 감안하면 여러 가지로 취약한 면이 많았음을 알 수 있다. 하지만 20여 년이 지난 2020년 중국 게임시장 규모는 2,786억 8,700만 위안(한화 약 48조 7,702억 원)으로 매년 급증하고 해외 판매수입도 무려 154억 5천만 달러에 달하는 등 국내 인터넷 게임 이용자 6억 5,435만 명과 더불어 세계 게임시장에 우뚝 섰다. 2004년 중국의 게임시장 규모는 전년보다 76% 급성장했고 연관산업의 부가가치는 340억 6천만 위안(약 48억 6,600만 달러)이었다.

2005년에 와 인터넷 게임 총 49종 중 저작권 소유는 한국인 게임이 14종, 미국 게임 3종, 일본 게임 3종, 대만 게임 7종, 홍콩 게임 1종, 영국 게임 1종이고 나머지 30종은 중국 국산 게임으로 게임 수량 면에서 중국 국산 게임이 큰 발전을 했다. 하지만 당시만 해도 한국 게임이 차지하는 중국 내 위세에는 미치지 못했다. 그런데 설상가상으로 중국 정부의 여러 정책이 게임산업의 발전을 막았다. 2004년 4월 21일 국가 라디오 영화 텔레비전총국은 '온라인 게임류 방송 금지에 관한 통지(關于禁播電腦网絡游戲類節目的通知)'를 발표·시행함으로써 중국 온라인 업계에 큰 충격을 주었다. 중국 정부의 이 같은 시책에 따라 2004년 5월 1일 CCTV 총편집실에서는 온라인 게임 프로인 '電子競技世界'의 중지 결정을 내렸는데 이는 전국 TV 방송국에 게임 프로그램 방영과 관련해 심대한 영향을 미쳤다. 이는 폭력이 가미된 부정부패 및 범죄를 소재로 한 TV 드라마 방영을 금지한 데 이어 모든 온라인 게임 관련 TV 프로그램 방영 금지로 확대되었다.

2004년 당시 중국에는 140여 개 게임 관련 간행물과 수천 개에 달하는 게임 관련 사이트, 포털사이트의 게임 채널에 불똥이 튈까 봐 전전긍긍했던 관련 업계 인사들의 발언은 우울하기만 했다. 당시 온라인 게임 심사 비준권은 국가신문출판총서(國家新聞出版總署)가 관장했지만 중국 문화부가 문화시장 관리·감독 차원에서 인터넷 관리강화를 위해 2004년 4월부터 온라인 게임 내용 심사를 위한 전문가위원회를 설립해 이미 정부의 비준을 받은 온라인 게임이더라도 온라인 게임 재심사를 받아야 한다고 해 한때 게임시장에 큰 혼란을 불렀다.

2005년이 되자 중국 국내 게임산업 정책에 일부 변화를 겪었는데 중국에 수입되는 온라인 게임에 대해서는 사전심사를 하겠다고 나섬으로써 한국 게임의 중국시장 진출에 큰 영향을 받았다. 따라서 2005년 이후 중국 게임시장에서 호황을 누리던 한국의 온라인 게임은 점점 위축되고 있었다. 따라서 중국 국산 게임산업의 해외 진출이 급증하면서 성공을 거두었는데 중국 게임 Kingsoft사가 개발한 '검협정원'은 말레이시아, 싱가포르, 베트남 등에 수출되고 '삼국책', '항해세기(航海世紀)' 등 10여 종의 중국 국산 게임은 한국, 일본, 호주, 독일 등으로 수출되었다. 그런데 명나라 때 유명 항해가 정화(鄭和)의 항해고사(航海故事)를 배경으로 한 '항해세기(航海世紀)' 게임을 개발·제작한 베이징의 游戲蝸牛公司가 한국과 독일 게임회사와 수출계약을 체결하면서 국제 게임시장에 처음 등장했다. 당시 游戲蝸牛公司 총경리 리류쥔(李柳軍)은 "이번 항해세기 게임을 한국측과 한화 15억 원에 계약해 한중간 게임교류의 새로운 시장을 열 것이다. 우리도 한국의 온라인 게임시장에서 돈을 벌 수 있게 되었다."라고 말한 것을 보면 당시 한국 게임시장의 수준을 알 수 있다(출처: 2005년 1월 10일자 北京靑年報).

베이징칭녠바오 리(李) 총경리는 항해세기 게임 개발·제작비가 2,000만 위안에 달했고 제작 기간도 4년이 걸렸다고 밝혔다. 이 게임은 중국 자국 온라인 게임의 첫 해외수출 작품이다. 이후 오늘날까지 중국의 게임산업은 확장일로이고 중국이 자체 연구·개발한 게임의 해외수출도 폭발적인 증가세인 반면, 한국 게임의 중국시장 진출은 여러 가지 사유로 정체되거나 중국 회사들의 투자 등으로 어려움을 겪는 가운데 더욱이 중국 내 한한령으로 한국게임의 중국시장 진출은 빛을 보기 어려워졌다.

중국 게임시장 규모 및 해외수출 규모 추이

연 도		2008	2010	2012	2014	2016	2018	2019
게임시장 전체	규모(亿元)	185.6	333.0	602.8	1,144.8	1,655.7	2,144.4	2,308.8
	증가율(%)	72.5	26.7	35.1	37.7	17.7	5.3	7.7
중국 국산 게임	규모(亿元)	110.1	193.0	368.1	726.6	1,182.5	1,643.9	1,895.14
	증가율(%)	60.0	16.8	35.6	52.5	19.9	17.6	15.28
중국 국산 게임 수출	규모(억 달러)	0.7	2.3	5.7	30.8	72.3	95.9	115.9
	증가율(%)	28.6	111.0	57.5	69.0	36.2	15.8	21.0

출처 : ① Report on Development of China's Media Industry(2018) p.154, p.158
② Report on Development of China's Media Industry(2019) p.179
③ Report on Development of China's Media Industry(2020) p.192
④ 2017 China Gaming Industry Report(Abstract) p.39
⑤ 2020 中國游戲産業報告 pp.7~10 자료 재정리

2020년 중국 게임시장에서 국산 게임시장 규모는 2,401억 9,200만 위안으로 26.74% 증가했다. 전체 시장 규모도 2,786억 8,700만 위안으로 이것도 전년 대비 20.71% 늘어난 수치이다. 매년 3월 중국 정부는 양회(兩會) 개최를 앞두고 그해 2월 말 국가통계국에서 전년도 「中華人民共和國〇〇〇〇年國民經濟和社會發展統計公報」를 출판하면서 전년도 런민삐(人民幣) 평균 미화 환율을 표시하는데 연도별 평균 미화 환율은 다음과 같다. 따라서 미화로 환산할 때는 아래 환율을 적용하면 좋을 것 같아 나타냄을 참고하기 바란다.

① 2011년 1달러 = 6.1428위안 ② 1달러 = 6.2284위안 ⑥ 2016년 1달러

= 6.4623위안 ⑦ 2017년 1달러 = 6.7518위안 ⑧ 2018년 1달러 = 6.6174위안
⑨ 2019년 1달러 = 6.8985위안 ⑩ 2020년 1달러 = 6.8974위안

여기서 한국 게임시장과 중국 게임시장을 비교하기 위해 다음 자료를 작성했다.

한국 게임시장 규모 및 수출·입 현황

구분/ 연도	2011	2012	2013	2014	2015	2016	2017	2018	2019	2020
시장 규모 (억 원)	88,047	97,525	97,197	99,706	107,223	108,945	131.423	142,902	155,750	188,855
수출액	2,378	2,638	2,715	2,974	3,215	3,277	5,923	6,415	6,658	8,194
수입액	205	179	172	166	177	147	263	306	298	271

주 : 위 표에서 수출·입 단위는 백만 달러(USD)임에 착오 없기 바람
출처 : ① '2018 한류 백서(KOFICE) p.174 ② 2021 대한민국 게임 백서(한국콘텐츠진흥원) p.68, p.80 자료 재정리

2017년 한국 게임의 해외 수출액은 59억 2,300만 달러로 전년보다 무려 80.7%가 급증했는데 2020년에 오면 한국 게임의 대중국 수출이 전체의 35.3%, 대만 12.5%, 홍콩 2.1%로 여전히 중화권 수출이 상당 부분을 차지한다. 하지만 중국은 한국 게임의 최대수출국이 아닌 게임 제작 경쟁국으로 한층 위상을 높이는 형국이다. 역시 사드 문제 등으로 한국 게임의 중국시장 신규진출은 거의 막혔지만 중국 게임의 한국시장 진입은 가속화되는 실정이다.

2017년 구글 플레이에 출시된 중국산 모바일 게임은 136개로 사드 문제가 발생하기 전인 2016년 114개보다 오히려 22개나 늘었다. 양적 공세뿐만 아니라 질적으로도 한국 게임산업에 큰 위협이 된다는 것이 시장의 전언이

다. 게임 분야는 문화산업적 측면을 고려해 뒷장의 한중문화산업 교역 부문에서 상세히 다룬다.

08 한국어 보급확산

한중 수교 이후 중국 내에서는 한국어 학습에 대한 관심이 커지고 있었다. 이는 같은 시기에 한국기업들의 대중국 투자 및 기업들의 현지 진출과 맥을 같이한다. 특히 한국기업에 대한 중국인들의 기대와 당시 중국 대중문화 시장을 강타한 한류와도 무관하지 않다. 한국으로서도 자국 문화 소개에 가장 선행해야 할 부문이 한국어의 보급확산이다. 한국 문화에 대한 중국인들의 올바른 이해를 가져올 수 있다는 것 정도는 이미 알고 있었다. 각국은 자국어의 세계적인 보급확산을 위해 다양한 방법을 동원하면서 상당한 예산을 투자하고 있다.

중국 내의 한국어 보급확산 사례는 대체로 세 가지 채널로 진행되었다. 첫째, 중국 내 한국어과 개설 대학의 정규 과정, 둘째, 주중 한국대사관(문화원) 한국어 특별강좌 운영, 셋째, 중국 내 특정 민간단체가 운영하는 한국어 강좌반이다. 수교 10주년이던 2002년 기준 중국 내 한국어과 개설 대학은 다음 표와 같다.

중국 내 한국어(조선어)과 개설 대학 현황(2002년 기준)

연번	개설 대학명	설치 시기	교수진 구성	학제/학위	재학생 수
1	北京大學校	1946년 9월	정교수 1, 부교수 4, 전임 3	4년제/대학원	본과 54명, 석사 과정 23명
2	對外經濟貿易大學	1952년 9월	정교수 2, 부교수 3, 전임 1	4년제/대학원	본과 57명, 석사 과정 8명
3	北京外國語 大學校	1994년 9월	부교수 2, 전임 2	4년제/학사	본과 43명
4	北京語言文化大學校	1994년 9월	전임 4	4년제/학사	본과 40명
5	北京第2外國語大學校	1993년 9월	부교수 1, 전임 5	4년제/학사	본과 40명
6	黑龍江大學校 東語學院 (韓國語系)	1996년 9월	부교수 1, 전임 2	4년제/학사	본과 30명
7	吉林大學校	1993년 9월	정교수 1, 부교수 7	4년제/학사	본과 75명
8	延邊大學校 朝鮮.韓國學院 (朝文系)	1972년 9월	정교수 1, 부교수 5, 전임 10	4년제/대학원 (3년)	본과 200명, 단과대 70명, 석사 과정 17명
9	延邊科技大	1995년 9월	정교수 7, 전임 3	4년제/학사	본과 127명
10	遼寧大學校 (韓國語系)	1994년 9월	부교수 1, 전임 3	4년제/3년제	단과대 170명, 석사 과정 6명
11	大連外國語大 (韓國語系)	1993년 9월	정교수 2, 부교수 5, 전임 9	4년제/대학원	본과 493명, 석사 과정 36명
12	天津外國語學院	1994년 9월	부교수 2, 전임 8	4년제/학사	본과 90명, 단과대 20명
13	山東師範大 (韓國語系)	1991년 9월	부교수 3, 전임 3	4년제/학사	본과 90명
14	靑島大學校	1995년 9월	정교수 1, 부교수 2, 전임 3	4년제/학사	본과 60명
15	烟台大學校	1999년 9월	정교수 1, 부교수 1, 전임 4	4년제/학사	본과 120명
16	中國海洋大 (韓國語系)	1992년 9월	정교수 3, 부교수 1, 전임 3	4년제/학사	본과 90명, 석사 과정 13명, 전문대(3년) 60명
17	山東大威海分校	1991년 9월	부교수 3, 전임 12	4년제/학사	본과 294명
18	洛陽外國語大 (東語系 한국어 전공)	1956년 9월	정교수 1, 부교수 6, 전임 14	4년제/학사/ 석사 과정	본과 320명, 석사 과정 20명
19	復旦大學 (韓國語系)	1995년 9월	정교수 2, 부교수 1, 전임 2	4년제/학사/ 석사 과정	본과 47명, 석사 과정 3명
20	上海外國語大 (朝鮮語文文學 전공)	1994년 9월	부교수 2, 전임 3	4년제/학사	본과 100명

연번	개설 대학명	설치 시기	교수진 구성	학제/학위	재학생 수
21	延邊師範大	1949년 9월	정교수 6, 부교수 10, 전임 4	4년제/학사/석·박사 과정	본과 100명, 석사 과정 15명, 박사 과정 5명
22	中央民族大 (朝文系)	1973년 9월	정교수 4, 부교수 2, 전임 4	4년제/학사/석·박사 과정	본과 90명, 석사 과정 15명, 박사 과정 3명
23	山東大學 外國語學院 (한국어 전공)	수교 이후	부교수 2, 전임 4	4년제/학사	본과 101명

주 : 위 표의 학생 수는 2005년 기준이며 위 자료는 당시 현지 교육 부문 근무자가 직접 조사해 확보한 자료임

그리고 2005년 11월 30일 기준 中國韓國(朝鮮)語 敎學硏究學會 자료에 근거한 중국 내 한국어과 개설 대학을 추가로 확보해 다음 표로 작성했다.

중국 내 한국어과 개설 대학 현황

연번	대학명	설치 시기	교원 수	학생 수	연번	대학명	설치 시기	교원 수	학생 수
1	延邊大學 師范學院 (朝文系)	1949년 9월	30	본과 404 석사 126 박사 52	13	揚州大學外 國語學院 (韓國語系)	2003년 9월	5	본과 146
2	山東師范大 學(韓國語 系)	1994년 9월	8	본과 121	14	南京師范大 學(朝鮮語 전공)	2003년 9월	4	본과 50
3	南京曉庄學 院(外語系)	1994년 9월	5	전문대 21	15	廣東外語外 貿大學東語 學院(韓國語 전공)	2003년 9월	5	본과 54
4	武錫南洋職 業技術學院 (外語系)	1994년 9월	4	전문대 180	16	中央民族大 學外國語學 院(韓國語 전공)	2004년 9월	3	본과 27
5	上海外國語 大學(朝鮮 語語文文學 전공)	1994년 9월	7	본과 100	17	哈爾工業大 學威海分校 (韓國語敎研室)	2004년 9월	4	–
6	山東紡織職 業大學 (外國語系)	1997년 9월	20	전문대 850	18	西安外國語 學院東語學 院	2004년9월	3	본과 58
7	延台師范大 學(韓國語 系)	1999년 9월	6	본과 340	19	河南鄭州輕 工業大學外 國語學院 (韓國語系)	2004년 9월	3	본과 50

연번	대학명	설치시기	교원수	학생수	연번	대학명	설치시기	교원수	학생수
8	江海職業技術學院(外語系)	2002년 9월	10	전문대 684	20	山東濟南大學外國語學院(韓國語系)	2004년 9월	3	본과 65
9	連云港職業技術學院(外語系)	2002년 9월	6	전문대 300	21	山東曲阜師范大學外國語學院(韓國語系)	2005년 9월	5	본과 40
10	中國傳媒大學(原"北京廣播學院)國際傳媒學院(亞洲語敎硏室)	2002년 9월	2	본과 23	22	山東聊城大學外國語學院(韓國語系)	2005년 9월	5	본과 60
11	齊齊哈爾大學外國語學院(韓國語系)	2002년 9월 2005년 9월	4 3	본과 170 본과 40	23	山東萊陽農業大學外國語學院(韓國語系)	2005년 9월	5	본과 65
12	天津師范大學外國語學院(韓語敎硏室)	2003년 9월	3	본과 31					

  총 46개 대학, 49개 과정이 개설되어 있으며 교원 수 368명, 전문대학 과정 (3년) 3,042명, 본과 5,654명, 석사 과정 328명, 박사 과정 58명, 누계 9,082명으로 집계되었다. 위 표에 중국 전국 대학을 전수조사하기는 불가능해 위 표에 기록하지 않은 대학도 있을 것으로 추측된다. 그리고 한국어 보급확산과 불가분의 관계였던 당시 한국학 연구지원사업은 교육부 소속 한국학술진흥재단, 한국국제교류재단, 일반 민간학술재단들이 중심이 되어 상당한 예산지원을 하면서 활발한 한국학 연구지원사업들이 진행되었다. 이 같은 한국학 연구지원사업 내용은 주로 중국인들의 한국 내 연수, 한국 객원교수 중국 파견, 연구·출판 및 세미나 지원, 출판자료 지원 등으로 구성된다. 한국학술진흥재단에서 2002년~2003년 해외 한국학 지원사업 중 공개모집을 통해 선정된 대중국 한국학 지원사업의 구체적인 내용을 살펴보면 ① 베이징대, 길림대에 강의

파견 교수 지원 64,800달러 ② 베이징대, 상하이 푸단대, 옌변대, 중앙민족대 6개 프로젝트에 35,000달러 ③ 상하이 푸단대, 중앙민족대의 국제학술토론회 관련 23,000달러 ④ 옌변대, 중앙민족대에 출판물 발간비 5,000달러를 지원한 것으로 알려져 있다.

한국국제교류재단에서도 한국학 해외 지원사업의 일환으로 중국의 각 대학에 객원교수 초빙, 한국어 강좌 개설, 한국학 연구, 논문 출간, 학술회의 등의 원활한 추진을 위해 상당한 예산지원을 했는데 지원 대학을 살펴보면 2000년 베이징대, 푸단대, 베이징 어언문화대, 2001년 베이징대, 푸단대, 난징대, 산동대, 사회과학원 대학원(한국어 강좌 개설), 2002년 베이징대, 푸단대, 산동대, 사회과학원 대학원, 중국 한국어교육연구학회(학술회의) 등에 3,000~38,000달러를 지원한 것으로 알려져 있다.

2003년에도 중국의 각 대학과 기관은 예년과 비슷한 수준의 지원 신청을 했는데 접수된 지원사업을 보면 중국의 6개 대학과 연구기관에서 15개 단위 프로젝트에 21만 7,630달러를 요청했지만 지원 확정 내용은 파악하지 못했다. 그리고 같은 해 한국어 연수 펠로십사업에 중국인 열 명이 선정되었는데 길림대, 베이징대, 옌타이대, 사회과학원 대학원, 다롄외국어대, 상하이외국어대, 홍콩과기대, 상하이 푸단대에서 한국어 강사, 석·박사 과정에 있던 젊은이들이 선정되었다. 이밖에 한국언론재단에서도 중국 사회과학원(한국 연구중심)에 계간지「当代韓國」발간비(매 5,000부) 소요경비를 지원한 것으로 알려져 있다. 이같이 한국학 연구지원 각종 사업은 매우 활발히 진행되었지만 한국어 보급확산의 직접적인 사업추진에는 애로사항이 많았다. 당시만 하더라도 한국어의 중국 보급확산 관련 기관이나 단체간 정보교류나 유기적인 협조체제가 제대로 갖추어지지 못해 어려운 현지 사정에 대한 적극적인 대응력이 떨어지고 시행착오도 발생했다. 이는 장기적이고 종합적이며 체계적인 전략 부재로 지적되었다.

2002년 12월 16일 필자는 베이징 소재 한국어과 개설 대학 부총장과 한국어과 과장, 교수 20여 명을 초청해 간담회를 가지며 교내 한국어 강좌운영 관련 애로사항을 들을 기회가 있었다. 참석한 각 대학 교수들은 ① 한국어 표준 교과서 확보문제 ② 교수진 재교육 문제 ③ 한국어과 명칭문제 ④ 입체적인 한국어 교습문제 ⑤ 한국어 전공생의 졸업 후 취업문제 등 다양한 현안을 쏟아냈다. 당시 중국에서 한국어는 영어, 일본어, 러시아어, 독일어, 불어에 이어 여섯 번째로 중시되는 언어로 부상했는데도 불구하고 한국어 개설 대학에서조차 통일된 표준 한국어 교과서가 없다는 지적을 많이 받던 시기였다.

이 대학들은 교재, 교사 자질, 도서와 각종 시청각 자료 부족 등의 애로사항이 있었지만 교재를 자체 개발할 능력이 없었고 한국어 교재와 조선어(북한어) 교재를 혼용하는 대학도 많았고 한중 수교 이후 새로 개설된 한국어과 교수들은 각급 조선족 학교 등에서 많이 채용되어 학문적 기초나 경험이 부족하다는 대학 내부의 지적도 있었다. 게다가 대부분의 시청각 자료가 한국 드라마나 TV 교양프로그램 등을 복제한 것으로 학생들의 한국어 수준에 맞추어 제작된 것이 아니라는 불평도 있었다. 이같이 수교 이후 10여 년간 초기 중국 내 한국어 보급확산의 열악한 사정을 극복해 2022년 현재 중국 현지 한국어 보급확산이 명실상부하게 정상적인 환경에서 이루어져 마음 뿌듯하다.

한편, 주중 한국대사관(문화원)에서 진행한 한국어 강좌는 초급, 중급, 고급반으로 나누어 운영했는데 초기에는 직접 서면접수로 수강생을 선발했지만 수강 신청자가 이른 새벽부터 줄을 서야 하는 등 여러 어려움 때문에 인터넷 접수로 선착순으로 마감해야 하는 점을 감안하면 당시 중국 내 한국어 강좌의 인기를 짐작할 수 있다.

09 기타(도서출판, 음식, 지자체 등)

　이같이 한류와 더불어 중국에서 한국 문학작품이 관심을 받았다. 당시 한국 문학작품의 중국 진출을 간략히 찾아보면 한류가 상승곡선을 그리던 2002년 여름 김하인(金河仁) 작가가 쓴 『국화꽃 향기(菊花香)』 수십만 부가 판매되었다. 중국 내 한류가 고공행진할 당시 한국인이 펴낸 주요 작품의 중국 내 번역·출간 사례를 모아보았다.

2002~2005년 중국에서 번역·출간된 한국 문학작품

작품명	중국 출판사명	초판 인쇄일자	권당 정가(元)	한국인 저자
菊花香(국화꽃 향기)	南海出版社	2002년 7월	19.80	金河仁
七朵水仙花(일곱 송이 수선화)	南海出版社	2003년 2월	25.00	金河仁
商道(상도)	新世界出版社	2004년 10월	32.00	崔仁浩
移同的故	白花文藝出版社	2004년 1월	15.00	許世旭
我是韓國人(나는 한국인이다)	華藝出版社	2003년 1월	16.00	申世庸
火花(불꽃)	中國盲文出版社	2002년 11월	22.00	金秀賢
天使之吻(당신과 나의 일)	九州出版社	2005년 2월	22.00	池秀賢
出賣眞心的女孩 (마음을 파는 여자)	新世界出版社	2005년 7월	22.00	吳賢正
我是那小子的全部 (나는 그놈의 전부였다)	京華出版社	2005년 1월	20.00	林銀喜 (인터넷소설)

작품명	중국 출판사명	초판 인쇄일자	권당 정가(元)	한국인 저자
迷戀(반하다)	九州出版社	2005년 5월	22.00	金賢正
狼的誘惑(늑대의 유혹)	世界知識出版社	2005년 1월	20.00	可愛淘
別碰我的女朋友 (내 여자를 건드리지말라)	羊城晩報出版社 (광저우 소재)	2005년 7월	20.00	金志淵 (인터넷소설)
惡魔小子(악마와 왕자)	韓話出版社	2005년 7월	22.00	閔銀慶

중국에서는 오프라인으로는 신화서점(新華書店) 등에서 전국적으로 책이 많이 판매되고 있고 온라인으로는 찡동(京東) 등에서 많은 서적이 유통 중이다. 한국 서적류가 중국어로 번역되어 중국 내에서 판매되고 있었지만 판매부수를 알 수 없어 안타까울 뿐이다. 서점가의 전언과 일부 언론 보도에 의하면 2002년에 출간된『국화꽃 향기(菊花香)』는 출간 당시 무려 40만 부 이상 판매되었다. 2002년 12월 6일자 베이징완바오(北京晩報)는 '여추우(余秋雨)는 왜『국화꽃 향기』를 보았을까?'라는 제목의 기사에서 '여추우 선생이 한국 대중소설에 관심을 가졌다는 점이 매우 흥미롭다. … 중국에서는 언제쯤 이 같은 베스트셀러가 탄생하고 유명작가가 탄생할 것인가? 우리와 같은 보통사람도 그렇게 생각하는데 여 선생도 이 문제에 관심 있을 것이다. …'라고 썼다. 여추우는 중국 현대문화 흐름의 대변인으로 불리는 저명한 인문학자로 그의 생각을 기사화한 것은 한국 문학작품에 대한 높은 평가와 함께 중국 작가들의 분발을 촉구한 것으로 보인다.

2002년 6월 김동리(金東里) 선생의『무녀도(巫女圖)』가 상하이 역문(譯文)출판사에서 출간되었다. 2002년 9월 25일자 中國靑年報는 김동리 선생의 작품인 『무녀도』,『황토기』,『등신불』 등이 수록된 단편집을 언급하며 한류가 성행하는 지금『무녀도』의 중국어판 출간을 통해 한국 문화, 특히 한국문학을 이해하고 김동리 선생의 깊은 사상(沉鬱)을 맛보는 것도 좋을 거라고 주장했다. 어쨌든

2005년 9월 1일~10월 15일 후난 위성TV 채널에서 한국 드라마 '대장금'이 최고의 시청률을 기록하면서 중국 내에서는 어느 한 가지 상품에 한정되지 않고 음식, 패션, 화장품, 소설, 의상 등 각 분야의 문화상품이 중국 현지인들의 큰 관심을 받고 있었다. 매년 9월 베이징 국제도서박람회가 열리는데 한국 출판사들은 이 행사에 중국 출판사와 여러 가지 방식으로 계약을 체결했다. 2000년대 초만 하더라도 중국의 도서 정가는 별로 높지 않아 큰 부담이 없었지만 2010년을 지나면서 고공행진을 계속해 현재 웬만한 책은 100위안가량 한다.

다음은 한국 음식에 대한 중국인들의 관심이다. 100년 훨씬 전에 중국 짜장면이 한국에 들어와 지금까지도 한국인에게 친숙한 메뉴로 자리 잡았듯이 양국은 상대방 국가의 음식에 대한 관심이 많다. 하늘을 나는 비행기와 지상을 달리는 기차를 제외하고 모든 것이 음식 재료가 된다는 수만 가지 중국 음식을 표현한 말과 같이 한국도 수많은 종류의 음식을 자랑한다. 그런데 한류의 영향으로 한국 음식이 중국인들의 환영을 받은 것은 사실이다. 2002년 기준 베이징 시내에서 한국 식당 간판을 내걸고 영업하는 음식점 수는 380여 개라고 당시 베이징시 고위인사가 말했다. 물론 주방장과 식당 주인이 한국인, 조선족, 한족 등 다양하게 구성되어 맛이 다르다는 평가도 많았다.

수교 전인 1990년대 초부터 베이징 시내에서 한국 음식점을 운영하며 상당한 인기를 누려왔던 차오양구(朝陽區) 량마차오(亮馬橋) 부근의 식당 '서라벌'은 여전히 성업 중이다. 2008년 전후로 베이징 시내에서 18개 체인으로 운영된 한식당 '한라산'은 하루 평균 매출액이 무려 100만 위안에 달해 당시 한국 음식에 대한 베이징시민의 큰 관심을 보여주었고 최근에는 옛날 같지는 않지만 여전히 많은 중국인이 '한라산'을 찾고 있다. 중국 전역에서 한국 음식점이 우후죽순 생겨 나름의 특징을 자랑하며 중국인들의 입맛을 사로잡고 있다. 한국 음식으로 김치를 **빼놓을** 수 없다. 2003년 중국 전역에 SARS가 창궐할 당시 발효식품인 김치를 자주 먹는 한국인들은 단 한 명도 SARS에 걸리지 않았다는 소문이 떠돌았다. 한국 김치를 즐기는 중국인도 점점 늘고 있다. 양국의 전통음식문화는 상대방 국민의 관심 속에 계속 사랑받을 것이다.

또 다른 교류활동 분야를 하나 소개하겠다. 2005년 한류가 중국에서 전성기일 당시 중국측의 문화 분야 관련 주요 인사나 문화예술계 전문가들은 한국 대중문화라는 특정 분야의 대규모 중국 진출을 무척 염려하고 있었다. 이 같은 염려가 계속 이어지다가 한국의 사단법인 한중문화예술포럼과 중국의 중국예술연구원(Chinese National Academy of Arts) 원장(王文章)은 2007년 가을 베이징에서 만났다. 양측은 양국의 다양한 문화예술 교류 확대와 문화예술계 주요 인사간 대규모 세미나 개최를 통한 발전 방향을 모색하는 데 인식을 같이하고 2008년부터 매년 한중 문화예술 고위급 포럼을 양국에서 교차개최하는 내용 등을 담은 MOU를 체결했다.

중국예술연구원은 1951년 설립된 중국 문화부 산하기관으로 석·박사 신분의 문화예술 분야의 석학 800여 명이 모여 명실상부한 싱크탱크 기능을 하고 있다. 제1회 한중 문화예술계 포럼의 행사 명칭을 제1회 한중 및 옵저버 국가 문화예술계 고위급 포럼으로 하고 2008년 5월 6일~8일 베이징 국제회의중심에서 한국의 사단법인 한중문화예술포럼과 중국의 중국예술연구원이 공동 주최하는 행사로 진행했는데 한국측 좌장은 최정호 교수가 맡았고 중국측 좌장은 1958년부터 16년간 신장에서 유배생활을 하고 1986년 중국 문화부 부장(長官)을 역임한, 중국 문화계의 대부 왕멍(王蒙: 1934년생) 씨가 맡았다. 이 행사는 문화 일반, 문학, 무용, 연극, 전통음악(국악), 음악, 서예, 영화, 미술, 예술 행정 10개 분야에서 각국의 중진 원로가 세 명씩 모여 21세기 아시아 문화예술

발전을 주제로 분야별로 열띤 토론이 이어졌고 중국 인민일보를 포함한 40여 개 매체가 많은 지면을 할애해 보도했다. 특히 문화보(文化報), 문예보(文藝報)는 그해 7월 12일자, 7월 19일자 2, 3면 전면(全面)을 이 행사 내용으로 채웠다.

문화예술 분야 세미나 행사로 역대 최대 규모인 제2회 한중문화예술계 고위급 포럼이 2009년 5월 7일~8일 서울 올림픽파크텔에서 개최된 이후 중단되어 매우 아쉽다. 그리고 옵저버 국가 자격으로 일본, 싱가포르, 베트남에서는 3~4명이 참가했는데 이 행사에서는 아시아 문학상 제정, 아시아 문화예술 교류기금회 설치, 한중 번역청 설치 등의 제안이 있었다. 그리고 한중 양국 지자체간 자매결연이나 우호 관계를 맺은 사례도 많은데 이 지자체간 교류활동 중에는 문화예술 활동이 많아 다음과 같은 현황을 정리했다. 수교 초기 한국측은 대체로 도(道), 중국측의 성(省)정부간 자매결연을 맺었다.

1992~1995년 한중 지자체간 자매결연 현황

한국측	중국측	자매결연 일시	한국측	중국측	자매결연 일시	한국측	중국측	자매결연 일시
목포시	連云港市	1993년 7월 1일	인천시	天津市	1993년 12월 7일	대전시	南京市	1994년 11월 14일
부산시	상하이시	1993년 8월 24일	울산시	長春市	1994년 3월 15일	경주시	西安市	1994년 11월 18일
경상남도	山東省	1993년 9월 8일	전라북도	江蘇省	1994년 10월 17일	여수시	威海市	1995년 2월 27일
경기도	遼寧省	1993년 10월 4일	충청남도	河北省	1994년 10월 19일	안양시	濰坊市	1995년 4월 20일
서울시	베이징시	1993년 10월 23일	창원시	馬鞍山市	1994년 10월 27일	제주도	海南省	1995년 10월 6일
수원시	濟南市	1993년 10월 27일	여수시	杭州市	1994년 11월 1일	경상북도	河南省	1995년 10월 23일
대구시	靑島市	1993년 12월 4일	군산시	烟台市	1994년 11월 3일	부천시	哈爾濱市	1995년 2월 27일

출처 : 友好城市統計手冊(List of China's Friendship Cities/Provinces with other Countries(1973~1995)/
中國國際友好城市聯合會)

1973~1995년 일본은 176개, 미국은 111개, 캐나다는 21개, 북한은 4개 지자체간 자매결연을 맺은 것으로 집계되었다. 이후 2003년 기준 한중 122개 지자체간 자매결연을 맺은 것으로 파악되었다. 그런데 2008년 4월 말 기준 양국 지자체간 자매결연 기관은 157개, 우호교류관계를 맺은 지자체는 249개로 총 406개 기관이 자매결연 및 우호관계를 맺은 것으로 집계되었는데 2022년 그 수는 증가했을 것이다.

10 상대국 내 자국 문화원 설치

상대방 국민에게 자국 문화사랑방 기능을 하면서 자국 문화의 전진기지 역할을 하는 문화원 설치가 각각 진행되었다. 베이징에 설치된 한국문화원은 청사 확보를 위해 수년간 건물을 물색하다가 2005년 12월 청사 확보의 결실을 맺었다. 당시 베이징 시내에서 최대 상업지구이자 번화가인 광화루(光華路) 1호에 위치했고 지하 2층, 지상 4층, 연면적 6,200제곱미터 규모의 건물을 약 1억 5,500만 위안에 구입했는데 이웃에 CCTV가 이전하는 등 전망이 밝은 지역이었다.

중국문화원 자료에 의하면 서울에 있는 중국문화원은 2004년 2월 12일 언론브리핑을 통해 중국문화원 설립을 알렸는데 같은 해 6월 9일 내부설비 설치를 모두 마치고 같은 해 12월 28일 멍샤오시(孟曉駟) 중국 문화부 부부장(차관)과 한국 문화체육관광부 장관 등 주요 인사가 참석한 가운데 개막식이 열렸다. 지하 1층, 지상 7층인 중국문화원은 아시아 지역에서 최초로 개원했으며 이후 중국의 해외 문화원 설치에 큰 관심과 진전이 이루어지는 계기를 맞았다. 필자는 여기서 한 가지 뜻있었던 주말 여가활동을 소개하면서 독자 여러분의 이해의 폭을 넓히고자 한다.

11 여가활동과 외교

　여가활동에는 다양한 활동이 있지만 여기서는 스포츠 분야 중 대중화된 테니스를 활용한 체력단련 활동에 국한된 중요한 사례를 기억하고자 한다. 1990년대까지만 하더라도 중국에서는 일부이지만 국가 지도자도 자신의 건강관리와 심신단련 등을 위해 여가활동으로 테니스를 즐겼다. 1998년 권병현(權丙鉉) 주중대사는 주말에 특별한 일정이 없으면 가끔 대사관 직원들과 테니스를 치며 체력관리를 했는데 같은 해 5월 초 대사관 내 스포츠 분야 담당자 R 씨에게 주재국 주요 지도자 중 테니스를 즐기는 분들과의 친선(友誼) 테니스 경기 모색을 제안했다. 당시로는 매우 신선하고 부담 없는 제안에 따라 R 씨는 중국 체육계 지인 중 비중 있는 여류 인사에게 전화로 리루이환(李瑞環) 당시 중국인민정치협상회의 주석을 비롯해 테니스를 즐기는 2~3개팀(복식팀) 정도와 주중 한국대사관 대사를 포함한 한 개 팀과의 친선 테니스 경기 주선을 의뢰했다. 당시 리루이환 주석의 테니스 실력은 프로 이상이어서 중국팀에 리루이환 주석팀을 포함시키면 더욱 좋겠다는 말도 곁들였다.

　전화로 제의한 지 일주일가량 지났을 무렵 가능하다는 회신을 접수했는데 그해 5월 24일(일) 오전 베이징 시내의 선농단 체육장 내 테니스장(크레이 코트)에서 중국측 세 팀과 주중 한국대사관 한 개 팀과 순차적으로 친선경기를 하자는 데 전격 합의가 이루어졌다. 더 구체적인 복식팀 구성을 보면 중국측에서는 리루이환 주석팀, 우방궈(吳邦國) 부총리팀, 자칭린(賈慶林) 베이징시장팀 세 팀이었고 한국측은 권병현(權丙鉉) 대사와 R 씨가 한 팀으로 구성되었는데 리루이환 주석팀 멤버인 여성 선수는 프로급 실력의 소유자였다. 특히 1998년 11월에는 한국 김대중 대통령의 국빈 방중 행사가 예정되어 있었고 베이징시에는 한국국제학교 설립 인가 문제 등 해결해야 할 중요한 일들이 산재해 있었다. 어쨌든 중국측 세 팀과의 팀별 시합이 끝날 때마다 양측은 땀에 젖은 몸을 수건으로 닦고 준비된 간단한 음료를 마시며 권병현 대사와 중국측 지도자와 장시간 소중하고 훈훈한 대화를 나눈 것이 기억난다. 특히 통역을 맡았던 대사 비서관 이영백 씨는 베이징대 총장을 비롯해 중국의 많은 지식인들이 보통 중국인들도 구사하기조차 어려운 품격있고 고급스러운 중국어 구사로 많은 찬사를 받았다.

중국 인민정치협상회의 리우이환 주석, 우방궈(吳邦國) 부총리, 자칭린(賈慶林) 베이징시장 같은 중국 공산당이나 국가기관의 고위인사는 평소 만나서 허심탄회하게 담소를 나눌 수 있는 분들이 아니어서 매우 소중한 만남의 시간으로 기억되고 당시 눈에 보이지 않는 신뢰와 인간적인 따뜻함이 서려 있어 더욱더 아름다운 일 중 하나로 기억된다. 이 같은 사례는 흔치 않은데 틀에 박힌 전형적인 외교활동 못지않게 신선하고 값진 여가활동의 산물로 기억을 떠올려보았다.

PART IV

문화교류의 발전과 한계

01 한류와 한풍의 탄생
02 한류가 중국 대중문화계에 미친 영향
03 문화교류의 한계

01 한류와 한풍의 탄생

　　1992년 8월 24일 한중 수교 이후 양국의 관계발전이 매우 빠르게 진행되면서 복합적이고 다양한 분야와 양국 국민의 광범위한 참여라는 특징을 보였다. 이 같은 발전 과정을 보면 1992년 수교 당시 우호협력 관계로 설정되었다가 1998년 11월 김대중 대통령의 중국 국빈방문을 계기로 21세기를 향한 협력동반자 관계로의 발전을 거쳐 2003년 노무현 대통령 방중을 계기로 전면적 협력 동반자 관계로 설정되었다가 2008년 5월 이명박 대통령 방중 때 다시 전략적 협력동반자 관계로 격상되었다. 특히 지금까지의 양국 교역액을 살펴보면 1992년 수교 당시 64억 달러(중국측 통계 50억 6천만 달러)에서 급증해 2010년에는 무려 30배인 약 1,884억 달러(중국측 통계 2,072억 달러)에 달했다. 2004년 이후 중국은 한국의 최대교역국으로 부상했고 수교 첫해인 1992년을 제외하면 한국은 대중 무역수지 흑자를 계속 기록했다. 또한 수교 11년째 대중 수출의 한국 GDP에 대한 공헌율은 대미수출을 초과했고 이미 이때부터 중국의 일부 학자는 한국경제의 중국의존도를 지적했다(출처: The Chinese View of Korean/中国社会科学文献出版社 2014.10 출판).

　　2020년 양국의 총 교역액 규모는 1조 9,744억 위안(약 2,862억 5천만 달러)으로 중국의 대한국 수출액 규모는 7,787억 위안(약 1,128억 9,800만 달러)인데 비해 중국의 대한국 수입 규모는 1조 1,957억 위안(약 1,733억 6,000만 달러)으로 중국은 한국에 604억 7,000만 달러 무역적자를 기록했다(출처: 中华人民共和国2020年国民经济与社会发展统计公报 p.20). 2008년 말 기준 한중간에는 부정기 노선을 제외하고 52개 노선에 주 837회 항공편이 운항해 엄청난 수의 승객을 실어 날랐다. 2019년 한국을 찾은 외래관광객이 1,750만 명인데 그해 11월 말까지 한국을 찾은 중국인은 551만 명으로 그래도 전년 대비 26.1% 증가했다. 1992년 수교 당시와 비교하면 사드 문제 등 여러 어려움 속에서도 엄청난 증가 규모다. 수교 10년이 지난 2004년 9월 30일 기준 중국 대학 내 한국어학과 개설 대학은 31개 대학, 33개 과정, 교수진 281명, 재학생 6,157명이던 것이 2006년에는 한국어 보급이 대폭 늘어 47개 대학, 49개 과정, 368명의 교수진과 전문대 수강생 3,042명, 학부생 5,654명, 석사 과정 328명, 박사 과정 58명, 총 9,082명으로 대폭 증가했다.

2005년 4월 조사에 의하면 중국 내 한국인 유학생 분포에서 4개 직할시, 22개 성, 4개 자치구의 총 314개 대학에 29,027명이었다. 더 구체적으로 살펴보면 전문대 140명, 4년제 본과 10,632명, 석사 과정 1,085명, 박사 과정 543명, 언어연수 15,720명, 진수 과정 907명이었다. 이같이 정치·경제·문화적으로 급속한 발전을 하면서 유학생을 포함한 인적교류 확대 등 다양한 분야의 교류가 진행되는 과정에서 나타난 것이 상대방 문화를 통칭하는 한류와 한풍이었다. 이같이 성장한 한류는 2010년 전후 아이돌 그룹 등장과 K-POP이 전 세계로 확산되면서 신한류의 계기를 맞았다. 2011년 신경숙 작가의 소설 『엄마를 부탁해』가 주요 국가에서 큰 반향을 일으켰고 2012년 싸이는 '강남스타일', 2013년에는 다시 '젠틀맨'을 발표해 세계적 스타 반열에 올랐다. 최근에는 BTS

와 영화 '기생충' 등이 전 세계 문화계를 휩쓸며 한류는 이미 전세계화, 전세대화(全世代化)로 경이적인 발전을 거듭하는 중이다.

중국 내 한류 탄생은 1990년대 중국 청소년문화 콘텐츠가 타 국가들보다 부족한 가운데 유리한 환경을 맞은 측면이 있다. 한국 드라마의 중국대륙 첫 방영은 수교 이후인 1993년 MBC의 '질투'로 CCTV 방영이 그 효시다. 하지만 당시는 기대 이상의 반응을 얻지 못했다. 이후 1997년 6월 MBC의 '사랑이 뭐길래(愛情是什么)'가 CCTV-8에서 방영되고 시청자들의 재방영 요청으로 1998년 초가을 CCTV-2에서 재방영되면서 한국 드라마의 위상을 뽐냈다. 이 드라마 방영으로 중국 언론 종사자와 기자들 사이에서 처음 회자된 단어는 한류(韩流), 한류(寒流) 등이다. 당시 필자는 베이징에 위치한 일부 언론매체의 문화부 기자들과 가진 저녁 만남에서 처음 탄생한 신조어로 기억한다. 물론 당시는 지면이나 방송을 통해 한류라는 단어가 외부에 표출되지는 않았다. 중국의 미디어를 통해 외부로 나타나 사용되기까지 상당한 시간이 걸렸다. 한류라는 신조어가 중국 언론에 처음 등장한 것은 1999년 11월 19일자 베이징칭년바오였다. 이 신문에서는 한류라는 단어와 함께 "중국, 동남아 지역에 유행하는 한국의 대중문화로 한류의 주요 수요층은 중국대륙, 홍콩, 대만, 베트남 등의 젊은이로 그들은 한국 음악, 드라마, 복장, 게임, 음식 등 한국 대중문화를 좋아한다."라고 기사화했다(출처: 中国人心目中的韩国形象/王晓玲著/2009.8 中国民族出版社出版).

한류 탄생의 주요 요인

한류 탄생의 주요 요인은 문화적 요인과 문화 외적 요인 두 가지로 나누어 볼 수 있다. 문화적 요인은 한류의 기폭제로 작용한 TV 드라마와 현지 라이브콘서트다. 당시 중국의 TV 드라마 시청자들은 해외 수입드라마를 포함해 기존 TV 드라마에 지루함을 느꼈다. 그러던 중 한국 드라마의 신선한 충격에 관심을 돌리면서 상황이 급반전했다. 1999년 11월 클론 콘서트, 2000년 2월 H.O.T의 베이징 노동자체육장 라이브콘서트는 중국 청소년들에게는 큰 충격이었다. 당시 청소년 문화활동 분야가 제대로 확보되지 못한 상황에서 이웃나라 한국의 젊은 연예인들의 인기는 가히 폭발적이었다. 여기에 중국 언론매체는 연일 한국의 대중문화 분석기사를 앞다투어 내면서 분위기를 주도했다. 필자는 한류가 중국에서 태어날 때부터 현지에서 이를 향수(享受)하는 중국인들과 호흡을 같이해왔기 때문에 이를 근거로 한류 수용자 입장에서 간략히 설명하겠다.

1) 문화적 요인

양국 수교 훨씬 이전인 1988년 서울올림픽 기간에 한국에서 다양하게 진행된 문화행사를 TV 등의 매체를 통해 약 7억 명의 중국인이 시청하면서 한국에 대한 이해 공간이 서서히 생겼다고 한다. 화합과 전진을 캐치프레이즈로 세계 160개국이 참가한 서울올림픽에는 소련과 동구권은 물론 중국에서도 대규모 선수·임원단을 파견했는데 이웃나라 한국에서 펼쳐지는 올림픽에서의 자국 선수의 활약을 중국인들은 보고 싶었을 것이다. 이후 한국의 TV 드라마와 아이돌 그룹의 현지 대형체육장 라이브콘서트가 한류라는 신조어의 탄생에 기폭제 역할을 했다. 수교 이듬해인 1993년 한국 드라마 '질투', 1997년 '사랑이 뭐길래'를 거쳐 2005년 '대장금'까지 수많은 한국 드라마가 중국 TV를 통해 중국인들의 안방을 노크하며 관심을 받았다.

중국인들이 한국 드라마를 사랑한 이유는 무엇일까? 첫째, 드라마 콘텐츠의 특징이다. 드라마에서 전개되는 가족간 사랑, 우애 등을 주제로 다룬 일반 시민의 삶을 통해 다양한 면과 인류보편적 가치를 추구하는 소재로 구성되어 친근감을 가졌고 특히 일상생활 속에 녹아든 인간존중이 드라마의 전체적인 구성에서부터 언어 표현에 이르기까지 나타나 중국인들에게 신선함으로 다가갔다. 또 다른 측면에서 보면 한국 드라마에서 나타나는 한중 양국 문화의 유사성, 극중 대리만족, 출연진의 세련미, 사실주의, 인본주의, 화려한 영상, 유교문화에 대한 향수, 미일 드라마에 대한 식상함도 한몫한 것으로 보인다. 서양드라마의 선정적, 폭력적, 반윤리적 장면 연출에 비해 한국 드라마는 비교적 가정적이고 윤리적인 측면이 강해 중국인들이 바라는 그 무엇과 부합했을 것이다.

둘째, 한국 문화의 글로벌화다. 당시 서구와 일본이 점령한 중국 문화시장을 한류가 대체하는 것은 전혀 놀랄 일이 아니었다. 한국은 자기 본래 문화를 원료로 서구의 조미료를 빌려 맛있는 빵을 만들어냄으로써 중국 대중문화 시장은 한류 쪽으로 저절로 기울게 되어 있었다. 즉, '한국 전통문화(원료)+서양문화(조미료)=한류(빵)' 공식으로 설명하는 중국 전문학자들의 분석은 설득력 있다. 문화적 차이로 중국은 서구로부터 문화 유행을 직접 받아들일 방법은 없지만 한국이 가져온 문화는 아시아와 서구문화의 융합을 통해 개조된 문화로 당시 중국에 도달해 비교적 쉽게 수용되었고 한국영화를 본 모든 중국인이 신선함을 느꼈을 것이다. 중국은 이 같은 여러 가지 문제로 창조성 상실이라는 큰 문제에 직면해 중국 대중문화가 꽃피지 못하고 여기에 신선한 혈액이 공급되지 못하면 외래문화의 영향을 받을 것이며 특히 한국 문화와 같이 매력적인 조건과 우수함을 갖춘 한류는 필연적이라고 평가한 전문가의 지적도 일리 있다.

특히 중국 명문대인 칭화대 인홍(尹鴻) 교수는 "한국과 중국은 문화적으로 같은 방향으로 가는 성질이 있고 아시아 지역은 역사적으로 중화 문화 배경 속에 있어 이를 바탕으로 한 생활양식, 가치관념상 서로 성격이 통한다."라는 분석과 함께 "한국 문화는 일본 문화에 비해 온화한 면이 많고 한민족의 기개는 매우 강인한 면이 있지만 표현해내는 방식은 중국인의 전통적 가치관에 매우 가깝다."라는 분석을 내놓았다.

셋째, 한국 정부의 문화산업정책을 중시했다. 한국의 문화산업정책에 대한 다양한 분석·평가는 당시 일부 중국 언론에서 기사화했다. 중국대륙은 물론 홍콩을 비롯한 중화권 시사주간지로 영향력이 큰 홍콩 시사주간지 「야저우저우칸(亞洲週刊)」의 2회에 걸친 장문의 한국문화산업과 한류 특집기사는 시사하는 바가 컸다. 두 번째 특집이던 2005년 2월 20일자에서는 네 페이지(p.28~p.31)에 걸쳐 한류 특집기사를 실었는데 '대장금'을 비롯해 한국 패션, 여행, 음식, 음악, 영화, 드라마, 온라인게임, 스타들의 인기 등에 대한 중국인들의 관심 동향을 소개하면서 한국의 문화산업정책을 참고해야 한다고 전했다. 특히 한국 정부가 문화산업을 새로운 신성장 동력으로 인식하는 점과 당시 한국 온라인게임산업의 가파른 성장세에 주목하면서 중화권 관련 기관과 단체들은 이를 본받을 것을 주문했다. 또한 한국 아이돌 그룹의 중국 현지 대형공연장으로 활용된 6~7만 석 규모의 체육장에서의 콘서트는 중국 청소년들에게 상당한 반향을 일으켰다. 게다가 중국의 주요 라디오 음악방송의 고정 프로그램도 한류 확산에 큰 몫을 했고 2002년 전후로 중국시장에서 시작된 한국 온라인 게임 서비스도 한류에 시너지효과를 더했다. 이 밖에도 한국의 대중문화를 포함한 다양한 문화 분야 활동이 중국인들 눈에 신선하게 비친 것은 분명하다. 이같이 문화적 요인을 간략히 정리하고 다음은 문화 외적 요인을 정리하겠다.

2) 문화 외적 요인

당시 필자가 만난 중국 전문학자 중 일부는 한국의 자유민주주의와 시장경제를 첫 번째로 들었다. 아마도 이를 바탕으로 한 자율성과 창의력으로 신선한 충격을 줄 수 있는 경쟁력 있는 문화상품 제작이 가능한 것으로 한류 탄생과 연결된다는 것이다. 물론 문화예술 분야 창작에는 자율성이 중요하다. 그래서 나온 말로 '정부는 지원하되 간섭하지 않는다.'라는 정책이 더욱더 힘을 얻는다. 또 다른 요인으로 한국인들의 지혜로움을 지적한다. 이는 1997년 12월 3일 한국이 IMF 구제금융을 받을 때 나라의 어려움을 알고 자발적인 참여로 전 국민과 정부가 합심해 '금 모으기 운동'을 전개하자 중국인들은 한국인들의 애국심에 놀랐다고 한다. 결혼반지, 아이들 돌반지, 부모님 회갑 때 선물로 받아 장롱 속에 고이 간직한 각종 금을 모두 쏟아내 놓는 것을 보고 중국인뿐만 아니라 전 세계인이 감동했다는 말을 필자는 현지에서 자주 들었다. 이 같은 한국인들의 지혜로움으로 IMF 경제위기를 조기에 수습하고 경제발전을 지속할 수 있었고 전 세계인의 눈에 비친 한국은 과거의 한국이 아니었을 것이다.

세 번째로 성숙한 시민의식을 지적하는 사람이 많았다. 물론 드라마에서 전개되는 여러 가지 사실을 접하고 한국인에 대한 인식이 바뀌었을 수도 있지만 가장 확실히 드러난 것은 2002 한일월드컵 행사 자체뿐만 아니라 성숙하고 에너지 넘치는 거리응원 문화였다. 전국 각 대도시에서 1,000만 명이 모여 응원하는 광경과 응원이 끝나고 해산할 때 아무 불상사도 없이 자신들이 소지한 쓰레기를 가지고 귀가하는 성숙한 모습에 전 세계인이 다시 한 번 감동했다고 한다. 일부 국가들로서는 이렇게 엄청난 규모의 시민들이 아무 사고도 없이 자발적으로 응원 행사를 치를 수 있었을지 의문으로 남는다.

여기서 독자 여러분의 이해를 돕고자 2002 한일월드컵이 한국의 국가 이미지 제고에 큰 영향을 미쳤다는 자료를 소개하고자 한다. 이 자료는 KOTRA 가 2002년 월드컵 개막 전부터 2005년까지 4년간 전 세계 주요 국가를 대상 으로 한국의 국가 이미지 조사 진행자료를 인용한 「中国人心目中的 韩国形象 /2009.8. 中国民族出版社出版/王晓玲著/pp.45~47」에 확연히 드러난다.

2002 한일 월드컵이 가져온 한국의 국가 이미지 홍보효과

지역	국가 이미지가 강화된 부분
EU	한국팀 승리, 열화 같은 응원
미국	성공적인 대회, 승리 응원 후 거리의 깨끗함, 스포츠 강국
중국	IT 강국, 단결된 한국인
일본	성공한 공동개최 대회, 한국인의 잠재력
남미	한국팀 승리

주 : 이 자료는 KOTRA가 FIFA 월드컵 이후 국가 이미지 변화 및 건의(2002.6) 자료를 王晓玲 著「中国人心目 中的韩国形象」에서 인용한 자료로 세계 11개국 및 지역(미국, 일본, 중국, 대만, 태국, 캄보디아, 베트남, 파나마, 브라질, 영국, 독일)인들을 대상으로 2003년 8월~9월 설문조사를 실시해 총 3,011건을 회수한 자료임(국가별 건수는 미국 433, 중국 506, 일본 510, 영국 247, 독일 284, 기타 국가 각각 200건 이하).
출처 : 中国人心目中的韩国形象/王晓玲著/2009.8 中国民族出版社出版/p.46

그리고 KOTRA는 2002 월드컵 전후로 5회에 걸쳐 한국에 대한 첫 번 째 연상 이미지를 조사했는데 여기서도 월드컵에 대한 인상이 뚜렷이 나타 났다.

2002 한일 월드컵 전후 외국인들이 느끼는 한국에 대한 첫 번째 연상 변화 추이

일자	구분	구분	구분	구분
2002년 5월	분단국가(33%)	FIFA월드컵(29%)	경제발전(25%)	서울올림픽(13%)
2002년 7월	FIFA월드컵(35%)	경제발전(25%)	분단국가(22%)	–
2003년 5월	경제발전(32%)	FIFA월드컵(27%)	분단국가(24%)	–
2003년 8월	FIFA월드컵(19%)	분단국가(16.9%)	6.25전쟁(14.8%)	–
2004년 5월	분단국가(28.7%)	경제발전(24%)	FIFA월드컵(21%)	IT산업(10.5%)

주 : ( )는 조사 대상자 전체에 대한 비율임
출처 : 中国人心目中的韩国形象(王晓玲著/2009.8 中国民族出版社) p.47

이 밖에도 여러 분야에서 한류 탄생에 기여한 문화 외적 요인이 많았지만 몇 가지만 부언한다면 당시 한창 앞서 나가던 한국의 IT, 자동차산업부터 중국 전역에서 공부하던 한국 유학생들의 주요 활동도 큰 영향을 미쳤다는 분석은 설득력이 있다. 그리고 수교 전후로 중국 공산당 기관지인 인민일보의 한국 관련 보도 내용을 보면 긍정적·부정적 보도비율이 확연히 다르다. 1971년에는 부정적인 보도비율이 96.1%인 반면 긍정적인 보도는 없었는데 10년이 지난 1981년에도 큰 변화가 없었다. 다만 1991년 부정적인 보도가 40%까지 떨어지고 긍정적인 보도는 22%로 상승했다. 수교 이듬해인 1993년 부정적인 보도비율과 긍정적인 보도비율은 역전되었는데 각각 30.2%, 69.5%였다. 1995년에 와서는 긍정적인 보도비율이 다소 감소하고 부정적인 보도비율이 다소 증가했지만 기본적으로 1993년과 비슷한 수준이었다 (출처: 〈인민일보 보도를 통해 본 중국의 대한국 이미지: 1971, 1981, 1991, 1993, 1995 5개년 보도분석/韓在赫: 고려대 국제대학원 석사 논문/1997〉). 따라서 당시 인민일보의 한국에 대한 보도 내용도 중국 내 한류 확산에 큰 영향을 미친 것으로 추측된다.

진행 과정

한중 양국의 문화교류는 수교 이후 1년 7개월이나 지난 1994년 3월 28일 '양국 정부간 문화에 관한 협정(Agreement on the Cultural Cooperation Between the Government of the Republic of Korea and the Government of the People's Republic of China)'에 서명하고 이에 기초한 제1차 한중문화공동위원회가 같은 해 11월 30일~12월 2일 베이징에서 개최됨으로써 양국간 본격적인 문화교류 기반이 구축되었다. 하지만 일반적인 문화교류 진행과 무관하게 한류라는 신조어 탄생에는 안 좋은 상황이 양국에서 발생했다.

한국에서는 1997년 12월 3일 IMF 구제금융을 받는 불행한 사태가 발생해 국민이 '금 모으기 운동' 등으로 정부와 혼연일체가 되어 국가적 재난 극복을 위해 노력했고 중국에서는 1998년 여름 100년 만의 대홍수로 이재민 2억 2,300만 명, 사망자 3,004명, 경제적 손실 1,666억 위안(약 30조 원)이라는 막대한 피해를 입었다. 이 같은 급박한 상황 속에서 상대방 국가의 대중문화에 대한 평가·분석이 세인들의 관심을 끌 수는 없었을 것이다.

한류의 탄생은 한국 대중문화의 중국 진출에서 출발했다. 특히 대중문화 분야 중 TV 드라마와 클론, H.O.T, NRG, 안재욱 등 젊은 연예인들의 현지 라이브콘서트가 선봉 역할을 했다. 일부 중국 언론은 한국 대중문화가 자국에 진입하는 과정을 지켜보며 위기감을 느낀 한편, 자국의 대중문화 예술계가 자성할 기회를 가지면서 훗날 중국 문화산업 굴기를 예약한 것으로도 분석했다. 중국이 문화산업 개념을 처음 도입한 것은 1991년으로 국무원이 문화부의 '문화사업간 경제정책에 관한 보고' 문건을 타 관련 기관에 하달하면서 문화경제 개념을 정식으로 처음 도입하고 1992년 1월 등샤오핑의 남순강화(南巡讲话)와 때를 맞추어 1992년 국무원 판공실 편저 '중대 전략적 결정-제3차산업의 조속한 발전'이라는 책자에서 문화산업이라는 단어가 처음 사용되었다. 이 같은 상황에서 중국의 문화산업시장은 사실상 2002년 전후에 싹트기 시작했다. 이 시기는 한국 대중문화를 포함한 다양한 문화가 중국 주요 도시에서 큰 관심을 끌 때였다. 즉, TV 드라마, 온라인 게임, 라이브콘서트, 영화, 음식, 복장, 축구·탁구를 포함한 스포츠 분야, 출판물, 심지어 자동차, 휴대폰에 이르기까지 관심이 폭주할 때였다. 여기서 한류 탄생의 주요 요인 중 무엇이 어떻게 작용했는지 세부 분야별로 구분해 간략히 설명하겠다.

1) TV 드라마

1997년 CCTV에서 한국 드라마 '사랑이 뭐길래'가 인기를 누렸고 1999년 '별은 내 가슴에', '달빛 가족', '거짓말', '욕망의 바다', '웨딩드레스' 등으로 인기가 이어졌다. 2000년 들어서는 BTV에서 '청춘의 덫', '아스팔트 사나이'를 비롯해 상하이 둥팡TV와 다양한 TV 채널에서 '초대', '순풍산부인과', '경찰특공대', '수줍은 여인' 등 20여 편의 드라마가 방영되었다. 같은 시기에 대만에서는 '초대', '순수', '가을동화'가 방영되었고 홍콩에서는 '젊은이의 양지', '간이역', '그대 그리고 나', '순풍산부인과' 등이 방영되어 중화권 전역에서 한국 드라마에 대한 관심이 폭증하고 있었다. 2002년 들어서는 홍콩 수입드라마 시장에서 한국의 '겨울연가', '이브의 모든 것'이 TV 프로그램 인기순위 2위를 차지했고 이 같은 인기는 당분간 지속되었다.

2002년 중국 주요 TV 채널 한국 드라마 방영 순위

순위	드라마명	방영 채널 수	순위	드라마명	방영 채널 수
1	가을동화(秋天童画)	21	6	경찰특공대(世紀特警)	11
2	이브의 모든 것	21	7	태양은 가득히(青春的太阳)	11
3	겨울연가(冬·日恋歌)	14	8	신귀공자(新貴公子)	9
4	세상 끝까지(天涯海角)	14	9	팝콘(我愿意)	9
5	불꽃(火花)	14	10	진실(眞相)	9

출처 : China TV Drama Report 2003~2004 p.225 자료 재정리

또한 한국 드라마가 중국인들의 관심을 받던 2002년 중국의 해외 수입드라마 방영 현황을 보면 당시 상황이 쉽게 이해된다.

2002년 중국의 해외 수입드라마 및 방영 현황

해외 수입드라마 총수입(327편)				해외 수입드라마 총 방영 회수(1,410회)			
순위	수입처	수량(편)	비중(%)	순위	수입처	수량(편)	비중(%)
1	홍콩	133	40.67	1	홍콩	723	51.27
2	한국	67	20.49	2	한국	316	22.41
3	대만	42	12.84	3	일본	61	4.33
4	미국	38	11.62	4	기타	310	21.99
5	일본	23	7.03				
6	영국, 프랑스, 독일, 이탈리아	10	3.06				
7	호주, 캐나다, 멕시코, 콜롬비아	7	2.14				

출처 : 中国广电总局

　그런데 2004년 해외 수입드라마의 중국 내 방영에서도 한국의 TV 드라마는 홍콩에 이어 2위를 계속 유지했다. 2004년 중국의 303개 TV 방송 채널에서 총 649편의 해외 수입드라마를 방영했는데 홍콩이 1위로 289편에 전체의 44.4%를 차지했고 한국은 2위로 107편에 16.4%를 차지했다. 3위는 대만으로 102편에 15.7%, 4위는 일본으로 62편에 9.6%, 5위는 미국으로 53편에 8.2%를 차지했다. 2004년 중국의 해외 수입드라마 방영시간은 전체 TV 드라마 방영시간의 4%대인 22,455시간에 머물렀지만 시청률 측면에서는 해외 수입드라마 시청률이 대체로 높았다. 2002년 홍콩 아주TV는 저녁 프라임타임에 한국 드라마 일곱 편을 방영했는데 이는 해외 수입드라마의 26.9%였다. 대만은 '유리구두'를 방영해 높은 시청률을 기록했다. 이같이 시청률이 오르자 드라마 수입가격도 덩달아 올랐다. 1집(集)당 수백 달러이던 한국 드라마 가격은 시간이 갈수록 만 달러 이상까지 급등하는 기염을 토했다.

2003년에도 TV 드라마를 앞세운 한류 열기는 계속되었는데 대만에서는 2003년 초 약 2,000시간 분량에 해당하는 한국 드라마를 구매했고 홍콩 아주TV, 봉황TV, 양광TV 등에서도 약 500시간 분량을 구매했다. 같은 해 1월 BTV-3에서 '로펌'을 방영했고 2월에는 BTV-2, 3월에는 BTV-9에서 계속 재방영했다. BTV-4에서는 2003년 1월 '해바라기', 3월에는 '아름다운 날들'을 저녁 프라임타임대에 방영했다. CCTV-8에서는 2002년 12월 28일~2003년 1월 27일 '엄마야 누나야'를 심야 방영했고 2003년 2월 7일~3월 5일에는 심야 시간대에 '보고 또 보고(看了又看)'를 방영했다. 2003년 11월 11일~2004년 2월 6일 CCTV-8에서는 밤 10시 40분부터 매일 두 집씩 '보고 또 보고'를 방영했고 BTV-3에서는 2004년 3월 9일~18일 매일 '햇빛 속으로'를 방영했고 BTV-5에서는 '이브의 모든 것', BTV-8에서는 '아름다운 날들', 허베이TV-5에서는 '가을동화', '불꽃', '신귀공자'를 방영했고 충칭TV에서는 '짝', '크리스탈', '비즈니스맨' 등을 방영했는데 당시 TV 드라마 시장에서 한국 드라마의 인기가 나날이 오르던 시기였다.

당시 베이징시 퇴직공무원 한 분(Ning 여사)이 필자에게 한국 드라마 '보고 또 보고'를 시청한 소감을 친필 편지로 보내왔는데 한국의 거리질서 등에 대한 찬사 내용이 많이 포함되었던 것으로 기억한다. 당시 한국 홈드라마가 중국 시청자의 시선을 모으면서 CCTV-8의 '해외극장' 프로그램에서 방영한 '목욕탕집 남자들', '보고 또 보고'가 전국 동일시간대 시청률 1위를 차지했다는 사실을 2005년 1월 18일자 중국 문화부 기관지 중국 원화바오(文化報)가 보도했다. TV 드라마 정책을 관장하는 중국 국가 라디오 영화 텔레비전총국의 당시 자료에 의하면 한국 드라마 수입량은 2002년 27편 510집, 2003년 24편 423집, 2004년 30편 559집을 신규로 허가했고 한국 드라마의 TV 방영 횟수는 2002년 67

편 316회, 2004년 107편으로 알려졌지만 구체적인 방영 회수는 파악하지 못했다.

2004년 중국(대륙) 및 대만 내 TV 드라마 시청률 상위 10위

순위	중국				대만			
	드라마명	TV 채널명	생산지	시청률 (%)	드라마명	TV 채널명	생산지	시청률 (%)
1	보고 또 보고 (마지막 편)	CCTV-8	한국	2.9	순풍산부인과	民視	한국	2. 19
2	보고 또 보고 (제4편)	CCTV-1	한국	2.7	楊門虎將	中視	중국	1. 77
3	보고 또 보고 (제3편)	CCTV-1	한국	2.3	천국의 계단	八大戲劇	한국	1. 71
4	보고 또 보고 (제2편)	CCTV-8	한국	2.2	逆水寒	中視	중국	1. 65
5	牽手向明天 (제1편)	CCTV-1	대만	1.7	대장금	八大戲劇	한국	1. 57
6	新白娘子傳奇	CCTV-1	대만	1.7	醫道 II	台視	한국	1. 48
7	牽手向明天(제2편)	CCTV-1	대만	1.6	新郎18歲	華視	한국	1. 20
8	인어아가씨(제4편)	CCTV-8	한국	1.5	醫道 I	台視	한국	1. 17
9	인어아가씨(제3편)	CCTV-8	한국	1.3	회전목마	八 大戲劇	한국	1. 09
10	封神榜之忠義乾坤	湖南 위성	홍콩	1.3	다모(茶母)	台視	한국	0. 96

주 : ① 대만의 경우, 대만 내 아시아 드라마에 한정된 것임
② 대만 TV 채널의 경우, CTS=华視, Formosa TV=民視, TTV=台視, CTV=中視, 대만 인터넷 TV=MOD(中华电信)
출처 : China TV Drama Report 2005~2006

당시 필자가 베이징에서 만난 인사의 상당수가 '보고 또 보고'에 찬사를 많이 보냈는데 특히 드라마에 전개되는 여러 가지 메시지와 한국의 사회적 환경과 시민들의 의식 등에 대한 이야기가 많았던 것으로 기억한다. 중국에서 TV 시청률이 2%대라면 상당히 양호한 시청률임을 알아야 한다. 홍콩의 주요 TV 채널에서도 한국 드라마가 큰 관심 속에서 방영된 것으로 파악되었다. 2004년

홍콩에서 방영된 해외 수입드라마 시청률 상위순위를 보면 한국 드라마 '올인', '줄리엣의 남자', '여름 향기'가 홍콩 ATV(亞洲电視: 本港台)에서 1, 2, 3위를 차지했다. 이같이 중국대륙뿐만 아니라 중화권에서 한국 드라마에 대한 관심이 폭증하면서 드디어 제2 한류라고 할 만큼 위력을 떨친 드라마가 등장했다. 바로 2005년 9월 1일~10월 15일까지 후난 위성TV 채널에서 방영한 '대장금'이었다. '대장금'이 후난 위성TV 채널에서 한창 인기리에 방영될 무렵인 2005년 9월 22일 베이징칭년바오는 컬러사진과 함께 '하나의 대장금이 여섯 곳을 흔들다'라는 제목의 5단 기사로 지면을 가득 채웠다.

기사 내용을 요약하면 베이징에서는 가정주부들이 드라마를 보며 한국 음식을 배우고 그릇, 접시, 젓가락 등 관련 상품이 불티나게 팔리고 베이징의 한 백화점에서는 한국산 화장품도 '대장금'의 인기에 힘입어 판매액이 급증했다. 창춘에서는 한 웨딩숍에서 대장금 웨딩드레스를 선보였는데 3,699위안인 이 드레스를 하루 200여 쌍이 입고 사진 촬영을 했다. 상하이에서는 한국 관광코스에 대장금 촬영지를 최우선으로 손꼽고 전화문의가 끊이지 않았다. 여행사들은 대장금 한국 5일 관광상품을 내놓고 있으며 모든 팀이 예정된 인원을 초과했다. 충칭에서는 불고기 등의 한국 음식이 인기를 얻고 있는데 드라마 방영 이후 한국 음식을 찾는 손님들이 눈에 띄게 늘었고 심지어 드라마에 등장한 음식을 찾는 사람들도 있었다. 라싸(拉薩)에서는 드라마 영상물을 찾는 사람이 너무 많아 공급이 수요에 미치지 못하고 있었다. 난징에서는 현지 방송사 사회자들이 이 드라마 출연진의 컨셉을 많이 모방했다.

당시 위의 6대 도시 이외 지역의 시청률은 엄청나게 상승했다. 창사, 청두, 구이양(貴阳), 하이커우(海口), 란저우(蘭州), 라싸, 난창, 우루무치, 시닝(西宁) 9개 자치구 또는 성수도 지역 시청률은 이미 5%를 넘었고 기타 24개 대도시의 시청률은 10%를 넘었는데 특히 라싸의 시청률은 12.58%로 전국 1위였다. '대장금'의 열기로 중국 전역이 뜨거웠다. '대장금' 종영 이후 중국 광전총국과 방송사 고위인사들은 필자를 만나면 왜 제2의 대장금 같은 명작이 안 나오냐고 묻곤 했다. 동서고금을 막론하고 '열심히 노력하면 잘 살 수 있다.'라는 메시지를 던진 '대장금'의 위력은 중국 사회에서도 큰 효과가 나타났다고 전문가들이 전했다. '대장금' 덕분에 후난 위성TV는 기대 이상의 큰돈을 벌어들였다고 한다. 2005년 9월 11일 당시 중국 12개 대도시의 '대장금' 평균 시청률은 2.59%였으며 방영 10일간 누적 시청률은 25.15%였으며 최고시청률을 기록한 날에는 하루 시청자만 1억 6,200만 명에 달했다. 2005년 11월 전반기 中国广播影视(격주간지) 67~68페이지에 의하면 그해 전국에서 인기를 누리던 후난 위성TV의 차세대 여성 가수 발굴 오디션 프로그램인 '차오지늬셩(슈퍼걸: 超級女声)' 방영 때 이미 '대장금'을 소개했고 그해 8월 19일 저녁에는 위 프로그램에서 다섯 명이 '대장금' 주제곡을 부르는 등 사전홍보는 계속되었다. 8월 26일 전국에서 超級女聲 시청자 수는 4억여 명이었는데 이 프로그램을 이용해 약 2분간 '대장금'을 소개했다고 한다. 당시 5초당 광고료가 약 5만 위안이라면서 2분간 광고수입이 120만 위안에 달한다는 것까지 소개했다. 정말 대단한 드라마였던 것은 분명하다.

　2005년 상반기 중국이 수입한 해외 수입드라마는 총 163편, 946집이었는데 그중 한국 드라마는 총 16편, 269집에 달했다. 2006년 들어서는 1월 CCTV-8에서 '굳세어라 금순아'와 '백만 송이 장미'가 방영되었고 후난 위성TV 채널은 '대장금'을 재방영했고 쟝슈TV, 산둥TV, 쟝시TV, 지린 위성TV 채널에서는 '유리구두'를 방영했다. 이같이 한국 드라마가 중화권에서 큰 관심을 받는 가운데 대만과 중국 정부 관계자들은 한국 드라마의 자국 내 방영비율 조정계획을 발표했고 CCTV를 비롯한 일부 방송국은 해외 수입드라마 다변화를 꾀하는 등

변화의 모습도 보였다(출처: 中国参考消息: 2006.1.18.). 2007년 이후에도 한국 드라마의 중국 내 방영은 계속되었지만 과거 '사랑이 뭐길래'나 '대장금' 같은 큰 호응은 얻지 못했다.

2013년 중국 12개 대학 재학생을 조사·분석한 자료 중 1990년 이후 출생한 쥬링허우(90后) 대학생들의 음악, 드라마, 영화 등의 문화·여가활동을 보면 당시 서양 풍속과 문화 바람이 불었던 반면, 한국과 일본에 대해서는 상대적으로 낮은 경향을 보였다.

중국 쥬링허우 대학생의 음악 선호도(%)

음악부문	중국인기유행	구미유행	중국주선율가곡	홍콩유행	중국가수작품	대만유행	서양고전	중국민족	한국·일본유행	중국민가	구미로큰롤	구미민요
선호도	40.1	32.1	26.2	22.9	22.5	20.8	17.1	16.8	15.2	13.5	13.0	12.4

출처 : Society of China Analysis and Forest(2014) p.243 자료 재정리

그리고 한국 드라마에 대한 이 대학생들의 관심은 어떨까? 홍콩 드라마 다음으로 높은 편이다. 당시 중국의 한 전문가는 한국 드라마를 다음과 같이 분석·평가했다. "몇 년 전 '대장금', '가을동화' 등 대표적인 한국 드라마가 중국대륙에서 인기를 구가해 수많은 대학생 '오빠 부대'를 만들어내면서 대학생들의 필수 과목이었다. 하지만 한국 드라마는 신단(神壇) 아래로 급속히 추락했고 내용도 끝없이 내리막길을 걸었다. 드라마의 스토리 기복이 미국 드라마에 비해 지루하고 리듬도 느려 중국 청년시장을 잃어버렸다. 특히 여자아이와 백마 왕자극(劇)은 중국 사회의 현실과 어울리지 않았다. 이 같은 것들이 중국에서 한류가 퇴조한 주요 요인이다."라고 나름의 분석을 했는데 참고할 만한 부분이 있다.

2013년 전후 중국 쥬링허우 대학생이 평소 선호하는 주요 국가별 드라마 비중

국가별 드라마	미국	중국 국산	홍콩	한국	아무것도 본 것이 없다	일본	영국	대만
선호율(%)	39. 6	26. 4	10. 2	7. 6	6. 0	3. 1	2. 7	2. 4

출처 : Society of China Analysis and Forest(2014) p.244 자료 재정리

2005년 9월 1일~10월 15일 후난 위성TV 채널에서 방영된 '대장금' 이후 중국에서 빛을 본 한국 드라마는 없었다. 그러다가 2013년에 와 SBS '별에서 온 그대(來自星星的你)'가 오랜만에 중국에서 큰 관심을 모았다. 이 드라마는 2013년 12월 18일~2014년 2월 27일 SBS에서 21부작으로 방영되어 28.1%라는 높은 시청률을 기록했는데 같은 시기 중국의 3대 인터넷 동영상 플랫폼인 Baidu(百度) 계열 아이치이(愛奇艺)에서 방영되어 '대장금' 이후 최고의 드라마로 평가받았다. 25억 뷰 이상을 돌파한 '별에서 온 그대'는 2016년 1월 29일 안후이(安徽) 위성TV 채널에서 2년여 만에 재방영에 들어갔다. '별에서 온 그대'가 중국인들의 관심을 부른 것은 한류의 힘도 있지만 역설적으로 가장 한류 같지 않아 가능했고 한류가 한국적인 것을 넘어서야 한다는 점을 우리 스스로 성찰해야 한다는 평가·분석을 전문가들이 내놓았다. 이 드라마는 한 집당 185,000위안(약 3,300만 원)에 중국에 팔렸다. 그리고 잠잠하다가 KBS2가 16부작 '태양의 후예(太阳的后裔)'를 2016년 2월 24일~4월 14일 방영해 국내 시청률을 38.8%까지 끌어올리면서 대성공을 거두었다. 중국 동영상 플랫폼인 아이치이에서 동시에 방영된 '태양의 후예'는 동영상과 전자상거래를 결합한 비즈니스 모델로 큰 성공을 거두었다.

당시 아이치이 주 시청자 중 76%가 여성이고 대부분 18~30세로 전자상거래를 주도하는 주요 소비자로 양국에 동시 방영된 14회까지의 조회 수가 무

려 18억 8,800만 회를 기록했고 중국 SNS인 웨이보(微博) 관련 게시물 조회 수는 80억 회를 돌파하는 등 폭발적인 인기를 누렸다. 당시 중국 국가광전총국은 2015년 4월 1일부터 '외국 인터넷 영상물 관리 진일보에 관한 유관 규정 통지(关于进一步落实网上境外影视类管理有关规定的通知)' 시행을 앞두어 '태양의 후예'는 이미 그에 대비해 가능했다는 후문도 있었다. '태양의 후예'도 한 집당 250,000위안에 거래되었다고 한다. 초기 '사랑이 뭐길래' 당시 한국 드라마는 한 집당 1,000~3,000달러였는데 2013년에는 10,000달러를 훨씬 넘었고 대박을 터뜨린 일부 드라마는 최고 대우를 받았다.

중국의 한·미·일 주요 드라마 편당 평균 수입가격

연도	한국	미국	일본
2014	2,372,500위안 (약 4억 1,518만 7,500원)	989,400위안 (약 1억 7,314만 5,000원)	12,755,500위안 (약 22억 3,250만 원)
2015	4,318,000위안 (약 7억 5,565만 원)	13,640,000위안 (약 23억 8,700만 원)	392,200위안 (약 6,863만 5,000원)
2016	5,269,700위안 (약 9억 2,219만 7,500원)	5,195,300위안 (약 9억 917만 7,500원)	479,300위안 (약 8,387만 7,500원)

주 : 1위안=175원 기준
출처 : 中国音乐产业发展报告 2015, 2016, 2017 자료 재정리

2000년대 초에는 한중간 TV 드라마 공동제작이 많았다. 2002년 1월~2월 '白領公寓'에 안재욱과 중국 배우 董潔과 劉孜가 출연했고 2002년 11월에 방영된 '美麗心靈'에는 이정현과 중국 배우 宋春麗, 홍콩 배우 譚耀文이 출연했으며 2002년 11월~2003년 5월에는 '四大名捕'에 차인표와 중국 배우 王艷, 蔣勤勤, 李湘, 홍콩 배우 種漢良이 출연했으며 2002년 7월 15일~10월 20일에는 중국TV총공사가 제작한 吳子牛 감독의 '熱血忠魂:獨行侍衛'에 한국 배우 金玟 씨가 출연했다. 그리고 2005년 2월 28일~7월 15일에는 중국 強視傳媒공사가 제작한 '旗英雄傳'에서 추자연 씨가 열연해 성공을 거두었다. 중국

진출에 여러 난관이 있었지만 경쟁력 있는 작품으로 이를 극복한 한국 드라마들은 사드 문제로 2016년 6월 30일 이후 중국 내 TV와 인터넷 동영상에서 사실상 사라졌다. 2020년 하반기 여러 분위기상 양국간 관광을 포함한 문화교류 재개가 예상되었지만 뜻밖에 등장한 코로나19 때문에 상황이 더 어려워져 안타깝다.

2) 콘서트

이번 장의 콘서트 분야는 앞 장에서 말한 공연 분야와 중복·혼란될 수 있어 앞 장에서 언급되지 않은 몇 가지 특별한 사례만 다룬다. 1998년 11월 13일 베이징 북서쪽에 위치한 중국극장에서 한국 유명가수들과 중국 일부 가수가 출연해 KBS '열린음악회'와 같은 대형 합동공연이 열렸는데 이것이 시초가 되어 한국 KBS와 중국 CCTV가 매년 교차공연을 진행해오고 있어 매우 뜻깊은 행사라는 평가를 받는다. 2000년 10월 초 베이징과 상하이에서 개최 예정이던 2000 한류 열풍 콘서트는 양국 공연기획사간 계약에 따라 진행되어 오다가 한국 공연기획사측의 불미스러운 사건으로 개최 일주일 전 전격 취소되고 말았다.

당시 주한 중국대사관 문화원장 루스더(陸思德) 씨의 긴급 전언에 따르면 애당초 중국 국경일을 맞아 2000년 10월 1일 베이징, 10월 3일 상하이에서 한류를 즐기려는 중국 젊은이들을 위해 마련한 대형 콘서트로 유명 아이돌그룹 동방신기 등 여섯 팀이 출연하기로 하고 입장권도 이미 판매하던 도중에 한국측 공연기획사 관계자의 행방불명으로 콘서트가 무산된 것이다. 루 문화원장은 본국의 연락을 받고 행사가 진행되도록 여러 방안을 찾고 있다고 필자에게 알려왔지만 결국 뾰족한 수가 없다는 결론을 내렸다며 안타까워했다. 2000 한류 열풍 콘서트가 무산된 후 한국 아이돌그룹 등의 중국 내 공연허가가 전혀 이루어지지 않았다. 중국 지방정부 관계기관에 신청서가 접수되어도 아무도 관심을 안 보인다는 전언들이 여기저기서 쏟아졌다. 과거처럼 또다시 공연이 무산될 거라는 두려움과 중국 젊은이들에게 실망을 안겨준 데 대한 분노로 중국 내 한국 공연은 이루어지지 않고 있었다. 아무리 개인간(私人間) 계약에 의한 일이더라도 한국 공연계에 미치는 영향뿐만 아니라 부정적인 국가 이미지를 고려해서라도 후유증을 시급히 최소화하겠다는 것이 한국측 판단이었다.

문제의 원만한 해결을 위해 2001년 2월 28일 한국 문화체육관광부 관계자가 중국 문화부를 찾아가 부부장(차관) 등을 예방하고 2000 한류 열풍 콘서트 무산에 대한 의견을 나누며 이 같은 불미스러운 사태가 재발하면 안 된다는 데 인식을 같이했고 중국측은 이를 계기로 한국 아이돌그룹의 중국 내 공연허가가 방해받아선 안 된다는 데도 의견일치를 보는 성과를 거두었다. 2000년 10월 국경일 때 한국 아이돌그룹에 기대감을 가졌던 중국 젊은 한류 팬의 의견 등 여러 요인을 감안해 적절한 시기에 베이징에서 양국 정부 차원에서 아이돌그룹 콘서트 개최를 협의한 끝에 2001년 5월 18일 베이징 서우두체육관에서 안재욱과 NRG의 합동 공연이 열려 성황리에 끝났고 이후 한국 아이돌그룹의 중국 내 공연은 순조롭게 진행되었다. 당시 청소년 관객 중에는 캐나다, 홍콩, 싱가포르 등에서도 찾아와 높은 한류 열기를 실감할 수 있었다고 한다.

다음은 2003년 8월 11일 베이징 전람관극장에서 진행된 SARS 퇴치 위문 공연이다. 한국 문화체육관광부와 중국 문화부가 공동개최한 이 공연에 한국은 동방신기, 보아 등 유명 아이돌그룹, 중국은 일부 유명 연예인이 출연했다. 당시 SARS 퇴치를 위해 상당수의 의사, 간호사가 희생하는 등 어려움이 많았는데 이 공연은 모든 난관을 극복하고 평온을 되찾게 해준 의료진의 헌신에 감사한다는 깊은 뜻이 담겨 있었고 중국인에게 한국인의 진정한 가치관을 보여준 사례라고 평가한 인사들도 많았다. 문화예술 분야에서 거둔 공공외교의 가치 있는 사례라고 할 수 있다.

3) TV 종합 예능 프로그램

TV 종합 예능 프로그램 분야에서의 한중 교류 역사는 별로 길지 않고 교류 건수도 적었지만 중국 내 한국 TV 방송의 종합 예능 프로그램 시청률은 단연 으뜸이었다. 특히 음악프로그램의 중국 진출은 대성공을 거두었다. 과거에는 양국간 TV 프로그램 교류가 거의 없었지만 2012년 12월 중국 공산당 중앙의 팔항규정(八項規定) 시행과 관련된 사치풍조 퇴치 및 근검절약운동 등의 주요 정책 시행으로 중국 문화예술계와 방송계에 많은 변화를 가져왔다. 따라서 그동안 TV 방송국에서 명절이나 국경일 등의 기념일 저녁에 대형 음악공연 쇼프로그램인 완후이(晚會)로 시청자에게 즐거움을 제공하고 광고료도 확보해 큰 인기를 누렸지만 2013년부터는 어렵게 되었다.

2013년 1월 31일 중국의 방송정책을 관장하는 국가 라디오 영화 텔레비전총국은 전국의 각급 라디오, TV 기관에 중국 공산당 중앙의 팔항규정에서 언급한 각종 방송 프로그램 제작에서의 호화 포장제지와 근검절약 추진을 지시했고 같은 해 8월 13일에도 선전부, 재정부, 문화부, 심계서(審計署), 광전총국 5개 부서 공동으로 '호화 포장제지와 근검절약 완후이 처리에 관한 통지'를 발표했다. 이후 CCTV 등 주요 TV 방송국의 2013년 완후이 프로그램은 약 65%가 줄었다. 이같이 TV 방송국의 완후이 프로그램이 줄면서 풍선효과처럼 등장한 것이 바로 TV 종합 예능 프로다. 특히 '나가수(我是歌手)' 같은 음악 프로그램이 대세를 이루고 성공을 거두었다.

중국에는 52개 TV 위성채널이 있는데 8~10억 명이 시청 가능하며 인기 있는 드라마나 종합 예능 프로그램은 이 TV 위성채널에서 방송된다. TV 위성채널에 방송되어야 시청률이 올라가고 따라서 광고료 수입도 늘기 때문에 방송계 입장에서는 마다할 이유가 없다. 중국에서 TV 위성채널 경영 측면에서 타의 추종을 불허하는 후난 위성TV 방송에서 '대장금' 방영으로 대박을 터뜨린 것은 주지의 사실이다. 이밖에 저장 위성채널, 상하이 둥팡 위성채널, 장쑤 위성채널, 베이징 위성채널, 산둥 위성채널 등이 대체로 강세를 유지하며 이 같은 위성채널의 종합 예능 프로그램 방송 현황 등은 뒷장 한중문화산업 교역 편에서 자세히 다룬다.

4) 기타

한중간에는 수교 초기부터 기대 이상의 다양한 분야에서 교류가 이어졌다. 1995년 5월 21일~23일 베이징 아시안게임 선수촌(亞運村) 경내에 위치한 우저우호텔(五洲大酒店)에서 제1회 한·중·일 불교 우호 교류대회가 개최되었다. 한·중·일 불교 우호 교류대회 조직위원회가 주관한 이 행사에는 한·중·일 불교계 지도자 700여 명이 참석했는데 한국측은 불교계 각 종단 대표단 32명이 참석했고 중국측은 자오피아오추(趙朴初: 2000년 5월 사망) 중국 불교협회장 등 전국 주요 사찰 대표 46명이 참석했으며 일본측은 정토종 정토문 주지 등 37명의 대표단이 참석해 '베이징 선언문'을 채택했다.

이를 계기로 한·중·일 불교계의 우의 증진과 교류협력이 순조롭게 진행되어 왔고 필요할 때 실무자간 교류도 수시로 이루어졌으며 1997년 6월 16일~24일에는 중국불교협회 초청으로 당시 한국의 송월주 조계종 총무원장 등 불교계 인사 23명이 방문해 상호 교류협력의 길을 열어갔다. 같은 해 10월 18일(토) 오후 2시~6시 50분 주중 한국대사관(문화원)과 주 베이징 한국관광공사 지사가 베이징 국제회의중심 3층에서 제3회 한국어 웅변대회를 공동개최했는데 베이징대, 어언문화대, 경제무역대, 베이징외국어대, 중앙민족대 등에서 총 30여 명(한족 20명, 조선족 10명)이 출전해 각자 기량을 뽐냈고 수상자들에게는 상금을 수여했다.

1998년 6월 26일 한국 인천대(의생활학과)와 베이징의상대학(北京服裝學院) 공동으로 베이징의상대학에서 양 대학 졸업생 작품 80여 점을 선보였고 8월 10일~16일에는 중국국가어언문자공작위원회(中國國家語言文字工作委員會: 차관급 기관)가 주최한 한중언어문자교류학술회의가 베이징에서 개최되었는데 한국측은 국립국어연구원장 등 세 명이 참석해 한자표준화협의회의 구체적인 사업 추진 등을 논의했다. 같은 해 9월 20일~21일에는 한국 국립국악원이 제5회 동양음악학 국제학술회의를 주최했는데 '아시아 농요'를 주제로 진행된 이 학술회의에는 한·중·일 외에 미국, 베트남, 인도 학자들도 참석했다. 11월 23일~24일에는 한국 문화체육관광부가 후원하고 한국일보와 중국 런민르바오(人民日報), 일본 요미우리신문이 공동주최한 한·중·일 문화 대토론회가 서울 조선호텔 그랜드볼룸에서 열렸는데 '동아시아 문화의 지역성과 세계성'이라는 주제하에 다섯 개 소주제로 진행된 이 행사에는 한·중·일에서 각 11명의 관련 저명 인사가 참석했다. 이 밖에도 한중간 다양한 분야에서 많은 교류사업이 진행되었다.

한류에 대한 해외 주요 언론 반응

한류가 중국에서 가장 맹위를 떨친 시기는 2005년 하반기였다. '대장금'이 중

국의 1년 중 설날 다음으로 황금연휴인, 국경일 기간이 포함된 2005년 9월 1일
~10월 15일 후난 TV 위성채널에서 폭발적인 시청률을 기록했기 때문이다. 특
히 중국 TV 드라마 시장에서는 위성채널을 타지 않은 드라마는 성공할 수 없
다. 위성채널의 전국 시청자 수가 당시 무려 8억~10억 명이었기 때문이다. 이
같은 중국 52개 위성채널 중 최고 인기 채널인 후난 위성채널의 '대장금' 방영
은 금상첨화였다. 나날이 치솟던 시청률 때문에 중국 드라마 시장에서는 제2
의 한류를 운운하기도 했다. 12.5%라는 역대 최고시청률을 기록한 '대장금'의
시청자가 하루 1억 6,200만 명에 달하고 당시 중국의 국경일 연휴인 10월 초 상
하이 시민의 62%가 한국 드라마 '대장금', '다모', '굳세어라 금순아', '여인 천하'
등을 시청했고 관련 VCD가 완전히 동났다는 상하이 文匯報 보도가 이를 증
명했다. 당시 한국 식당 매출은 15%나 늘고 한국 화장품은 58%나 판매가 급
증하는 등 엄청난 반향을 일으키고 있었다. 이 같은 상황의 한류에 대해 구미
지역 언론은 잠자코 있었을까? 미국, 프랑스, 일본 주요 언론의 반응을 찾아
그 내용을 요약·설명하겠다.

　2006년 6월 4일자 프랑스 르몽드(Le Monde)지의 '아시아를 휩쓰는 한국의 대
중문화'라는 제목의 기사 내용을 보면 대체로 다음과 같다. '아시아지역에서 가
장 역동적인 국가인 한국은 경제발전 속도뿐만 아니라 광휘(光輝)의 명성에서도
일본을 앞지르고 있다. 한국의 대중문화는 주변국 가운데서도 특히 일본시장
에서 크게 각광받아 한국의 TV 프로그램 시리즈물, 연예인, 비디오게임 등이
폭발적인 인기를 누리고 있다. 한류라고 부르는 이 현상은 영화에서부터 요리
에 이르기까지 대중문화의 다양한 분야를 망라하는데 이는 아시아의 정체성
에 뿌리를 둔 근대성의 상징으로 한국의 새로운 위상을 보여준다. 1980년대까
지만 해도 군사독재 체제하에서 경제적 빈곤에서 벗어나기 위해 분투했던 한

국은 오늘날 세계 10대 경제대국으로 성장했으며 역동적이고 세계지향적인 국가로 발전했다. 특히 1997년 IMF 외환위기에서 얻은 교훈, 즉 미국이나 일본의 기술에 의존해 생산하고 수출만 할 것이 아니라 자국 기술을 보유해야 한다는 것을 깨달은 한국은 뛰어난 인적자원을 바탕으로 기술혁신에 박차를 가하고 있다. 더욱이 이 같은 기술혁신을 사회에 적용해 인터넷 사용 가구가 전체 가구의 ¾에 달하는 등 세계 최고 인터넷 사용국으로 변모했다. 하지만 한국의 다양한 발전상 중에서도 가장 괄목할 것은 말레이시아로부터 중국과 베트남을 거쳐 일본에 이르기까지 아시아 전체를 휩쓸고 있는 한국 대중문화의 광휘다. 일본의 코리아타운은 일본 젊은이들이 즐겨 찾는 핫플레이스로 탈바꿈했고 '겨울연가' 출연 배우 배용준의 폭발적인 인기와 더불어 한국 대중문화의 붐이 일고 있다. 이 같은 현상은 더 이상 미국화를 거부하는 아시아지역에서 한국의 강력한 정체성이 크게 어필한 것으로 분석된다. 즉, 진한 아시아적 요소가 가미된 한국문화는 미국적이지도 일본적이지도 않은 새로운 대안으로 세계지향적인 동시에 동양화된 근대성을 의미하는 용해된 문화로 받아들여진 것이다. 구텐베르크보다 앞서 금속활자를 발명했으며 수천 년의 유구한 문화를 자랑하는 한국은 주변국 국민이 공감할 수 있는 동양적 가치관과 더불어 각기 다른 생활방식을 가진 세대간 갈등을 TV 시리즈물을 통해 제공한다. 이 같은 한국의 고유한 정서인 한(恨)을 통해 인내라는 동양의 중요한 가치를 조명하는 한편, 아시아 전역에서 가장 인기를 끈 TV 드라마 '대장금'에서는 개인적 정열과 유교적 굴레라는 또 하나의 한국적 요소를 보여준다. 개인적 정열과 유교적 굴레 사이에서 팽팽히 존재하는 긴장은 한국이 과거 사회로부터 내부적으로 파열하지 않고 유럽 국가 수준으로 급성장하는 과정에서 큰 동력이 되었다. 1990년대 이후 급격한 사회변화 속에서도 한국인들은 강한 국가정체성, 공동체 의식, 지식에 대한 존중, 한국인이고자 하는 강한 야심 등 삶의 몇 가지 원칙을 면면히 고수해오고 있으며 젊은 세대도 유교적 윤리와 가치세계를 기꺼이 수용하고 있다. 유교의 가부장적 권위와 남성 중심 세계관이 민주사회의 개인주의와 평등사상과 갈등을 일으킬 소지가 있는 것은 사실이지만 한편으로 국가정체성의 보루 역할도 한다. 유교 사회에서 단기간에 소비사회로 변화한 오늘날 한국 사회는 유교적 굴레에서의 탈출과 전통적 형식주의 계승이라는 두 가지 방향이 공존한다. 급격한 출산율 감소와 이혼율 증가가 대두되는 가운데 여성을 상대로 전통적인 예의범절을 가르치는 학교가 급격히 늘어나는 실정이다. 근대화의 양면성을 보여주는 이 예절학교처럼 한국의 TV 드라마는 근대성에 발목을 잡힌 한국문화의 경험을 말해준다.'

르몽드지는 위와 같이 한류에 후한 점수를 준 것 같다. 이 기사가 나온 2006년 6월 4일은 1886년 6월 4일 한국과 프랑스가 통상우호조약을 체결한 지 120주년이 되는 날이었다. 2006년에는 루브르 박물관 걸작품의 한국 전시회, 리옹국립오페라단의 한국 공연을 비롯해 크고 작은 다양한 행사가 한국에서 개최되었고 프랑스에서도 한국 문화예술 행사가 줄을 이은 뜻깊은 해였음을 상기할 필요가 있다.

2006년 8월 31일자 미국 워싱턴포스트(Washington Post)지는 '한류 열풍에 사로잡힌 일본 여성들'이라는 제목의 다음과 같은 기사를 실었다. '동경·화려하고 세련된 검은색 드레스 차림에 미키모토 진주와 다이아몬드 장식으로 치장한 일본 여성 요시무라 가즈미(26세)는 예쁜 외모와 현금, 각종 액세서리 등을 모두 갖추었다. 독신인 그녀는 자신을 영원히 행복하게 하는 데 빠진 단 한 가지는 한국 남성이라고 말한다. 그녀는 번호표를 받고 줄을 서야 할 것이다. 섬세하면서도 근육질인 한국 남성 연예인의 엄청난 성공은 아시아 여성들의 원하는 것을 바꾸어놓았다. 오늘날 아시아의 유행은 한국 스타와 가수가 결정한다. 베트남 사람들이 머리에 바르는 젤부터 중국인들이 구입하는 청바지에 이르기까지 모든 것을 결정한다. 요시무라처럼 한류에 푹 빠진 수천 명의 일본 여성들은 한국 연예인의 포스터나 DVD를 수집하는 데 더 이상 만족하지 않는다. 그들은 아예 서울 친구와 살고 싶어한다. 실연(失戀) 경험이 있는 요시무라는 한국인 배우자를 찾기 위해 작년 일본인 결혼중개업체 라쿠엔에 가입했다. 6,400명 이상의 여성 고객이 그녀와 마찬가지로 라쿠엔에 가입했다. 이 회사는 '겨울연가'가 일본에서 히트 친 2004년 이후 가입자가 급증했다고 밝혔다. 도쿄의 현대식 건물 50층에서 생면부지의 한국인 독신 남성과의 데이트를 기다리던 요시무라는 '너를 사랑해.'라는 말을 절대로 하지 않는 일본 남성과 달리 한국 남성은 매우 자상하고 낭만적이라고 말했다. 전화교환원으로 히로시마에 거주하며 부모님과 함께 사는 요시무라는 지난 2년간 미래의 한국인 남편을 찾기 위해 서울을 열 번이나 다녀오고 한국 남성을 일곱 번이나 만나느라 수천 달러를 썼다. 하지만 자신이 바라던 이상형을 아직 찾지 못했다. 그녀는 입술을 삐죽거리며 '실제로 내가 가질 수 없는 TV 속 스타를 찾으며 환상의 세계에서 내가 사는지도 모르지만 꿈은 누구나 가질 수 있는 것 아니냐?'라고 반문한다. 하지만 현재까지 그녀가 바라는 남성을 찾지 못했다고 한다. 한류라는 말은 한국인과 한국상품의 인기가 높아지는 데 놀란 중국 기자들이 몇 년 전 만들어낸 것이다. 한류는 이제 아시아 전역을 휩쓸고 있다. 자동차부터 김치에 이르기까지 한국산 제품 판매도 상당히 늘었다. 한국을 방문한 외국인 관광객도 2003년 280만 명에서 2004년 370만 명으로 늘었다. 한국의 관광담당 관리들은 관광객 증가는 한류에 매료된 아시아 여성들 덕분이라고 말했다. 2005년 부분적 통계에 따르면 여성 관광객이 줄지 않았다. 한국 남성 연예인들은 이

제 할리우드 밖에서 가장 돈을 잘 버는 부류에 속한다. 일본에서 오랫동안 차별당하고 여러 가지로 관심을 못 받던 한국인들에게 이 같은 현상은 쇼크로 다가온다. 현재 할리우드를 제외하면 한국 남성 연예인이 가장 높은 수입을 자랑한다. 한국 언론매체에 따르면 '겨울연가'에서 자동차 사고를 당해 기억상실증에 걸린 자신의 첫사랑을 10년간 지켜오는 역을 맡은 주인공 배용준은 편당 500만 달러를 요구한다고 밝혔다. 배용준은 불과 몇 년 만에 광고와 출연료로 1억 달러를 모았다고 한다. 일간지 스포츠한국에 따르면 최소 아홉 명의 한국 남성 연예인이 연간 1,000만 달러 이상을 번다. 네온사인이 휘황찬란한 서울 거리에서 요즘 좋아하는 한국 연예인 사진을 인조 다이아몬드로 장식한 티셔츠 차림의 아시아 여성들이 무리지어 다니는 것을 쉽게 볼 수 있다. 일부 팬은 좋아하는 스타를 먼발치에서라도 보기 위해 간이식당에서 몇 시간씩 감시한다. 아시아에서 가장 돈을 잘 버는 배우 중 한 명인 장동건은 그 정도라는 것이 아직도 실감나지 않는다고 말했다. 장동건은 1998년 TV 드라마 홍보차 베트남을 처음 방문했을 때 수천 명의 여성이 하노이공항에서 그가 탑승한 비행기 앞에 몰리고 자신이 묵는 호텔과 승용차를 스쿠터를 타고 따라다니는 것을 보고 충격을 받았다고 말했다. 2001년 대우 일렉트로닉스는 장동건을 베트남 홍보대사로 임명했다. 회사에 따르면 당시 5년간 베트남 냉장고 시장점유율은 34%나 증가했다. 그는 만약 우리가 그들의 삶에서 조금이나마 행복을 나누어 주고 한국의 다른 면을 보여준다면 상부상조하는 것이라고 본다고 말했다. 한국 정부 자료에 의하면 중국에서는 한국 프로그램이 정부 TV 네트워크에서 미국과 일본을 포함해 다른 외국의 전체 프로그램을 합친 것보다 더 많이 방송되고 있다. 심지어 멕시코에서도 노무현 대통령이 방문했을 때 현지 여성들이 한국 스타 이름이 적힌 플래카드를 들고 노 대통령이 묵는 호텔에 몰려들기도 했다. 2005년 미국 매디슨 스퀘어 가든에서 이틀간 열린 비 공연은 입장권이 매진되었다. 또한 유명한 미국 쇼 'LOST'에 출연한 한국 태생 배우인 건장한 대니얼 김은 아시아 남성으로는 최초로 '피플'지의 '가장 섹시한 남성' 편에 실리기도 했다. 서울에 위치한 엔터테인먼트 업계 리더들에 따르면 이 같은 현상은 훌륭한 마케팅과 아시아 전역에서의 신비한 반응과 한국인의 표현적인 본성(아시아의 이탈리아인으로 작위됨)에 따른 것이라고 믿고 있다. 업계 리더와 팬들은 젊은 한국 남성들의 원기왕성한 식이요법과 2년간의 군대 생활이 그들을 아시아에서 근육이 가장 발달하게 만들었다고 말한다. 하지만 가장 중요한 것은 한국 엔터테인먼트 산업의 스크린에서 강하면서도 묵묵한 타입으로 전형적으로 부자이며 착한 동시에 너무나 미남이고 여성에게 무조건 사랑을 주는 성향의 캐릭터의 완벽함이라고 할 수 있다. 스타 M의 김옥현 이사는 '아시아 영화나 TV에 자주 등장하지 않는 캐릭터이며 현재 아시아 여성들은 한국 남성이 그렇다고 생각하는 타입이다. 하지만 진실을 말하면 나는 아직 그런 사람을 만나지 못했다.'라고 말한다. 물론 일본에서는 한류가 상대적으로 늦게 시작되었지만 지난 2~3년간 빠르게 한국 스타들의 최대 시장이 되었다. 배용준은 아직 가장 인기 있는 스타이지만 그의 압도적인 우위는 도전받고 있다. 예를 들어, 권상우가 도쿄에서 가진 팬미팅 입장권은 200달러이며 일부 입장권은 인터넷 경매에서 500달러나 한다. 대부분의 한국 남성 스타들은 도쿄에서 '공식 가게'를 오픈했다. 류시원은 3층짜리 건물로 가장 높은 층에 그의 거실을 재현했으며 실제 사이즈의 플라스틱 인형이 흰색 소파에 앉아 있다. 이곳은 그의 일본 팬 미팅 장소로 17~61세 여성들이 앉아 그의 조각상을 바라본다. 한류를 일시적 유행이라고 말하는 사람들도 있지만 그녀는 최근 중매로 배가 나온 한국인 컴퓨터 프로그래머를 만났지만 시간을 두고 끝까지 한국 남성을 찾아낼 거라고 말했다.

'내게 어울리는 한국 남성이 나타날 때까지 찾아보겠다.'라고 그녀는 말했다.'

워싱턴포스트도 위와 같이 당시 한류 상황을 설명하는데 꽤 여유를 둔 것처럼 느껴진다. 이 밖에도 영국 경제주간지 이코노미스트는 2013년 10월 26일자에서 한국 크레용(Crayon)팝의 성공 조명기사를 실었는데 기존 콘텐츠와의 차별성을 강조했다. 한국 국내 걸그룹 특집기사를 다룬 것은 극히 이례적이라는 것이 당시 평가였다. 강한 중도보수 성향의 고급 경제주간지로 유명한 이 잡지는 '크레용팝은 전형적인 K-POP 가수가 아니다. 몸매를 강조하기보다 재미를 추구하고 하이힐이 아닌 운동화를 선택해 마치 여동생 같은 느낌을 준다. 크레용팝은 K-POP을 지배하는 3대 연예기획사 SM, YG, JYP에 소속되어 있지 않다. 대형 기획사와 달리 소속 아티스트를 시장에 런칭하기 전에 완벽히 준비시킬 여유가 없었지만 오히려 이 점이 크레용팝의 매력으로 작용했을 것이다.'라는 분석을 내놓았다.

일본 내 한류

다음은 이웃나라 일본에서의 한류 진행 과정을 간략히 정리한다. 일본에서 한류라는 신조어가 등장한 것은 2001년 12월 25일자 아사히신문의 '한류 붐에 관한 리포트'라는 제목의 기사로 당시 일본 내에서는 한국 대중문화의 일본 진입에 대해 한류라는 신조어를 사용하지 않을 시기라고 했다. 이보다 앞선 2000년 한국 영화 '쉬리'가 일본에서 개봉되어 관객 100만 명을 확보해 일본 영화계의 주목을 받았다. 그리고 같은 해 '박하사탕', '미술관 옆 동물원' 등이 개봉되고 설경구, 심은하 등 유명배우들이 일본을 방문해 잡지 'AERA'에 등장했다. 2001년에도 'JSA', '흑수선', '봄날은 간다' 등이 일본에서 방영되었고 2002년 2

월 일본 후지TV와 MBC는 합작드라마 '프렌즈'에 출연한 원빈에 주목했다. 그런데 2000년 5월부터 2002 한일월드컵 덕분에 일본 서적과 잡지, 매스컴에는 한국 특집기사와 한국 붐이 일었다. 2000년 봄 일본 위성TV와 지방 TV에서 '가을동화'에 대한 호평과 함께 아사히신문, 요미우리신문에서도 한국 관련 특집기사가 게재되었다. 본격적인 일본 내 한류의 시작은 2003년 1월 '엽기적인 그녀'의 방영과 3월 NHK 위성채널의 '겨울연가' 방영으로 보는 시각이 가장 신빙성 있다. NHK는 지상파와 위성채널을 통해 '겨울연가'를 네 번이나 방영했다. 2003년 3월이 첫 방영이고 2004년 12월이 마지막 방영이었다. 2004년 4월 배용준이 방일했을 때 나리타공항에는 무려 5,000여 명의 팬이 환영해 '겨울연가'의 영향력을 여실히 보여주었다. 특히 2004년 5월 22일 고이즈미 총리의 방북 실황보도로 '겨울연가'가 방영되지 않자 그날 저녁 NHK측은 3,700여 명의 항의 전화와 문의 전화를 받았다고 전해졌다. 또한 같은 해 NHK 지상파 방송이 끝난 후 8월 22일 진행된 현장 토론회 참가 신청자가 무려 80,000여 명에 이르러 50:1의 경쟁률을 보였다는 뉴스는 '겨울연가'와 배용준의 인기를 입증한 사건이다.

당시 일본 전문분석기관에 따르면 기관마다 다소 차이는 있을 수 있지만 '겨울연가'의 주연배우 배용준 효과는 일본에서 창출된 것만 무려 2,000억 엔 이상으로 분석되었다. 일본에서 한국 드라마의 최전성기는 '호텔리어', '옥탑방 고양이', '파리의 연인', '천국의 계단', '슬픈 연가' 등이 일본인들의 안방을 한창 노크하던 2005년이라고 한다. 일본 내 한류의 주요 수용층은 중년 여성인 주부들로 일본 사회에서 그들에 대한 역할 기대와 자아의식간 갭으로부터 하나의 출구를 한국 드라마에서 찾는 여성들의 움직임으로 보는 시각이 많다. 현모양처나 순애(純愛) 사상은 포스트모던으로 일본 사회에서는 낡은 생각으로 치부되기 쉽지만 그 같은 삶을 믿고 따라온 40대 이상 중년층에게 한류 드라마는 긍정적인 답변을 제공한다는 것이 전문가들의 분석이다.

2005년 당시 일본 주요 인사 오구라 씨는 '한국을 본받자 = Look Korea'라는 움직임이 역사상 세 번 있었다고 주장했다. 제1기는 한자(漢字), 불교, 의학, 천문학 등이 한반도를 통해 전해진 5~6세기이고 제2기는 에도 시대에 조선통신사 등을 매개로 한 주자학(朱子学), 도자기 등을 받아들인 16세기이며 제3기는 한류 붐을 받아들인 21세기 현재라는 것이다. 일부이지만 당시 일본인들의 생각이 담긴 내용에 접근해보면 한국사회의 변화가 일본인의 의식변화에 영향을 미쳤는데 한국의 IMF 외환위기 극복, 일본 대중문화의 개방, 한일월드컵 공동개최 등을 언급한다.

한류가 일본인에게 영향을 미친 사례를 군이 언급하자면 일본인의 라이프스타일 변화에서 식(食)문화(김치, 갈비, 비빔밥 등), 한국 여행(연간 3~4회, 한국인 친구 사귀기 등)을 들 수 있고 아내와 함께 한국 영화 감상과 드라마 시청을 말하는 사람도 많다. 하지만 일본에서 한류 보도는 열광적인 아줌마들이 욕구불만인 현실로부터 도피하기 위해 한류에 매달린다는 식에 초점을 맞추는 경우가 많은 것으로 이해하는 전문가들도 있었다. '겨울연가'가 일본에서 엄청난 인기를 누린 데는 여러 가지 이유가 있을 것이다. '겨울연가'에 나오는 풍경은 아무 위화감 없이 일본인들에게 받아들여졌다. NHK에서 방영된 드라마에서는 한국적인 풍경은 미약했고 마치 일본의 세련된 트렌디 드라마 같은 느낌을 선사해 이렇게 국적을 초월해 글로벌 문화콘텐츠가 아시아에서 소비되는 시대에 진입했다고 분석하는 전문가들도 있다.

2013년 10월 19일(토) 오후 5시 30분~8시까지 일본 지바현에 위치한 마쿠하리메세 국제전시장에서 한류 10주년 대상 시상식이 거행되었다. '겨울연가'가 일본에서 방영된 지 10년이 된 것을 기념하는 시상식이었다. 현지 팬들이 온라인 투표로 수상 대상을 선발했는데 온라인 투표에 무려 20만 명의 한류 팬이 참여했다니 그 열기를 짐작할 수 있다. 최고 작품상은 '겨울연가', 남자배우 부문 및 대상은 배용준, 여자배우 부문은 윤은혜로 결정되었다. 당시 일본 닛칸스포츠는 '겨울연가'로 시작된 한류 붐이 드라마, 영화에서 K-POP으로 이어졌고 한일간 역사 갈등에서 욘사마(배용준)는 여전히 일본 여성들을 사로잡고 있음을 보여주었다고 말했다. 이날 TBS와 DATV는 이 행사를 전국에 생중계했다. '대장금'의 일본 방영과 관련된 중국 환츄스바오(环球时报) 2005년 10월 7일자 기사 내용을 보면 일본에서 상당한 인기를 얻은 것으로 보인다.

"일본인은 장금이를 위해 파이팅 외쳐'라는 제목의 기사에서 한국의 이웃국가인 일본에서도 '대장금'은 고대 동양문화의 열기를 일으켰는데 강한 세력을 일으킨 일본 드라마는 물론 미국 드라마의 인기도 많이 퇴색했다. NHK 통계에 따르면 최초 방영 시청률은 9.2%였지만 극이 전개되면서 무려 50%대까지 급상승해 '겨울연가'의 2.5배에 달했다고 한다. '대장금' 여주인공에 대한 인기가 몰아닥쳐 이영애가 주연한 영화가 각 상영관에서 상영되었다. 많은 일본인이 '대장금'을 시청하면서 권력에 굴하지 않고 유가문화를 지키면서 열심히 노력하는 정신에서 일본의 과거 모습을 찾았고 대부분의 일본인이 '장금아, 힘내라!'를 외치고 있다. (중략)'라는 기사를 게재했다. 어쨌든 일본 내의 한류 열풍에 부정적인 '혐한류(嫌韓流)'라는 만화책이 40만 권이나 팔렸지만 한류의 긍정적인 바람을 막지는 못했다.

한풍(漢風)

한풍(漢風)은 중국대륙을 비롯한 중화권에서 일어난 한류 탄생 요인과는 다소 다르다. 중국의 일부 전문가는 한풍의 주요 분야를 문화 분야보다 대중무역투자, 중국 관광, 중국 유학, 중국어 학습, 중국 탐구에 두고 있다. 물론 중국의 문화예술을 배제한다는 뜻은 아니다. 2006년 전 세계에서 시행된 한어(汉语)수평고사(HSK) 참가자 중 한국인이 무려 61%였다는 사실에서 한국인의 중국어 학습 열기를 알 수 있다. 그래서 많은 사람이 한풍의 기본 관점을 문화 분야보다 경제 분야에 두는 것 같다(출처: 中国人心目中的韩国形象 pp.65~66). 따라서 한중 양국의 관계 발전 과정을 보면 수교 이후 정치외교, 교역, 문화, 인적교류 등 많은 분야에서 괄목할 급성장을 해온 것은 주지의 사실이다. 정치외교는 차치하더라도 경제, 문화, 인적교류 측면에 접근하면 쉽게 이해될 것이다.

수교 16년 후인 2008년 자료에 의하면 한국은 중국의 제6대 교역국이자 제4대 직접투자국으로 2020년까지 무역 흑자를 기록했다. 1992년 수교 당시 50억 2,800만 달러이던 양국 교역액은 2008년 무려 36배 증가한 1,861억 1,000만 달러로 연평균 25.3% 증가했다. 중국은 한국의 투자 대상국으로 양국간 '투자 보호조약' 체결 후 투자액이 계속 증가했는데 2005년 최대에 달했다.

2004~2008년 한국의 대중 직접투자 규모

연도	2004	2005	2006	2007	2008
투자항목 (건)	5,625	6,115	4,262	3,452	2,226
투자액 (억 달러)	62.48	51.68	38.95	36.78	31.35

출처 : ① 中国人心目中的韩国形象(王晓玲著/2009.8 中国民族出版社) p.64
      ② 中国尚务部〈中国投资统计〉

그런데 1992년~2006년 중국의 대한국(對韓國) 교역 누적 적자액이 2,183억 달러에 이르렀다고 우려했지만 중국의 대한국 무역수지 적자 규모는 개선되지 않았다.

2009~2018년 10년간 한중 교역 규모 현황

연도	2009	2010	2011	2012	2013	2014	2015	2016	2017	2018
중국 수출 → 한국	537	688	829	877	912	6,162	6,291	6,185	6,965	7,174
중국 수입 ← 한국	1,026	1,384	1,627	1,686	1,831	11,677	10,847	10,496	12,013	13,495
무역수지	-489	-696	-798	-809	-919	-5,515	-4,556	-4,311	-5,048	-6,321
단위	억 달러					억 위안				

출처 : Statistical Communique' of the People's Republic of China on the (2009~2018) National Economic and Social Development(p.13, p.16, p.14, p.13, p.15, p.15, p.17, p.17, p.18, p.21) 자료 재정리

2009년~2013년 5년간 중국의 대한국 무역수지 적자액은 3,711억 달러이고 2014년~2018년 5년간 무역적자액은 25,751억 위안에 달한다. 그런데 중국의 연간 수출, 수입액 전체에서 한국이 차지하는 비중은 높다. 중국의 대한국 수출액은 전체 규모에서 2016년 4.5%, 2017년 4.5%, 2018년 4.4%를 차지했고 중국의 대한국 수입액은 중국의 연간 총수입액 대비 2016년 10.0%, 2017년 9.6%, 2018년 12.3%를 차지했다. 그리고 한류와 한풍의 열기가 각각 상대국에서 한창 불던 2007년 중국에 장기거주하는 한국인은 약 70만 명에 이르렀고 중국에서 공부하는 한국 유학생도 64,000명으로 중국 체류 외국 유학생 중 1위를 차지했다. 당시 한국에 거주하는 중국인도 약 53만 명에 이르고 그중 유학생은 약 34,000명을 차지했다. 당시 한국에 체류하는 중국인 유학생 수는 전체 외국인 유학생의 ⅔를 차지했다. 2020년에 와서는 더 늘어 한국에서 공

부하는 중국인 유학생은 전국 259개 대학에서 70,979명이었다. 2008년 한중 간 매주 830개 항공노선에 40개 중·대도시를 연결하고 있었고 연간 약 600만 명의 관광객이 오갔다.

수교 이후 한중간 관광객 교류 규모 현황 (단위: 천 명)

연도		1992	1993	1994	1995	1996	1997	1998	1999	2000	2001
한국인 → 중국		112	190	340	529	694	781	633	992	1,345	1,679
중국인 → 한국	대륙	87	100	141	178	200	214	211	317	443	482
	홍콩	–	–	–	–	–	–	229	234	201	205
합계		199	290	481	707	894	995	1,073	1,543	1,989	2,366

출처 : 한국관광공사, 중국국가여유국, Hongkong Tourism Board

연도		2002	2003	2004	2005	2006	2007	2008	2009	2010	2011
한국인 → 중국		2,124	1,945	2,845	3,545	3,924	4,777	3,960	3,197	4,076	4,185
중국인 → 한국	대륙	539	513	627	709	897	1,069	1,168	1,342	1,875	2,220
	홍콩	179	156	155	166	142	140	160	216	229	281
합계		2,842	2,614	3,627	4,420	4,964	5,986	5,288	4,755	6,180	6,686

출처 : 한국관광공사, 중국국가여유국, HongKong Tourism Board

연도		2012	2013	2014	2015	2016	2017	2018	2019	2020
한국인 → 중국		4,070	3,969	4,182	4,444	4,762	3,855	4,190	4,340	444
중국인 → 한국	대륙	2,837	4,327	6,127	5,984	8,068	4,169	4,790	6,024	686
	홍콩	360	400	558	523	651	658	684	694	89
합계		7,267	8,696	10,867	10,951	13,481	8,682	9,664	11,058	1,219

주 : 홍콩은 1898년 6월 9일 중국과 영국간 99년 간의 조차(租借)에 서명한 후 1997년 6월 30일 중국으로 반환된 점을 고려해 1998년부터 한국 관광 홍콩인 수를 별도로 계산함
출처 : 한국관광공사, 중국국가여유국, Hongkong Tourism Board

그리고 중국의 우수하고 다양한 문화예술 작품이 한국인들의 대환영을 받았다. 특히 수교 초기 양국간 문화공동위원회 개최로 실행 계획 추진에 따라 상대방 국가에 자국 문화예술 활동이 지속적으로 추진되었다. 특히 중국은 2004년 12월 28일 서울에 자국 문화원을 정식 개원하고 중국문화 사랑방의 기능과 역할을 톡톡히 해나갔다. 각종 전시회, 중국어 학습, 중국요리, 전통음악 학습, 주요 공연 등 다양한 문화예술 행사는 참가자들의 마음을 사로잡았다. 또한 각 분야의 전문인사 교류도 지속적으로 확대 추진해 상대국 문화에 대한 올바른 이해를 위해 진력했다. 주요 공연예술단과 교향악단의 한국 공연, 연주 활동을 보면 2007년 내몽골 자치구 예술단의 대구, 천안 공연, 2008년과 2012년 2회 방한해 국립극장, 성남아트센터, 고양 아람누리, 경기도 문화회관 등에서의 순회공연에 성공한 중국 국립발레단 180여 명의 '홍등' 공연, 2009년 9월 랴오닝 가무단 방한 공연, 2014년 중국 국립오케스트라와 KBS 오케스트라 합동연주, 2018년 10월 중국 국립가무단의 무용극은 모두 한국 관객의 호응을 얻었다.

2004년 5월 10일~7월 13일 KBS2는 '북경, 내 사랑(北京, 我的愛)' 한중 합작드라마 방영을 비롯해 2019년 한국에서 중국 영화, 드라마 등 각종 영상물(影視類)을 방영했는데 다섯 개 전문채널이 있다. 2002년에 설립한 ASIAN, 2005년에 설립한 中华TV, CHANNE CHINA, CHING, ASIA UHD이다. 이 밖에 푹, 티빙, 넷플릭스, 왓차플레이 같은 VOD 사이트에서도 중국의 다양한 영상물을 감상할 수 있어 접근하기 매우 쉬운 편이다.

주요 국가 국민의 대한국 이미지

2002년 6월 한일 월드컵 공동개최와 2005년 9월~10월 중국에서 제2 한류를 운운하던 시기를 전후로 한국의 국가 브랜드 가치 제고 등과 관련한 주요 국가 국민 대상 앙케이트 조사 데이터에서 한류가 부각되어 관련 사항의 일부를 소개한다. 성균관대 국가브랜드경영연구소가 2003년 세계 11개국 및 지역 국민이 첫 번째로 연상하는 한국 이미지를 묻자 미국은 정치(39%), 유럽은 평균적으로 문화(34.4%), 중남미 국가들의 평균도 문화(41.7%), 동남아 국가들의 평균도 문화(49.2%)를 각각 1위로 답했다. 국가별로 보면 한국과 인접해 있으면서 한류를 접하던 중국과 일본, 대만은 한국에 대한 첫 번째 연상으로 문화 분야 비중이 매우 높았다.

중국, 일본, 대만인들의 한국에 대한 첫 번째 연상 비교

국가 및 지역	한국에 대한 첫 번째 연상
중국	문화(48.3%) : 드라마(21.4%), 복장(18.3%), 음식(17.8%)
일본	문화(77.1%) : 음식(29%), 드라마(20.7%), 복장(10.7%)
대만	문화(75.6%) : 드라마(25.4%), 음식(23.6%), 복장(13.8%)

출처 : 中国人心目中的韓国形象(王曉玲著/2009.8 中国民族出版社) p.48 자료 재정리

그리고 미국, 중국, 일본의 Key Opinion Leader들의 한국에 대한 첫 번째 연상 앙케이트 조사에서도 일본과 중국은 긍정적인 부문에서 한류와 김치 항목에 무게를 두었다.

미·중·일 Key Opinion Leader들의 한국의 첫 번째 연상 비교

	긍정적인 연상	부정적인 연상
미국	경제성장(42.5%), 한일 월드컵 및 서울올림픽(36.0%), 삼성(32.5%)	6.25전쟁(60.5%), 북핵문제(48%)
중국	김치(70%), 삼성(69%), 한류(60.5%)	6.25전쟁(37.5%), 북핵문제(36%)
일본	김치(92%), 한류(68.5%)	독도 영유권 문제(55%), 북핵문제(24%)

주 : 이 자료는 2006년 KOTRA에서 〈국가 브랜드 이미지 구성도-국가 및 주요 산업 이미지 변화를 중심으로 조사한 데이터를 위 王曉玲著 〈中国人心目中的韓国形象〉에서 인용한 자료임
출처 : 中国人心目中的韓国形象(王曉玲著/2009.8/中国民族出版社) p.49

또한 2007년 KOTRA가 세계 24개국 및 지역(미국, 브라질, 캐나다, 독일, 러시아, 영국, 이탈리아, 프랑스, 호주, 남아공, 사우디아라비아, 아랍에미리트, 대만, 말레이시아, 베트남, 싱가포르, 인도, 인도네시아, 일본, 중국, 태국, 필리핀, 홍콩, 멕시코) 18세~70세 성인 대상으로 앙케이트 조사를 진행하면서 매 국가마다 4~5개 도시를 선정해 유효 앙케이트 2,809건을 회수해 분석한 결과, 유럽과 미국에 비해 중국, 일본, 베트남 응답자들은 한국의 음식과 드라마 등에 매우 친숙한 것으로 나타났다.

한류 영향국과 비한류 영향국의 한국에 대한 첫 번째 연상 비교

		1위	2위	3위
비한류 영향국	미국	한국인(26.9%)	한국 음식(13.5%)	6.25전쟁(11.9%)
	영국	기술 수준(46.2%)	서울올림픽, 한일 월드컵(13.1%)	경제성장(10.0%)
	독일	북핵문제(37.2%)	6.25전쟁(36.6%)	서울올림픽, 한일 월드컵(28.7%)
	프랑스	북핵문제, 6.25전쟁(22.6%)	기술 수준(12.9%)	–
한류 영향국	일본	한국 음식(32.2%)	한국 드라마(17.2%)	북핵문제(12.3%)
	중국	한국 드라마(36.1%)	한국 음식(10.4%)	한국인(10.2%)
	대만	한국 음식(39.8%)	한국 드라마(21.6%)	경제성장(14.8%)
	베트남	한국 영화(43.4%)	6.25전쟁(12.5%)	한국 음식(11.8%)
평균		기술 수준(18.3%)	한국인(15.9%)	한국 음식(15.2%)

출처 : 中国人心目中的韓国形象(王曉玲著/2009.8/中国民族出版社) p.50

그리고 중국인들의 한국에 대한 평가에서도 문화 부문을 강하게 인식하는데 한국에 대한 긍정적인 부문에서 ① 전통문화와 예절 ② 유교전통 보존 ③ 전통과 현대의 융합 ④ 문화산업 발전 ⑤ 청결 ⑥ 명랑 ⑦ 지속적 발전을 꼽았고 한국인에 대한 긍정적인 부문에서 ① 질서유지 ② 청결 ③ 열정 ④ 단결 ⑤ 강한 민족 자존심 ⑥ 낙관 ⑦ 인간적인 면을 들었다(출처: 中国人心目中的韓国形象(王晓玲著) p.53).

최근 해외홍보원이 조사·발표한 〈2021년 국가 이미지 조사보고서〉에 의하면 한국에 대한 전반적인 호감도는 5점 만점에 4.02점으로 상승했다. 국가별 응답자의 한국에 대한 국가 이미지 평가는 다음과 같다.

15개국 응답자가 평가한 한국의 국가 이미지(%)

연도/국가		일본	중국	영국	미국	호주	독일	프랑스	남아공	멕시코	브라질	인도	UAE	인니	태국	러시아
2021년	긍정	35.0	68.6	75.6	76.4	77.0	73.8	77.8	79.6	86.0	87.6	90.8	90.6	87.6	90.8	88.0
	부정	26.6	7.8	6.0	5.8	4.0	4.2	5.8	5.0	1.8	4.6	2.8	1.8	2.0	2.2	1.2
2020년	긍정	27.6	69.4	74.8	75.2	76.2	77.2	77.4	81.0	83.4	85.0	87.2	88.6	89.2	89.6	89.8
	부정	39.0	8.0	7.6	7.6	7.2	5.4	6.4	6.0	6.2	6.2	4.2	2.2	1.4	1.2	2.4

출처 : 2021 국가 이미지 조사보고서(해외홍보원/2022.2) p.39 자료 재정리

외국인들이 바라본 2021년 한국의 국가 이미지 영향 요인에서도 대중음악(KPOP), 영화, 패션, 뷰티 등으로 대표되는 현대적 문화가 선도해 한류 중심에 있는 문화콘텐츠의 영향력이 그대로 드러났다.

2021년 한국의 국가 이미지 영향 요인

구분	현대 문화	제품·브랜드	경제 수준	문화 유산	국민성	사회 시스템	스포츠	정치 성향	국제적 위상	대북한 관계
긍정	22.9	13.2	10.2	9.5	8.6	7.8	7.6	6.2	5.3	4.4
부정	3.9	1.9	4.8	3.1	18.0	6.3	3.9	27.0	15.4	13.1

출처 : 2021 국가 이미지 조사보고서(해외홍보원/2022.2) p.36 자료 재정리

그리고 중국인들은 관심 있는 한국의 문화콘텐츠로 ① 한국 대중음악(KPOP) 36.0% ② 영화 20.6% ③ 드라마 17.4% ④ 패션·뷰티 4.6% ⑤ 음식 3.8% ⑥ 예능 프로그램 3.4% ⑦ 게임 2.2% ⑧ 애니메이션·웹툰 1.6% 순이며 중국인들이 한국에 대해 잘 안다는 세부 부문에서는 ① 드라마 59.0% ② 대중음악(KPOP) 58.6% ③ 영화 55.2% ④ 뷰티 45.6% ⑤ 예능 프로그램 40.8% ⑥ 패션 38.2% ⑦ 한국 음식 35.8% ⑧ 한국산 제품·브랜드 29.4% 순으로 집계되었으며 중국인들의 한국 관련 정보 접촉경로도 세계적 네티즌 수 보유와 나날이 증가하는 인터넷보급률 70.4%(2020년 기준)를 유지하는 국가답게 인터넷·SNS 등의 온라인을 통한 정보접촉이 75.8%, TV·라디오 등 방송을 통한 정보접촉이 64.6%, 신문·잡지를 통한 정보접촉이 55.2%로 뉴미디어 환경에 있음을 보여주었다(출처: 2021 국가 이미지 조사보고서/해외홍보원/2022.2/pp.14~16, pp.52~53).

위와 같은 각종 데이터를 종합해보면 이 같은 현상이 복합적으로 한류와 깊은 관계가 있는 것으로 파악·분석되어 접근해볼 가치가 충분하다.

반한류의 등장

1) 진행 과정

1997년 가을, 한류라는 신조어가 중국 베이징에서 구전되어 온 후 1998년과 1999년 2년여간 양국에서 한류·한풍을 다룰 분위기가 아니었다고 앞에서 지적했다. 한국의 IMF 외환위기와 1998년 여름 중국의 100년 만의 대홍수가 사회를 어둡게 만들었기 때문일 것이다.

❶ 위기의식의 발로

하지만 1999년 11월 19일자 베이징칭년바오에서 한류라는 신조어를 세상에 처음 알리면서 2000년부터 한국 대중문화 특히 TV 드라마와 젊은 가수들의 중국 현지 콘서트 열기가 점점 확산되는 상태였다. 따라서 한편으로 이때부터 한류에 대한 위기의식을 느꼈다고 보아야 할 것이다. 한국 드라마의 자국 진입에 위기의식을 느낀 나라는 중국뿐만이 아니었다. 대만의 비디오제작 노동조합 影音制作工会 린시후이(林錫輝) 이사장은 상하이 TV 페스티벌 행사에서 '한국 드라마의 영향력은 중국대륙보다 대만이 더 심각하다. 한마디로 속수무책이다. 대만의 드라마 제작자들은 현재 한국 드라마에 대응하기 위한 백서 제작을 계획 중인데 한류를 정면 돌파하길 희망한다.'라고 말했다. 중국의 중국국제총공사 관계자는 국가광전총국에 2002년 한류가 유행할 것이며 그런데도 한국은 중국 드라마를 구입하지 않고 있어 이를 중시(重視)할 필요가 있다는 서면 보고서를 일찍 제출했다고 말했다. 또한 2005년 6월에 개최된 상하이 TV 페스티벌에서 중국 국내 관련 기관 소식에서 '만약 한국이 지속적으로 한류상품을 동남아 지역까지 확대시켜 나간다면 한국 드라마 수입량 제한조치를 취할 거라고 말했다. 물론 이는 한국에 위기감을 부를 것이다. 이렇게 중국 업계 관계자와 정부 관계자의 폭로로 당시 한국은 행사들을 조직적으로 진행했는데 한국문화콘텐츠진흥원의 중국 내 각종 무료강좌와 포럼 개최, 저가 또는 무료 공세의 다양한 행사를 진행했다. 하지만 일찍이 있었던 항한(抗韓)활동은 결국 한국 드라마를 제한하지 못하고 오히려 중국 내에서 계속 발전하는 결과를 낳았다'고 2005년 8월 上半月 中国广播影视 잡지 pp.52~53에서 지적했는데 이 같은 사실은 한류에 대한 위기의식이 이미 표출되고 있었음을 말해 준다. 그뿐만이 아니다. 2005년 10월 13일자 베이징완바오는 중국에서 '대장금' 시청률이 오르면서 대장금 효과가 중국 시청자들에게 걱정을 던져 주었다면서 과거 아시아에서 가장 많은 영상물을 판매한 홍콩은 자신의 밥그릇을 잃는 것 아니냐고 반문했다. 그리고 TVB의 노 연예인 마오순쥔(毛舜筠)은 홍콩 드라마의 반응이 느리다고 개탄했고 한창 인기가 오르던 젊은 남자배우 린바오이(林保怡)도 두렵다며 마음속에 있는 말을 했다. 어떤 의미에서 한국 드라마의 인기는 곧 홍콩 드라마의 침체라고 할 수 있는데 이 같은 그림자에서 벗어나는 것은 하루 이틀 일이 아닐 것이다. 중국대륙에서 각 영상물 제작기관도 대책회의를 열어 한국 드라마를 배척하자는 목소리를 높이고 있다고도 했다. 방송인 잉다(英达)는 '한국 드라마라고 불리는 드라마 장르는 아예 없다. 우리가 이 같은 드라마를 본다는 것 자체가 괴로운 일이다. 하루종일 떠드는 것이 자질구레한 일들뿐이다.'라고 말했다. 배우 장궈리(張国立)도 '얼마 전 어떤 사람이 '대장금'을 보고 깊은 감명을 받았다고 했는데 웃기는 소리다. 나는 딱 한 번 보았는데 감동은커녕 짜증만 났다. 우리 드라마에 대해서는 각박하면서 한국 드라마에 대해서는 관대하다. 우리 드라마가 이렇게 질질 끌려가기만 한다면 분명히 엄청난 욕을 먹을 것이다. 우리가 크게 만들어 놓은 케이크를 다른 사람이 빼앗

아가는 걸 지켜보면서 중국 방송인들은 안절부절 못하고 있다.'라고 당시 상황을 전했다. 하지만 이 같은 목소리들을 통해 중국대륙의 방송인들은 이번 기회에 업계의 제도와 각박한 언론에 불만을 표시한 것뿐임을 알 수 있다. CCTV의 제작자 리공다(李功达)는 '중국 드라마 제작업체는 모두 적은 자본으로 경영되고 있어 통일된 계획이 없다. 좋은 소재가 있더라도 한국처럼 정부 협조하에 최강의 진용을 조직할 수 없다는 것이 중국 드라마의 슬픔이다.'라고 말했다. 이 시기는 드라마, 대중음악, 출판물, 게임 등 다양한 분야의 한국 문화상품의 인기가 중국 문화산업시장에서 연일 고공 행진하던 시기다.

❷ 자국 문화산업시장의 외국상품 범람

중국 현지 언론이 한류를 처음 비판한 사례는 2004년 12월 25일자 광둥성 광저우시에 위치한, 당시 중국대륙에서 가장 영향력 있는 3대 일간지인 양청완바오(羊城晚报)의 보도였다. 이 신문은 홍콩 봉황TV 위성채널 총재 류창러(刘长乐) 씨가 광저우에서 행한 '문화우환(文化尤患)'에 대한 언급 내용을 기사화하면서 시작되었다. 이 신문의 기사 내용 전문(全文)은 다음과 같이 지적했다. '현재 중국 문화시장에서 가장 돈을 잘 버는 문화상품은 대부분 중국 것이 아니다. 중국 영화산업은 할리우드를 능가할 수 없고 애니메이션 산업은 디즈니와 경쟁할 수 없으며 7~8년간 한국과 일본의 많은 대중가요가 중국인들의 호평을 받아오고 있을 뿐만 아니라 세월이 지나도 그 열기가 식지 않고 있다. 중국경제는 비약적으로 발전 중이지만 중국의 민족문화는 진흥되기는커녕 다소 퇴보했다. 중국 문화상품이 구제받아야 할 지경이 된 것은 중국인 자신의 책임이다. 또한 미국 영화 '타이타닉'은 중국에서 3억 2천만 위안을 벌어갔는데 이는 중국 영화 전체 매표수입의 1/5이 넘는 금액이다. 외국인들은 우리 집에 와 우리 식량으로 우리 아이를 먹여주고 있지만 우리는 아직 위기감을 느끼지도 못하고 무턱대고 우리의 약한 실력을 배양하고 우리 문화산업을 강화하고 세계 문화산업시장에서 우리 점유율을 늘려간다는 것은 매우 위험한 발상이다.'

❸ 중국 내 한류는 중국의 수치라는 국민감정에 호소

'중국의 전통문화 개발 능력과 풍부한 문화유산은 미국의 풍부한 재창조 수단과 비교하면 이토록 비극적인 색채를 띠고 있다. 한류는 봉황 위성TV에서 '텐차오펑윈(天桥风云: 모델)' 방영 후 유행이 시작되었다는 한 학생의 발언 내용을 류창러 총재는 원래 그 부분을 자아비판하고 싶었다며 한국 드라마의 중국 유행은 봉황 위성TV가 중요한 역할을 했다.'라는 류창러 총재의 답변 내용도 구체적으로 기사화했다. '당시 한국 드라마는 일본 드라마보다 가격이 훨씬 저렴해 TV 방송국 입장에서는 비용절감을 위해 한국 드라마를 선택했고 이로 인해 한국 드라마 방송이 비교적 많았다. 한국 드라마에 내포된 유교적 문화 요소가 중국인이 추구하는 발전, 아름다움, 선량함(向上向美向善)과 매우 잘 조화를 이루었다.'라고 홍콩 봉황TV가 한국 드라마를 어떻게 활용해 오늘날 한류에 도달했는지를 류창러 총재가 다시 부연 설명한 내용도 함께 실었다.

이 신문은 '류창러 총재는 강연 도중 특히 한류 문제를 연구·토론했는데 한류가 7년간 중국에서 주도적인 위치를 차지한 것은 중국의 수치이며 이는 한류가 판매하는 문화의 핵심이 유교 문화, 즉 중국의 문화유산이기 때문이다. 한국의 성공비결은 한국의 유학(儒学)이 일부 분야에서 중국보다 보존·발전 상태가 우수하며 상업적 가치를 성공적으로 발굴해 판매한 것이다. 특히 유교 사상을 바탕으로 한 상품을 중국에 판매한 것은 중국으로서는 치욕이다.'라고 기사화하면서 국민감정을 건드렸다. '류창러 총재는 일본에서도 한류가 성행하는 것을 무척 재미있는 현상이라고 지적한다. 한국 드라마 '겨울연가'는 일본 시장을 독점했으며 한국 만화(漫畵)도 일본 애니메이션 시장에 성공적으로 진입했다. 현재 일본 출판업계는 애니메이션 분야의 한류 현상을 심층 연구 중이다. 한국이 일본문화의 정수를 일본에 판매하는 현상, 즉 사용자가 발명자로부터 저작권료를 수취하는 현상을 일본 출판업계는 일종의 치욕으로 간주할 수 있지 않은가? 치욕은 우리가 승부욕이 없다는 것이다.'라는 내용도 기사에서 지적했다.

❹ 崇洋尾外思想 우려와 자국 문화상품 중시 요구

류창러 총재는 '현재 중국 내에는 외국문물을 숭배하고 외국인에게 아첨하는 사상(崇洋尾外思想)이 심각한데 서양 문화상품은 모두 중국 문화상품보다 우수하다고 여기고 한국, 일본의 유교 문화는 중국 것보다 정통이라고 인정하면서 자학하는 풍조가 때로는 슬플 만큼 만연해 있다. 중국인들이 해외여행을 가 투숙하는 5성급, 6성급 초특급 호텔의 중심부에 설치된 중요한 상징들은 모두 중국식 가구일 뿐만 아니라 외국에서는 중국 음식을 먹는 것이 신분의 상징이 되어가고 있다.'라고 지적했다. 또한 연이어 '중국 내 일부 문화산업 종사자들이 맹목적으로 외국 문화상품을 들여오는 것을 좋아하지만 나중에 그것이 중국 것이라는 사실을 알고는 깜짝 놀란다. 예를 들어, 일본의 서유기(西遊記), 미국의 뮬란(花木欄)이 이에 해당하며 영화 '쥐라기 공원'도 미국인이 쓰촨성 공룡공원을 참관한 후 갑자기 생각해낸 것이다.'라며 중국 문화상품에 대한 중시를 주장했다.

위와 같이 류창러 총재는 '중국 문화산업 발전을 위한 다양한 지적과 함께 자국의 전통문화 보호육성책은 물론 일부 사람들의 외국문물 숭배사상 등을 비판하면서 한류 상품 특히 유교 사상을 바탕으로 한 상품이 중국에 유입되는 것은 중국으로서는 치욕이다.'라고 강하게 비판했다.

❺ 한류는 더 이상 확산 불가능

또한 양청만바오(羊城晚报)는 2005년 5월 20일자로 두 번째로 한류 기사를 게재했는데 대체로 한국 드라마를 비판한 내용을 인용해 보도했다. '성룡, 한국 스타의 명성은 과대포장이므로 합작 거절'이라는 제목의 장문의 기사에서 아시아지역에서의 '대장금'의 시청률 최고기록 갱신으로 한류의 도래를 도저히 막을 수 없을 것이다. 하지만 한국 영화와 드라마의 최대 시장인 동남아 지역은 아직 한류에 매료되지 않았다. 한국의 영화와 드라마는 극중 주인공이 항상 황당하게 죽거나 생이별 아니면 사별인 뻔한 스토리를 시청자들이 받아들이기 어렵기 때문이다.'라고 평가절하하면서 한류에 대해 쓴소리를 열거했는데 다음과 같이 요약된다. 성룡이 말한 '한국 스타와 합작하고 싶지 않다.'라는 인터뷰 내용과 더불어 한국 스타들의 명성이 실제보다 너무 부풀려져 몸값에 거품이 너무 심하거나 연기력은 지극히 평범하다고 꼬집었다. 박찬욱 감독의 '올드보이'의 칸느영화제 황금종려상 수상, 김기덕 감독의 '빈집'의 베니스영화제와 베를린영화제 감독상 수상, 강제규 감독의 '태극기 휘날리며'와 강우석 감독의 '실미도'가 관객 천만 명이라는 자랑스러운 금자탑을 세운 해와 비교하면 금년은 한국 영화가 다시 그렇게 성공을 거두지 못할 것으로 분석하면서 한국 영화의 전성기는 다시 오기 어렵다고 부정적 의견을 보였다.

❻ 중국 내 한류 비판과 한국 드라마에 대한 조심스러운 평가 지속

2005년 1월 14일자 런민르바오 14면을 요약하면 … (중략) … 하지만 한류의 점령으로 중국인들은 마음속에 한기(寒氣)를 느낀다. 얼마 전 홍콩 봉황TV 류창러 총재는 '한류가 7년 동안이나 중국을 휩쓰는 것은 중국인의 수치다. 한류 문화의 핵심은 유교 문화로 중국의 문화유산이기 때문이다. 한국의 유교 사상 보존·발전이 중국보다 잘 되어 있으며 중국은 이를 경계해야 한다.'라고 탄식하며 말했다. 류창러 씨의 치욕감이 중국 내 TV·영화 제작업체 종사자들에게 어떤 생각을 갖게 했는지는 모르지만 한류 정복에 대해 반성할 필요가 있다(중략).'라고 보도했다.

2005년 9월 5일자 베이징칭년바오는 '1997년 한국 드라마 '사랑이 뭐길래'가 중국에서 가장 높은 시청률을 기록한 후 한국 드라마는 중국 시청자들이 한국의 사회·문화를 이해하는 데 가장 직접적이고 효과적인 창구 역할을 했다. '대장금'이 나흘째 방영되었지만 좋아하는 사람이 많았지만 예상처럼 센세이션을 일으키진 못한 것으로 분석된다.'라는 조심스러운 분석 보도를 했다. (중략) 한국 가족 드라마에 익숙한 중국 시청자들에게 사극 '대장금'이 맞을지, 홍콩에서처럼 최고의 시청률을 기록할지 더 두고 보아야 한다고 진단했다.

베이징천바오 2005년 9월 8일자에서는 (중략) 후난 위성TV에서 방영 중인 '대장금'은 시작부터 많은 관심을 받았지만 회당 방영시간이 짧고 중간광고가 과도하고 대만판 더빙 때문에 어색하고 편집이 미숙하다는 의견들이 속출하고 있다. 9월 중순 발행 예정인 VCD, DVD는 모두 회당 45~50분이지만 현재 방영되는 시간은 회당 35분가량이다. VCD, DVD는 한국어와 중국어 둘 다 사용하지만 현재 방영 중인 드라마에서는 대만판 더빙으로 직접 수입한 것이어서 어쩔 수 없는 것 같다(중략).

홍콩의 핀궈르바오(蘋果日報)는 2005년 10월 9일자 기사에서 '한류를 통해 본 중국의 화약고'라는 제목의 기사를 실었는데 주요 내용은 다음과 같다. '중국에서 인기를 끌고 있는 한국 드라마 '대장금'이 반한류 기류를 일으킬 줄은 상상조차 못했다. 중국 민간 여론은 '대장금'이 마치 한국에서 침(針)을 발명한 것처럼 묘사했다고 비난하며 한국 연예계 소식을 부추기는 언론을 매국노라고까지 묘사했다. 한국 외교통상부도 이 상황을 주시할 거라고 해 중국의 민족감정이 화약고로 변하고 있다(중략).

중국 후난 위성TV에서 '대장금' 방영이 한 달 넘게 방영된 후인 2005년 10월 6일자 홍콩의 핀궈르바오와 홍콩경제일보는 '대장금' 방영과 반한류 기류 기사를 실었는데 다음과 같이 요약된다. '최근 중국에서 '대장금' 시청자는 1억 6천만 명으로 추산된다. 하지만 반한류 바람도 불고 있다. 2005년 TV 소재 토론회에서 중국 TV 프로그램 주요 제작진 20여 명은 이구동성으로 '대장금'을 비난하고 나섰는데 그중 한 발표자는 '대장금'의 제작, 복장(의상), 도구 등은 중국과 비교할 수준이 못 되며 '대장금'은 중국문화에 대한 침략이라고까지 신랄히 비난했다고 소개했다.

중국에서 반한류의 대표적 연예인인 장궈리는 '대장금' 극중 한국인이 침을 발명한 것처럼 묘사한 것은 잘못이라고 비판했으며 중국에서 한류 바람이 일어난 것도 매국노 같은 중국 언론 책임이라고 지적했다. 홍콩 연예인 청룽(成龙)은 2005년 9월 23일 영화홍보 활동을 할 때 한국 영화가 할리우드에까지 영향을 미치고 있는데 중국은 한류를 막기 위해서라도 중국 스타들을 적극적으로 지원해야 한다면서 중국 언론이 한국의 2류 스타에 지면을 너무 많이 할애하고 있다고 비판했다. 또한 베이징 자금성(紫禁城)영화사 장챵(張强)은 '대장금' 제작 기술은 중국에 못 미친다고 말하고 한류로 인해 타격을 받은 중국 연예인들이 반한류의 주류가 된 것 같다고 말했다. 중국 네티즌들도 한풍과 서풍(西风)에 맞서 중국 스타들을 지원할 것을 주장하고 나섰다. 그리고 반한류가 일어난 원인에 대해 한 중국 학자는 최근 한국의 공업발전은 중국의 값싼 노동력에 의한 것이고 '대장금'에서 보여준 한국문화는 당나라 문화에 뿌리를 둔 것이라는 일부 학술계의 주장을 인용해 일반 시민들이 한국에 대해 대국(大国) 심리를 갖게 하는 데 기인한 것 같다고 평가했다. 당시 일부 중국 네티즌들은 중국이 없었다면 오늘날의 한국은 없다. 중국이 한국의 경제와 문화를 식민지화하는 것은 불합리하다고 주장했고 과거에 한국의 수도 명칭을 한청(汉城)에서 서울(首尔)로 개칭한 것에 대해 중국 국민들은 매우 부정적인 반응을 보였는데 이것도 중국의 대국 심리를 보여주는 것이라는 해석을 내놓았다. 어쨌든 반한류는 중국 대중문화계 종사자들의 위기의식과 정부의 자국 문화산업 정책 수립에 따른 각종 지원대책과 자존심 등이 복합적으로 작용했다고 보는 것이 맞을 것 같다.

2) 반한류와 중국 대중문화의 발전 방향

2005년 9월 1일~10월 15일 후난 위성TV 채널에서 인기리에 방영되었던 '대장금'으로 사실상 반한류 기류가 형성되었던 2005년 3/4분기에는 중국인들 사이에서도 다양한 의견이 분출되고 있었다. 한국 드라마 방영을 줄여야 한다는 의견과 한국 드라마가 중국 국산 드라마에 아무 영향을 미치지 않는다는 의견이 팽팽했다. 일부에서는 2001년~2005년 한중간 영상물 교역 분야에서 심한 역조 현상을 보인다고 지적했다. 한국은 중국 영상물 수입액이 20만 달러에도 미치지 못하며 수량 면에서도 대부분 음반물에 국한되어 있고 드라마 저작권은 다섯 편에도 미치지 못한다고 지적했다. 또한 이 기간에 중국 드라마를 방영한 한국 방송사는 하나도 없다며 영상물 교역 불균형 문제를 지적하고 나섰다(출처: 北京晚报2005.10.3.).

앞에서 언급했듯이 당시 중국 대중문화계에서는 반한류 기류가 계속 감지되던 시기에 중국의 일부 언론매체인 젠차르바오(檢察日報) 2005년 9월 23일자 기사와 런민르바오 2005년 10월 21일자 기사는 반한류로 극복할 수 있는 것이 아니라 중국 대중문화계 스스로 성찰하면서 발전 방향을 모색할 것을 주장했고 반한류 기류는 일단 멈추었다. 당시 전향적인 기사를 실은 젠차르바오는 '우리는 한류와 조우하게 된다: 当我们遭遇韩流'라는 제목의 기사에서 중국 문화산업의 미래 발전 방향을 읽을 수 있다는 사실을 발견할 수 있었다. 기사 내용이 암시하는 것을 보면 이 신문은 한류의 등장은 위협이 아니라 세계화 시대의 합리적 산물이라고 평가했다. 또한 '인류간 교류가 증가함에 따라 문화교류도 증가하는데 한국은 작은 나라이지만 그 문화가 외부로 전파되면서 세계화에 부합했다. 한국은 정치·경제적으로 우수하고 자동차, 전자제품, 패션, 도서출판, 화장품 등도 중국에서 많은 영향력을 갖게 되었다.'라고 분석했다. 이 신문은 한류 자체가 중국문화와의 동질성을 구비하고 있다면서 '한국과 중국은 문화의 민족성과 시대성을 어떻게 처리할 것인가'라는 문제에 직면했고 중국 사회에서 냉대받았던 유교 문화가 다른 나라에서 결실을 맺어 드라마로 표현되었다.'라고 평가했다. 그리고 한중 양국은 역사, 지리, 문화 측면에서 깊은 연관을 맺고 있어 친화력이 강하다고 진단했다. 특히 이 신문은 한류는 배타적 문화가 아니라고 평가하고 문화의 핵심 측면에서 보면 한류는 유교 문화와 접목되어 한중 양국 문화를 다른 것이 아닌 유사한 것으로 규정했다. 그리고 역사적으로 한국은 서양과 중국을 배웠지만 한국은 한국 그 자체여서 한류를 통해 한국 드라마의 도덕관, 사랑, 생활에서의 기본적인 가치관 등을 본받을 만하다고 기술했다.

'한국 드라마는 대도시 중산층의 사랑이 공통적인 주제인데 서울 젊은이들의 일상생활은 베이징, 상하이와 비슷하며 현대적인 대도시의 아름다운 모습과 서양의 모더니즘을 동양적으로 재해석함으로써 중국 중산층 젊은이들의 마음을 움직였다고 지적하면서 '대장금' 같은 한국 드라마는 중국 젊은이들 가운데 중산층의 수요와 아시아 기타 지역의 유사한 대중의 공통점을 반영한다고, 즉 서양 생활방식을 갈망하면서 부드러움과 전통적인 삶의 방식으로 서양 문화의 충격을 중화시키고 있다.'라고 분석했다. 그리고 한류는 중국 대중문화에서 도전을 제기해 중국의 대중문화가 창조력과 세밀함의 문제를 극복하려면 반드시 한국문화의 노하우와 문화전략에 관심을 가질 것을 제안했다. 2005년 10월 21일자 공산당 기관지 런민르바오는 반한류 기류를 최종 정리하고 향후 중국 문화산업의 발전 방향을 적시했다. 런민르바오는 '가을이 무르익어가는 계절, 한국 드라마는 사람들이 느끼지 못하는 사이 그 인기가 더해가고 있다. 후난 위성TV 채널의 '대장금' 방영을 필두로 '굳세어라 금순아', '내 사랑 팥쥐', '여인천하' 등이 뒤를 이을 예정이다. 몇 년 전 드라마와 대중가요로 대표되는 한국 대중문화가 중국에서 유행하기 시작했을 때 청소년들만 쫓아가는 일시적 현상이라고 말하는 사람들도 있었다. 하지만 시간이 흐르면서 한국 드라마의 인기는 식기는커녕 특유의 매력으로 더 넓은 영역에서 각기 다른 연령대의 시청자들을 사로잡았다.'라고 당시 중국 내 상황을 알렸다.

한국문화 담당자도 '한국 드라마가 이렇게 많은 사랑을 받을 줄은 생각하지 못했다.'라고 솔직히 고백했다. 한국 드라마는 사극이든 청춘 드라마든 모두 사회적 도리를 일깨워주고 인생 철학을 전달하며 동양전통의 미덕과 현대사상과의 적절한 조화로 사람들이 아름다운 생활을 추구하고 만들어내게 해준다. '대장금'은 건전하고 긍정적인 사고에 기초를 두고 인정과 인성의 아름다움을 잘 보여준다. 이 드라마의 PD가 말했듯이 '평범한 사람이 고난을 극복해 마침내 성공에 이르는 감동적인 스토리는 국경을 초월한다.'라는 말을 기술하며 한국 드라마 특히 '대장금'의 스토리 구성과 메시지에 찬사를 아끼지 않았다. 또한 이 신문은 '한국 드라마의 또 다른 성공 요인은 대중화다. 많은 한국 드라마가 보통사람의 생활을 묘사하는 데 소박한 기법을 사용해 한국인의 정신을 재현해낸다. 중국에 처음 선보인 '사랑이 뭐길래'와 이후 '목욕탕집 남자들', '보고 또 보고', '노란 손수건' 등도 이를 바탕으로 인생의 맛과 사회발전과 변화를 덤덤히 그려내 시청자의 공감을 얻었다. 이같이 한국 드라마는 실제적이며 대중생활을 가깝게 그려내고 있다.'라고 성공 요인을 분석해 제시했다.

'한국 드라마의 인기는 중국 시청자들이 한국의 자연, 인문환경, 문화적 특징을 더 이해시키는 동시에 중국 대중문화가 걸어가야 할 길에 대해 많은 교훈을 준다. 글로벌화를 배경으로 소프트파워의 힘겨루기는 날이 갈수록 치열해진다. 문화 분야에서는 누가 창의력과 활력을 가장 많이 가졌는지, 누가 심오한 내용과 현실을 유기적으로 결합할 수 있는지, 누가 가장 개방적으로 포용적으로 문화적 배경이 다른 사람들의 마음을 울릴 수 있는지를 겨루고 있다.'라고 한류의 인기 원인을 찾아 중국의 대중문화계가 나아갈 방향을 제시했다. 또한 이 신문은 반한류에 대해 분명한 입장을 밝힘으로써 그동안 한류에 대한 일부 언론매체와 네티즌의 부정적인 시각에도 올바른 방향을 제시했다. 즉, '한국인은 건전한 대중문화를 통해 민족정신을 효과적으로 결합했고 모든 것을 받아들인 특유의 문화를 해외에 판매해 할리우드에 필적할 수 있는 몇 안 되는 나라가 되었다. 한국 드라마의 영입은 중국 대중문화시장에 충격을 안겨 주었지만 득(得)보다 실(失)을 따져보면 긍정적인 역할이 우세하다. 즉, 중국 문화계 인사들에게 대중문화의 위치를 정립하고 민족 전통문화를 알리는 측면에서 많은 성장의 여지가 있음을 깨닫게 했다. 한류에 직면해 우리는 반드시 시대에 발맞추어 창조성을 가지고 발전해 나아가 하류 문화의 경박함과 천박함을 개선해야 하고 모두 즐길 수 있는 형식과 내용으로 중화민족의 우수한 전통을 발양해 대중문화가 조화로운 사회주의 건설에 긍정적인 역할을 하도록 해야 한다.'라고 적시하면서 당시 잠시 일었던 중국 내 반한류 기류를 불식시키고 중국 대중문화가 조화로운 사회주의 건설에 기여하는 역할을 주문하고 향후 중국 대중문화계가 나아갈 방향을 제시했다.

3) 반한류의 교훈

한중 수교 이후 한국 TV 드라마로 최초의 중국 진입은 1993년 CCTV에서 방영된 MBC의 '질투'가 그 효시라고 앞에서 말했다. 앞에서 여러 번 말했듯이 중국에서 한류가 맹위를 떨치던 시기는 2005년 9월 1일~10월 15일 후난 위성 TV 채널에서 '대장금'이 인기리에 방영된 시기로 기억한다. 필자가 중국의 문화, 관광, 체육, 언론 분야의 주요 인사를 만날 때마다 들었던 말은 '대장금'을 비롯한 한국 드라마에 대한 찬사와 한류 이야기로 점철되어 있었다. 당시 중국의 주요 언론매체는 '대장금' 관련 기사를 연일 쏟아내며 한국 정부의 문화산업정책과 한국 드라마가 해외에서 얻는 인기 비결을 나름대로 분석한 평가기사를 내놓았다. 하지만 모든 것이 너무 지나치면 반작용이 생기기 마련이다.

❶ 현실 직시의 중요성

2005년 7월 21일자 中国电影报는 중국 국가광전총국이 드라마 관리 규정에 따라 2005년 2/4분기 해외 드라마 수입 현황을 발표했는데 1/4분기에 비해 허가된 수입량이 대폭 감소했고 특히 한국 드라마 수량이 현저히 줄었다고 보도했다. 즉, 1/4분기 13편, 209집이던 한국 드라마 수입량은 2/4분기 3편, 60집으로 감소했다. 이 같은 수입규제 발표 이후 같은 해 9월 12일자 중궈칭년바오는 당시 방영되던 '대장금'의 방영상황을 소개하는 기사를 실었다. '대장금' 방영 첫날인 2005년 9월 1일 전국 12개 주요 대도시 시청률은 8.6%였고 상하이와 후난성 성도인 창사는 10%로 동시간대 시청률 1위를 기록했다고 보도하고 방영 사흘째 3%이던 전국 시청률은 12일째인 9월 12일에는 12%까지 올랐다는 후난 위성TV 리하오(李浩) 총편집실 주임의 흥분한 목소리를 전했다. 중국의 4세 이상 TV 시청자 규모가 전체 인구의 약 97%라는 점을 감안하면 시청률 12%는 하루 시청인구가 약 1억 2천만 명이라는 뜻이다. 또 다른 신문이 하루 시청자 수가 1억 6천만 명에 이른다고 전한 상황을 종합해보면 실제 시청률은 13%에 가깝다는 결론이 나온다. 그런데 이 같은 상황에서 중국 내 한류 열기 확산에 대한 한국 내 일부 과장 보도나 정부의 한류 확산 지원정책 등을 운운한 것이 현지인들에게 의도적 문화침략이라는 오해를 불러 민족 감정을 부추길 우려가 있음을 지적한 중국 현지 전문가의 말이 생각날 때가 있었다.

❷ 상대방 문화에 대한 배려의 아쉬움

'상대방 문화에 대한 올바른 이해 없이는 진정한 우의도 있을 수 없다.'라는 말을 새삼 언급하기 전에 한류가 중국을 넘어 아시아 전역으로 확산될 때 우리는 상대방 국가들의 문화를 얼마나 이해하고 있었는지 자문하고 싶었다. 중국에서는 한류라는 신조어를 탄생시켰지만 반대로 한국에서 한풍은 별로 맹위를 떨치지 못한 것으로 기억한다. 물론 한류와 한풍은 기본적인 관점에서 다소 다른 영역이라는 점은 인식하지만 다소 편파적이라는 평가는 피할 길이 없다. 그래서 여러 가지 복합적인 요인이 작용했으리라 여겨지지만 중국 내 한류만큼

은 아니더라도 한국 내 한풍에 대한 일정 수준의 사랑으로 채워주는 것이 이웃 간 정이라고 생각할 때가 있었다.

2005년 하반기 '대장금'의 중국 내 방영을 중국 언론매체가 앞다투어 보도할 당시 한국 언론의 한류 보도도 많았지만 한국 내 한풍 보도는 찾아보기 어렵다는 한 중국인 전문가의 지적에 고개가 끄떡여진 것은 왜일까? 2005년 중국에서 한류가 중국 대중문화시장을 휩쓸 무렵 중국 중앙정부의 전문공무원은 필자에게 신선한 제안을 했다. 즉, 한국의 3대 지상파 방송에서 그동안 중국 드라마를 방영한 사례가 없다면서 한중 양국이 특정 주제로 공동제작해 CCTV와 KBS에서 동시 방영하면 큰 의미가 있지 않겠냐는 것이었다. 당시 이 제안은 무척 의미 있어 보여 추진하려고 했지만 한국측의 여러 가지 문제들의 합의가 제대로 되지 않아 진행되지 못해 아쉬움을 남겼다. 당시 중국 내 한류 확산으로 인해 중국 정책입안자들이 자국 시민들로부터 받는 따가운 시선과 피로감 등이 이 같은 제안을 낳았다고 필자는 판단했다. 어쨌든 상대방 처지를 이해하면서 상호 존중 속에 호혜평등 원칙에 따라 상징적인 사업을 진행할 기회였다는 것은 필자만의 단견이었을까? 이 같은 상황에서 상대방에 대한 배려가 극대화되는 순간을 직시하지 못해 아직도 아쉬움으로 남는다.

❸ 이웃이 보여준 우정

앞에서 일부 말했지만 필자가 베이징에서 일하던 2004년 무렵으로 기억하는데 베이징시에서 고위공무원으로 근무하다가 퇴직한 한 분이 한국 드라마 '보고 또 보고'를 정말 의미 있게 시청했다면서 시청 소감을 피력한 손편지를 보내왔다. 그분은 '보고 또 보고'를 시청한 후 한국 사회를 이해하고 특히 질서의식에 감동했다면서 한국을 꼭 가보고 싶다고 했다. 이 말은 무슨 뜻이었을까? 또 하나는 2002 한일 월드컵 때의 일이다. 필자가 베이징에서 일할 때여서 베이징 지역에 국한해 말한다는 것이 다소 부족한 감도 들지만 어쨌든 베이징 시내 한국인들이 비교적 많이 거주하던 지역 중 유학생들이 많이 거주하는 하이뎬취 우다커우 지역과 일반인이 잘 모이는 차오양취(朝阳區) 리두(丽都)호텔 앞 광장 등 몇 곳에 대형 스크린 TV를 설치하고 월드컵 경기 중계를 진행했다. 2002년 6월 4일 한국-폴란드전, 6월 18일 한국-이탈리아전이 중계되던 날 광장에는 한국인은 물론이고 중국인들도 응원전에 가세해 '한궈짜요우(韩国加油)'를 외쳤다. 물론 한중간 이 같은 에피소드 외에도 상대방을 이해하려는 다양한 사례는 얼마든지 있었다. 진정한 우의 증진을 위해 상대방 문화에 대한 양국 국민간 이해가 깊어지길 기대한다.

02 한류가 중국 대중문화계에 미친 영향

자기성찰의 기회

한국 대중문화는 중국에 유입되면서 긍정적인 면과 부정적인 면이 동시에 생기고 있었다. 즉, 한류가 중국 사회에 미친 영향은 부정적인 면보다 긍정적인 면이 더 컸다는 전문가들의 지적이 많았다. 중국의 관련 전문가나 지식인들의 의견이 주요 언론매체에서 제시될 때가 많았는데 그 내용을 요약해 설명하겠다. 하지만 일반 시민들도 한류에 대한 맹목적인 비판이 아니라 대체로 찬사와 더불어 자국의 대중문화예술계에 자기성찰을 주문하는 내용이 많았다. 중국 현지 특성을 고려해 필자가 접한 당시 주요 언론매체의 주장은 하나같이 비슷한 내용이 많았는데 요약하면 다음과 같다.

중국 공산주의 청년단의 베이징 공청단 기관지 베이징칭년바오는 2001년 8월 3일자 기사에서 '한국은 서양문화를 받아들인 동시에 동양적 시각에서 그것을 재설계하고 포장했는데 이는 한국의 경제·문화 발전과 밀접한 관련이 있다. 하지만 중국에서는 이 같은 것이 불가능하다. 창조성 상실이라는 큰 문제에 직면해있기 때문이다.'라고 중국 내부의 문제점을 지적했다. 그리고 베이징의 대중지로 알려진 베이징천바오도 2001년 10월 26일자 기사에서 '한류 그 자체 유행 요소 외에도 댄스음악과 무대 위에서의 훌륭한 표현력 등이 있고 이 같은 이유로 한류는 바로 모방의 대상이 되고 있으며 중국에서도 유사한 가수 그룹이 우후죽순 생겨나고 있지만 별로 환영받지 못하고 있다. 이 같은 현상은 이들이 잘 배우지 못해서라기보다 스타를 육성하는 완벽한 시스템이 중국에 부족하기 때문이다. 또한 시장에 대한 인식과 운영상 여러 가지 상황 등 가장 중요한 분야에서 한국보다 많이 뒤처져 있다.'라고 중국 내부의 여러 가지 문제점을 지적하며 분발을 촉구했다. 또한 '젊은 세대는 새로운 것과 변화를 추구하며 새롭고 신기하고 시끌벅적한 볼거리를 좋아한다.'라고 전제한 후 '한류와 같은 동서양의 맛을 융합한 유행문화가 바로 중국 젊은 청년들의 입맛에 딱 들어맞는 것이며 지금 문화국가인 중국은 유행문화에서 시대적 조류를 따라가지 못하고 한류와 일본 드라마에 이르기까지 줄곧 타 문화에 이끌려가는 것을 반성하고 그 원인을 파악해야 한다.'라고 지적하고 '중국 대중문화계 종사자들은 한국과 일본의 성공을 배워 중국 유행문화의 진공 상태를 해결할 방법을 깊이 고민해야 한다.'라고 반성을 촉구했다.

베이징천바오는 자국 대중문화 발양을 위해 쓴소리를 시리즈 기획물로 계속 쏟아냈다. 2001년 11월 27일자 기사에서는 한류와 일류를 성공적인 교육방식의 산물로 보고 중국 청년들이 빠르게 이 문화에 동화된 것은 그들이 깊이가 없어서가 아니라 중국 성인들의 무능 때문이며 이 같은 이유로 한류와 일류에 필적할 유행문화를 만들어내지 못하고 있다는 식으로 기성세대를 질타했다. 다음 날인 11월 28일자 기사에서는 자국문화 발전을 위해 개방적 접근과 실사구시적 접근법도 제시했다. 2001년 11월 29일자 기사에서는 강한 중화민족 문화 재건을 위해 시스템 개조를 요구했고 11월 30일자 기사에서는 외래문화의 중국 시장 잠식을 우려하면서 탄식만 하는 안일함을 지적했다.

2001년 11월 4일자 중국공산당 기관지 런민르바오는 '중국에서 일기 시작한 한국문화는 대부분 대중문화 범주에 속하지만 어떤 면에서 이웃나라 문화의 자랑할 만한 성공을 말해주는 것이며 중국도 이를 기쁘게 생각한다. 한국문화 열기는 한중 양국간 문화교류 업적을 보여주는 것이므로 중국도 이를 축하하는 것은 물론이고 의심할 바도 없다. 하지만 이같이 한국 바람이 분 후 중국의 당대 예술(1949년 이후 현재까지)은 어떤지 묻지 않을 수 없다. 최근 수년간 한국 바람은 확실히 사람들이 생각해볼 가치 있는 문제를 많이 남겼다.'라면서 자국 문화예술계의 자성을 촉구했다.

중국의 문화정책을 관장하는 문화부 기관지 중국 문화바오의 2002년 10월 12일자 기사에서는 한국 영화산업의 발전 이유로 ① 1990년대 신세대 감독의 출현 ② 정부의 문화보호 정책과 강한 민족 감정 ③ 새로운 제작방식 도입 ④ 자국 영화에 대한 국민의 애정 등으로 분석하고 일부 중국 영화인들의 프로의식 부족을 비판했다. 또한 이 신문은 2005년 9월 13일자 기사에서 '대장금 제작 과정의 치밀함과 분명한 메시지 전달의 성공 요인을 짤막하게 다루었다.

중국의 문화산업정책 수립 촉구

홍콩의 유력 시사주간지 야저우저우칸은 '신한류 대 반한류'를 2005년 10월 16일자 커버스토리로 다루면서 '1998년 한국의 IMF 외환위기 이후 한국 정부가 내건 '문화입국' 전략이 성공을 거두었다. 중국은 반한류를 초월해 문화산업의 중요성을 깨닫고 한국의 전략적 문화산업 개발을 눈여겨보아야 한다. 그리고 중국 중앙정부가 개입해 한류의 중국 점령을 막아야 한다는 반한류 주장에 대해 중국의 조급한 심리를 드러낸 것이다.'라고 폄훼하고 '한국 드라마가 초래한 압력을 중국 문화산업 발전의 동력으로 바꾸어야 한다.'라고 주장한 중국 저장성 청년연구회 왕후이(王慧) 주임의 발언도 소개했다. 하지만 중국의 문화산업시장이 본격화되기 시작한 것은 여러 가지 어려움을 겪다가 2009년 9월 26일 국무원이 중국 문화산업 발전을 위한 중·장기 로드맵을 제시한 '문화산업진흥규획' 발표와 이듬해 3월 19일 선전부, 문화부, 재정부, 광전총국, 신문출판총서, 인민은행, 금융감독위, 은행감독위, 보험감독위 아홉 개 부위(部委)가 공동발표한 문화산업 부문에 대한 재정지원 방안이 현재의 중국 문화산업 발전의 원동력이라고 보아야 한다.

중국의 문화산업은 3단계로 나눌 수 있다. 1992년 문화산업이라는 개념을 처음 도입한 이후 2001년까지 10여 년을 발아기로 보고 2002~2011년은 점진적 발전 단계, 2012년~현재는 성숙 단계로 구분하는 것이 설득력 있다. 현재 중국 문화산업 분야 중에서는 게임시장이 특히 세계적이다.

03 문화교류의 한계

한중 양국은 어언 수교 30년을 걸어오면서 문화교류 분야에서도 예외 없이 순탄하지 않은 사건들이 발생하곤 했다. 개인 공연기획사의 미숙한 행사추진이라는 사소한 문제부터 상대방의 정책적 이해 부족과 양국 역사문제 충돌에 이르기까지 예상하지 못한 굴곡으로 점철되어 있었다. 그 대표적 사례를 찾아보았다.

2000 한류 열풍 콘서트 무산

이 사건은 앞 장에서 일부 다른 측면에서 말했지만 당시 한국측 행사추진 단체의 매우 큰 잘못으로 그 여파가 너무 커 구체적으로 다시 서술하겠다. 2000 한류 열풍 콘서트는 당초 한국의 다섯 개 내외 젊은 보컬 그룹 가수들이 참가해 중국 한류 팬에게 수준 높은 공연을 선보일 목적으로 중국 국경일 연휴 기간인 2000년 10월 3일 베이징, 10월 5일 상하이 콘서트를 추진한 것이다. 그런데 한국측 공연기획사의 미숙한 행사추진으로 매표까지 이미 진행된 상황에서 행사 개최 나흘 전 주한 중국대사관 문화원장 루스더 씨가 이 사실을 필자에게 알려주며 해결방안을 물어와 처음 알게 되었고 수습에 나서게 되었다. 이 대형 콘서트의 본래 개최 취지는 중국 국경일 연휴 기간에 중국 젊은이들에게 더 알찬 문화를 향유할 기회를 제공하는 것이었다. 중국 문화부와 베이징시가 매우 기대한 행사라는 말을 전해 듣고 해결책을 찾아보았지만 너무 갑자기 발생한 사건이어서 수습은 불가능해졌다. 이 같은 의미 있는 문화예술 행사가 한국측 공연기획사의 실수로 갑자기 취소하게 되었으니 그 후유증이 상당히 컸다. 2000 한류 열풍 콘서트의 베이징, 상하이 개최가 무산된 후 한국 연예인들의 중국 내 콘서트 행사 비준이 사라졌다. 아무리 개인간에 이루어진 사안이더라도 국제간 합의가 지켜지지 않고 깨지면 신뢰가 무너지고 한 번 무너진 신뢰는 회복하려면 이전의 몇 배의 노력이 필요하다. 여기서 필자는 중국 내 한국의 대형 콘서트 개최 재개를 위해 양국 정부간에 있었던 진행사항을 기억하고자 한다. 이 같은 불미스러운 사례가 두 번 다시 발생하지 않도록 하기 위해서이다. 2000 한류 열풍 콘서트 중국 개최가 무산된 후 중국 각급 정부 문화부서에서는 한국 대중가수들의 중국 내 콘서트 개최 신청서가 접수되더라도 일체 검토를 미루고 비준 절차를 진행하지 않고 있다는 소식을 필자가 접하고 중국 문화부와 협상해 해결하려고 했다.

당시 중국 내에서 외국 공연행사를 개최하려면 개최지 지방정부에 신청서를 제출하고 개최지 지방정부가 중앙정부인 중국 문화부의 비준을 받아야 공연 개최가 가능해 문화부와의 협의가 중요했다. 따라서 필자는 중국 문화부 대외문화연락국에 양국간 문화교류 협의를 위해 중국 문화부 제1부부장(차관)과 대외문화연락국장 면담을 신청하고 2001년 2월 28일 문화부를 예방했다. 맨 먼저 예방하고 싶었던 분은 당시 문화부 판전저우(潘震宙) 제1부부장(차관)이었기 때문에 필자는 2001년 2월 28일 오전 제1부부장 사무실을 찾아 당시 비서관이던 주잉제(朱英杰, 이후 주한 중국문화원장 역임) 씨에게 필자가 방문왔다고 보고할 것을 요청했다. 당시 판 부부장은 다른 외부손님의 예방을 받는 중이었는데 그 손님을 보내고 필자를 접견했다. 거의 2년 만의 만남이었지만 가벼운 근황 인사를 나누고 필자는 2000 한류 열풍 콘서트 개최 무산과 관련해 한국과 중국은 각기 다른 의견이 있을 수 있다고 설명하고 이 같은 민간 분야의 사소한 문제로 양국간 문화교류 활동에 지장을 주면 안 된다는 데 인식을 공유했으며 특히 이 같은 일로 한국 음악콘서트가 중국 내 개최 비준이 안 된다는 것은 부당하다며 여러 가지 사정을 설명했던 것으로 기억한다. 차를 마시며 약 40분간 대화를 나눈 후 판 부부장은 리강(李剛) 대외문화연락국장에게 전해두었으니 그와 잘 협의하라고 말했다. 판 부부장 예방을 마치고 리 국장을 예방하고 바로 문화부 구내식당에서 리 국장이 마련한 오찬에 참석했는데 오찬에는 장아이핑(張愛平) 아주처장도 배석해 향후 한중 문화교류 관련 여러 대화를 함께 나누었다. 이 자리에서 협의된 대화 중 가장 빠른 시간 안에 베이징에서 대형 한류 콘서트를 개최해 갑자기 무산된 2000 한류 열풍 콘서트의 불미스러웠던 흔적을 지우고 한중 양국의 건전한 문화교류를 활성화하자는 데 의견을 같이했다. 아무리 개인간 계약에서 출발한 행위이더라도 상대국이 있는 국제간에 이루어지는 일이고 그 후유증은 감당하기 어려운 숙제를 낳는다. 그런데 이 같은 행사가 무산된 후에도 책임지는 사람이 아무도 없었다. 어쨌든 협의가 순조롭게 진행되어 중국 문화부와 한국 문화체육관광부가 공동주최하는 대형 콘서트를 베이징 수도체육관(18,000석 규모)에서 2001년 5월 18일에 개최하기로 하고 내실 있게 행사 준비를 해왔다. 당시 중국 청소년들의 우상이던 NRG와 안재욱을 행사 출연진으로 확정했는데 이후 중국 언론은 한국에서도 정말 함께 볼 수 없는 콘서트라고 찬사를 보냈다. 당시 중국 현지 신문 15개에 총 27회 기사가 실렸다. 베이징시에서 가장 대중지로 알려진 베이징천바오와 베이징완바오(北京晚報), 중국소비자보(中國消費者報)는 '한류, 어제 저녁 수도체육관 강타'라는 제목의 기사를 비롯해 '안재욱, NRG, 한류 재강타', '5월 18일 수도체육관, 열광의 도가니로'라는 제목의 기사로 한류 열풍을 쏟아냈다. 특히 생활시보(生活時報)는 '이제 한류는 그들에 대한 호감 자체가 세대를 나누는 하나의 기준이다.'라는 분석까지 내놓았다. 그리고 여러 언론에서 이 대형 콘서트를 보기 위해 광둥성, 홍콩, 싱가포르, 심지어 캐나다에서 찾아온 팬들의 이야기도 기사화했다. 당시 주요 신문의 보도내용을 다음과 같이 요약해 독자 여러분의 이해를 돕고자 한다.

'지나고 보면 중국 문화부 판 제1부부장의 격의 없는 대화와 리강 대외문화연락국장, 장아핑 아주처장 등 여러분의 열린 문화외교가 한국 대중음악가들의 중국 진출이 막힌 지 7개월 만에 다시 열리게 되어 이는 중국의 젊은 문화 향수층에 대한 배려로 이어진 것으로 기억한다. 판 제1부부장은 이후 중국국가박물관 관장을 거쳐 정년퇴임하셨고 리강 국장은 승진해 국가신문판공실 부주임(차관)으로, 장아핑 처장은 주일 중국대사관 공사로 근무하다가 퇴임했다는 소식에 기뻤다.

2001년 5월 18일 베이징 수도체육관 안재욱, NRG 한류 콘서트 주요 신문 보도내용 요약

연번	언론 매체명	보도일자	주요 보도내용(기사 제목 및 요약 발췌)
1	北京晨報	4월 24일 5월 17일 5월 19일	ㅇ 한류, 5월에 베이징 재상륙, 공연 티켓 최저 50위안 ㅇ 안재욱, NRG, 수도체육관 팬들 사로잡는다 ㅇ 한류, 어제 저녁 수도체육관 진동 (중략) 모두 몸을 흔들어대고 소리지르는 가운데 수도체육관은 마치 거대한 디스코텍으로 변했다. (중략) 그들의 등장으로 고조된 분위기를 말로 설명하기 어렵다. 이렇게 폭발적인 장면은 최근 베이징에서 열린 콘서트에서 찾아보기 힘들었다. (중략)

연번	언론 매체명	보도일자	주요 보도내용(기사 제목 및 요약 발췌)
2	北京晚報	4월 29일 5월 11일 5월 14일 5월 19일	○ 안재욱 신드롬 분석 ○ NRG: 신세대의 독특함 ○ 한류 콘서트, 저렴한 티켓으로 청소년 팬 모은다 ○ 절정기 맞은 한류 (중략) 수도체육관은 한국 대중가요 매니아 여중생들의 광란의 축제였다. (중략) 강민 오빠가 역시 열심히 배우는 것처럼 (중략) 또 손에 든 형광봉을 미친 듯 머리끝부터 발끝까지 흔들어대는 아이들도 있었다. (중략) 한류의 매력이 줄지 않는 원인에 대해 많은 지식인들은 '우리에게는 청소년을 끌어들일 엔터테이너가 없다. 한국의 젊은 그룹들은 아이들이 기대하는 대부분의 조건을 갖추었다. 활발하고 명랑하고 건전하고 분명한 도시감각과 현대생활의 자취를 갖고 있다. 여기에 세련된 마켓팅은 끊임없이 스타를 배출해냈다. 이는 가요시장에서나 정신적으로나 중국 연예계에 자극을 주었다. 이런 면에서 한류는 제때를 만난 것이다.'라고 기술했다.
3	北京 靑年報	4월 24일 5월 14일 5월 19일	○ 검은 정장 바지 즐겨 입는 한류 주인공, 안재욱 ○ 한류 도착 비명 소리에 놀람 ○ 한류, 베이징의 온화한 날씨를 겁내지 않았다. (중략) 한류는 베이징을 재정복했고 '열광 콘서트'라는 타이틀은 그 이름값을 톡톡히 했다.
4	中國 文化報	5월 7일 5월 18일	○ 안재욱, NRG, 5월 베이징 재상륙 (중략) 팬들의 주머니 사정을 생각해 티켓 가격을 대폭 조정해 50위안, 80위안, 120위안, 180위안으로 정했다. 한국 열풍을 직접 느낄 좋은 기회가 될 것이다. ○ 한류, 최고 수준의 공연, 최저가격으로 (중략) 관객이 대부분 청소년임을 감안해 티켓 가격을 저렴하게 책정하는 전략을 세웠다. (중략)
5	中國 消費 者報	5월 13일	○ 안재욱과 NRG, 한류 재강타, 5월 18일 수도체육관 열광의 도가니로 (중략) H.O.T에 결코 뒤지지 않는 젊은이들의 우상 NRG이다. 안재욱과 NRG가 베이징에 동시 상륙했는데 이에 열광 또 열광하지 않을 팬들이 어디 있겠는가? NRG(New Radiancy Group)는 '빤짝이는 새내기 스타'라는 뜻으로 클론의 뒤를 이어 받았다. (중략) 5월 1일 노동절 전야 하루 일찍 중국에 도착해 중국의 올림픽 유치를 성원해준 안재욱은 기자회견에서 매우 침착하고 자연스러운 모습을 보여주었다. (중략) 원래 작년 10월 3일 예정되었던 한류 열풍 합동 콘서트가 무산되면서 많은 팬들 마음에 큰 상처를 입혔다. 초대형 콘서트 티켓 가격을 파격적인 가격에 내놓았다. 콘서트를 보고 싶은 팬들은 티켓 가격 때문에 걱정할 필요가 없을 것 같다.

연번	언론 매체명	보도일자	주요 보도내용(기사 제목 및 요약 발췌)
6	中國演員 報(China Performance Weekly)	5월 11일 5월 18일	○ 한류, 열광 또 열광 (중략) 초특급 우상들의 결합은 초특급 청춘 파티라고 해도 과언은 아닐 것이다. ○ 안재욱, 중국 드라마 '오피스텔(白領公寓)'에 합류
7	生活時報	5월 18일 5월 22일	○ 한류의 모든 것을 보여줄 것 (중략) 공연장을 찾아오는 나이 어린 중·고등학생이 대부분인 점을 감안해 기획사측은 티켓 가격을 50위안, 80위안, 120위안, 180위안으로 다양하게 책정했다. (중략) 이제 한류는 그들에 대한 호감 자체가 세대를 나누는 하나의 기준이다. (중략) ○ 5월 18일 저녁 18,000여 명의 음악팬이 고생을 마다하지 않고 사방팔방에서 모여들었다. (중략) 클론, H.O.T, 베이비복스, NRG, 안재욱 등 한국 그룹과 한국 대중가요는 중국에서 이미 오래전부터 인기를 끌고 있었다. (중략)
8	廣州日報	5월 18일	○ 안재욱을 보기 위해 일부 팬이 광둥성, 홍콩, 싱가포르, 심지어 캐나다에서 베이징으로 오다.
9	音樂週報	5월 4일	○ 한류 해동, 열광의 5월 18일 (중략) 열광의 초대형 파티 (중략)
10	音樂 生活報	5월 18일 5월 11일	○ 열광의 콘서트 임박 (중략) 가장 저렴한 티켓 가격, 역대 최저가격 기록에 주목한다. 50위안, 80위안, 120위안, 180위안, 300위안 (중략) ○ 5월 18일 안재욱, NRG, 수도체육관에서 열광의 무대 장식 (중략) 전혀 다른 스타일로 정말 구하기 매우 어려운 기회로 초대형 스타들의 만남이라고 해도 과언이 아니다. (중략)
11	中國 民族報	5월 15일	○ 한국의 유명가수, 수도체육관 콘서트 개최
12	深圳商報	4월 25일	○ 안재욱, '나는 80년대생보다 젊다.'
13	The Service Weekly	5월 11일	○ 안재욱, NRG, 전혀 다른 이미지의 스타 그룹, 한국에서도 보기 힘든 가요계 축제
14	羊城晚報	5월 22일	○ 한국의 멋진 남자, 안재욱 중국시장 진출 확대
15	北京電視	2001년 제20기: 5월 15일	○ 표지인물 소개와 함께 NRG '韓味心上人' 도전, 팬 5월 18일 수도체육관 돌풍

이 밖에도 필자가 접하지 못했던 다양한 신문·잡지에서도 2001년 5월 18일 저녁에 펼쳐진 안재욱, NRG 콘서트 소개기사가 실렸다.

사드 한국 배치와 한중 문화교류

사드 문제는 군사·안보 분야에서 정책적으로 고도로 민감한 사안으로 문화 영역을 벗어난 사안인데도 불구하고 국익을 위해서라면 그 어떤 사안도 고려될 수 없다는 국가간 냉엄한 현실을 잘 보여주는 사례다. 하지만 한중 문화교류와 문화산업 교역이 중단된 이유를 단지 군사·안보 문제인 사드의 한국 배치만으로 보는 것은 피상적이고 또 다른 이유가 있을 거라는 일부 전문가도 있다. 사드 문제로 한중 양국은 초기 불협화음이 일기 시작했고 이로 인해 짧게 어려운 시기도 있었지만 문화 분야의 문화산업을 포함한 문화교류는 그런대로 진행되어 왔다. 하지만 2016년 6월 30일을 기점으로 TV와 온라인 방송을 통한 한국 드라마 방영과 종합 예능 프로그램 등 다양한 한국 문화 콘텐츠가 중국 시장에서 거의 사라졌다. 중국 정부는 한한령에 대해 공식적인 제한은 없다고 말했지만 중국 사회의 특수한 시스템을 감안하면 사실상 한국 문화 콘텐츠의 중국 유입은 완전히 중단되었고 중국인의 한국 관광도 중단되었다는 것이 시장과 전문가들의 분석이었다. 이 같은 상황이 5년 반 가까이 계속되는 실정인데 2022년 상반기까지도 풀릴 기미가 전혀 안 보인다. 당시 양국은 관련 업계의 피해 사례가 많다고 알려졌는데 대표적인 몇 가지 사례를 보면 방송 콘텐츠 분야는 2016년 한중 양국의 합작 드라마 제작 편수는 53편에 총제작비는 약 30억 위안(약 5,080억 원)에 육박해 중국측 기업손실도 불가피한 실정이었다(출처: 中國 新浪財經: 2016.11.24).

알려진 사례 중 구체적인 몇 가지 사례를 보면 한국 MBC와 중국 東方明珠新媒體간 영상 콘텐츠 사용 허가문제, 한국 SBS '러닝맨'의 중국 저장 위성TV간 합작 모델 문제, 한국 SBS와 중국 BTV간 교류 항목 및 2018년 평창 동계올림픽 관련 항목 합작 문제 등이 표류하다가 사실상 좌초한 것으로 전해지기도 했다.

드라마 분야에서는 중국 굴지 기업인 Baidu(百度) 소속 동영상 플랫폼인 아이치이, 텅쉰(騰訊), Souhu(搜狐), Youku(优酷) 등 중국 인터넷 동영상 4대 업체의 한국 신작 드라마 '사임당(師任堂)'의 중국 내 방영 프로젝트도 여러 가지 문제로 무산되었다. 당시 중국 인터넷 동영상 플랫폼업체 Youku에서 게재한 공고사항에 의하면 한국의 대표적인 엔터테인먼트 기업인 SM, JYP, YG, CJ 4개사의 주식 시가총액이 3,650억 원 하락했다면서 한국과 협력관계를 맺은 華誼, 華策, 텅쉰, 알리바바 등 중국 내 대기업들도 피해가 예상된다고 말했다. 또한 한국의 기존 유명연예인 광고모델을 대만계 배우로 급히 교체하는 사례도 나타나는 등 문화산업 분야에서 여러 가지 민감한 사례가 속출했다는 언론보도였다.

중국 문화기업의 대한국 기업투자 현황(2016년 8월 10일 기준

투자 일시	한국기업명	중국의 투자기업명	투자금액	중국 기업 주식점유율(%)
2014.8.6	KeyEast	Souhu(搜狐)	1,500만 달러	6
2014.10.9	Next	浙江華策	5,000만 달러	15
2015.1.27	Macrograph	皇家集團	700만 달러	40
2015.5.16	Redrover	蘇寧環球	3,100만 달러	20.1
2015.8.26	Chorokbaem Media	DMG	2,100만 달러	25.92
2015.11.23	FNC	蘇寧環球	2,900만 달러	22
2016.1.25	Signal	華誼嘉信	1,800만 달러	12.62

투자 일시	한국기업명	중국의 투자기업명	투자금액	중국 기업 주식점유율(%)
2016.2	SM엔터테인먼트사	阿里巴巴	355억 원 (약 1억 9천만 위안)	4
2016.3.15	SM공사	華誼樂恒	1억 2,600만 위안	26.5
2016.3.23	HB공사	華誼騰訊	2억 3천만 위안	30
2016.5.27	YG엔터테인먼트사	騰訊微影時代	8,500만 달러	4.5 8.2

출처 : http://toutiao.com/i6314775098452607490/2016.8.10

위 표와 같이 대기업 자료는 비교적 쉽게 접할 수 있지만 중소기업 자료는 찾기 어려워 통계에 넣을 수 없다. 사드 문제로 야기된 문화산업을 포함한 문화교류 분야에서 양국 기업 모두 피해를 입은 것으로 알려졌지만 정확한 내용을 파악할 수 없었다는 점을 독자 여러분이 양해해주기 바란다.

역사·문화적 충돌

중국 위협론에 대해 한국인들은 대체로 중국굴기(中國崛起)에 대해 예상 가능한 다양한 사안 중 가장 가까이서 보면 고구려 역사문제 논쟁, 중국경제의 위협 등이며 미래의 중국 패권으로 인한 피해 상황이 고구려 역사문제 논쟁으로 명백히 가장 빠르게 나타났다고 생각하는 일부 전문가도 있다(출처: 韓國人的中國觀: 王曉玲 著 p.108). 1992년 8월 24일 한중 수교 이후 양국 국민간 가장 강하고 오래 지속된 역사문화 분야의 1차 충돌은 고구려 역사문제에서 출발한다. 2002년 2월 중국사회과학원과 헤이룽장성(黑龍江省), 지린성, 랴오닝성 동북 3성 과학기관과 대학이 연합해 만든 대규모 학술프로젝트 '東北邊疆歷史와 現狀系列研究工程'이 시작되었다. 이 프로젝트(항목)가 중국사회과학원의 중대 과제에 포함되면서 중국사회과학원 연구기관은 이 연구 프로젝트가 동북 변강 역사

연구의 과학발전을 촉진할 것을 희망하고 동북 변강 사회경제의 부단한 번영·발전이 학술지원에 제공되기를 바란다는 다소 모호한 취지를 내놓았다(출처: 東北工程与中國東北歷史硏究/2014.12/李國强).

2003년 6월 중국 광밍르바오(光明日報)가 이 연구 프로젝트의 연구논문인 「高句麗是中國的 少數民族政權: 고구려는 중국의 소수민족 정권이다」을 보도하면서 지상에 공개되었다. 광밍르바오는 그 후 2004년 8월 1일에도 '고구려 역사 연구의 몇 가지 문제에 관한 시론(試論)'이라는 제목의 기사에서 고구려는 한나라 안에 있던 지방 정권이었다고 주장했다. 하지만 중국 사학계에서도 이미 고구려는 한국(조선)의 역사로 간주해왔으며 중국 정부도 잘 알고 있었는데 갑자기 고구려 역사문제를 꺼낸 배경에 대해 한국 정부, 관련 학계, 언론이 적극 대응에 나섰다. 이 같은 중국측 주장은 한중간 역사분쟁으로 비화되었고 중국이 한국의 역사를 도둑질했다는 한국 언론의 신랄한 비판에 직면했을 뿐만 아니라 이는 중국이 고대 패권의 회복을 시도하고 문화패권주의를 여실히 보여주며 고구려 역사공정이 한중간 영토분쟁 발생 가능성의 단서를 준비하는 것이라는 한국 언론의 분석·비판기사를 지적했다(출처: 韓國人的中國觀/中國社會科學文獻出版社 2014.10 出版 p.108). 한중 양국 국민 중에는 많은 사람이 수교 이후 양국은 문화적 유사성, 경제적 상호 보완성, 지리적 인접성 등에 힘입어 가장 짧은 기간에 각 분야에서 괄목할 발전을 거듭했다고 평가해왔다.

2003년 6월 광밍르바오 보도와 그 이후 주장은 한중 역사논쟁에 불을 지폈다. 중국측 주장은 기존 한중 사학계 전문학자들의 학설과 주장을 완전히 뒤엎은 결과이고 한중간 또 다른 분야에서 한국으로서는 한 치도 물러설 수 없는 일이기 때문이라는 것이 전문가들의 지적이다. 2005년 한국의 강릉단오제가 유네스코 세계무형문화제로 등재될 당시 중국 국민 중 일부는 중국의 단오절이 초나라 굴원(屈原)의 죽음을 추모한 행사에서 비롯된 것과 한국 강릉 단오제의 토속 민속행사와는 전혀 다른데도 불구하고 한국의 유네스코 등재에 반대하는 입장을 보였지만 중국 정부는 이 같은 사실을 파악하고 한국 강릉 단오제의 유네스코 등재에 찬성했다. 사이버상에서 강릉 단오제의 유네스코 등재를 두고 양국 네티즌간 갑론을박했는데 이 같은 사례는 상호 이해 부족에서 생긴 것으로 쉽게 마무리될 수 있었다. 하지만 고구려 역사 귀속문제는 대단히 민감한 역사문제로 엄청난 파괴력을 지닌다. 일부 중국 지식인들의 의견에 접근해보면 이 같은 문제 제기로 이미 문화 충돌을 예상했던 것으로 보인다. 중국측 일부 학자는 한중 양국간 문화 충돌의 원인을 다음과 같이 지적했다. '고대 동아시아 문화에 대해 한중 양국 국민은 서로 다른 시각을 갖고 있다. 중국인들은 고대 동북아지역의 문화 종주국으로 여기고 우월감을 생산했다고 인식하지만 한국인들은 자신의 강력한 전통문화의 자존심을 갖고 있다. 비록 한국의 전통문화가 중국문화의 영향을 받았다고 인식하지만 한국 문화의 독창성과 우수성을 강조한다. 이 같은 입장 차이는 양국간 문화교류가 심화되면서 지금까지 숨어 있던 것이 수면 위로 떠오른 것이다. 양국 국민의 강렬한 민족주의 감정에 자극받아 크게 흔들릴 것이고 양국 국민간 감정 악화의 잠재적 위험이 될 것이다. 따라서 한중 양국간 문화 충돌은 우연이 아니다.'(출처: 韓國人的中國觀: The Chinese View of Koreans/王曉玲 著/2014.10 中國社會科學文獻出版社/pp.61~62).

❶ 고구려 역사문제, 한중 정부간 구두양해 합의

고구려 역사문제는 정상적이었던 한중관계에 많은 영향을 미쳤고 양국 정부는 이 문제의 협상을 진행했다. 한국측의 강력한 항의와 반중 정서를 접한 중국측은 이를 감안해 한국측과 외교교섭에 나섰는데 2004년 8월 22일~24일 중국 외교부 우다웨이(武大偉) 부부장이 방한해 한국 외교통상부와 고구려 역사문제를 협의했다. 이와 관련해 2004년 8월 24일 한중 양국은 고구려 역사문제 5개항 관련 구두 합의에 이르렀는데 그 내용은 다음과 같다(출처: 韓國人的中國觀/王曉玲著 p.108).

① 고구려 문제는 양국간 중대한 현실문제가 되고 있다는 데 경계심을 갖는다(警惕高句麗問題成爲兩國間的重大現實問題).

② 역사문제로 인해 한중 우호관계가 영향받지 않도록 노력한다(努力不使歷史問題影響中韓友好關系).

③ 고구려 역사문제의 공정한 해결을 위해 이 문제를 정치화하는 것을 방지한다(爲了使高句麗歷史問題能够得到公正解決, 應防止將這一問題政治化).

④ 중앙정부와 지방정부는 고구려 역사 서술문제를 반드시 적절히 처리하고 문제의 복잡화를 방지한다(中央和地方政府應該妥善處理高句麗歷史的敍述問題,防止問題複雜化).

⑤ 학술교류를 통해 이 문제를 해결한다(通過學術交流解決這个問題).

이같이 양국 정부간 구두양해 합의로 과연 잘 지켜질 사안인지 의문을 제기하는 전문가들도 있다. 고구려 역사 귀속문제의 본질적인 해결 없이 단순히 학술문제로 남겨두면 언제든지 폭발할 위험이 있다고 보기 때문이다. 또한 중국 측에서는 고구려 역사논쟁을 역사연구 영역으로 되돌리지 않고 중국의 동북공정에 대한 관심과 비평을 계속하고 있으며 정치화하고 있다고 한국인들에게 불만을 토로하고 있고 2006년 중국측이 '동북공정 연구결과'라는 결과물을 계속 출간하는 것을 보면 언젠가 다시 폭발할 공산이 크다는 생각을 쉽게 떨치기 어렵기 때문이라고 말했다. 앞에서 일부 말했지만 중국 전문가들의 인식 속에는 '고구려 역사분쟁이 민족국가에 대한 양국의 서로 다른 인식이 반영된 것으로 중국은 통일 다민족국가이며 중국 경내에서 발생한 각 소수민족의 역사를 모두 중국 역사로 간주하는데 이는 중국 사회의 안정이다.'라는 논리가 들어있다. 일부 중국 학자들은 고구려 역사분쟁을 한국인들이 중국 굴기에 느끼는 불안을 반영하고 있다는 인식 속에 중국위협론에 집중해 표현하는 것으로 이해하기도 한다. 중국인들은 역사적으로 한국(조선)을 중국의 조공국(朝貢國)으로 여길 뿐만 아니라 더 나아가 조공체계에서 수혜자로 인식한다고 주장하는 학자도 있다. 한국인들은 민족사관에서 모화사상(慕華思想)을 비판하고 고구려와 발해(渤海) 지역이 한국 역사체계 재정비에서 핵심이 되어야 하며 오늘날 백두산(중국명 長白山)을 한국 영토로 인식하고 있음을 중국 학자들은 잘 알고 있다(출처: 韓國人的中國觀/王曉玲著/2014.10/中國社會科學文獻出版社/ p.112). 여기서 중국 사학계 일부 전문학자의 한중 역사문제 관련 주장은 대체로 다음과 같다.

왕성(王生) 씨는 2010년 제2기 중국 「現代國際關系」에 기고한 '당대 한국 민족주의 분석 시도'의 주요 내용을 보면 '북방사관(北方史觀)의 영향을 수용하고 있는 한국인들은 중국 동북 3성이 역사적으로 한민족(韓民族)의 무대라고 인식하고 있다. 역사를 만들어 나가는 움직임 속에서 한국은 옌볜(延邊)에 대한 영토 요구라는 마음깊은 곳에 숨어있는 감정을 표출하고 있다.'라면서 그 근거로 2004년 한국 국회의원 59명의 '간도협약(間島協約)' 무효결의안과 2009년 한국 국회의원 50명의 유사 법안 공동발의 사례를 들었다. 또 다른 학자인 리화즈(李花子) 씨는 2007년 6월 「조선왕조의 창바이산 인식」이라는 논문을 「中國邊疆史地研究」을 통해 발표한 주요 내용에서 '중·조(中·朝) 변경의 창바이산이 조선 국왕의 정치적 필요 때문에 그 태조의 탄생지로 어떻게 서술되고 있는지, 조선의 풍수지리상 모든 산의 으뜸(宗)으로 간주되고 있는지, 일본 피식민지 시기에 창바이산이 조선민족 독립정신의 영산(靈山)으로 상징되었다. 이 같은 이유로 한국의 민족사관과 중국의 아시아 역사관 사이에는 충돌이 존재하는데 한국인들은 이 충돌을 한중 영토분쟁의 뇌관으로 인식한다.'라고 주장했다.

왕옌저우(王元周) 씨도 2009년 제4기 「國際政治研究」를 통해 「한국인의 역사관과 중한 관계」라는 논문에서 한국 재야 사학자들을 대학 역사학과 또는 정규 역사연구기관 이외의 역사연구와 역사교육에 종사하는 일부 학자로 규정하고 광의의 재야 사학자를 대학이나 정규 역사교육에 종사하는 일부 학자라고 주장하면서 한국 재야 사학자의 주장을 다음과 같이 전했다. '한국 재야 사학계는 고대 중국과 한반도간 문화교류가 한반도에서 중국으로 흘러들어 왔다고 주장한다. 이 같은 목소리는 비록 주류는 아니지만 중국인들의 엄청난 반감을 부른다. 한국 국민은 역사적으로 한반도(조선반도)가 중국의 박해를 받았다고 생각하는데 이 같은 피해의식은 오늘날 한중관계에서 여전히 광범위하게 존재한다. 한중간 인문교류가 깊어지면서 양국 국민의 역사·문화 관념의 차이도 지금까지 숨어 있던 것이 점점 드러날 것이다. 중국 굴기로 중국인들의 대국 자부심은 더 강해지고 한국인들은 그 때문에 피해를 입는다고 생각하면서 민족주의 발생으로 충돌할 것이다. 바로 이 같은 형국에 고구려 역사논쟁은 중국에 대한 한국인들의 감정을 급랭시킬 것이고 양국이 일부 공유한 전통문화 귀속 논쟁도 중국인들의 혐한류 표현에 이르게 할 것이다. 오늘날 양국 국민 관계가 정부의 노력으로 완화되는 쪽으로 가고 있지만 국민간 모순 요인이 여전히 존재하고 상호 호감도도 수교 초기 수준으로 다시 회복할 수는 없을 것이다.'(출처: 韓國人的中國觀/王曉玲著/2014.10/中國社會科學文獻出版社/pp.112~113).

여러 가지 사례를 종합해보면 고구려 역사논쟁 문제는 단순한 학술문제로 보기에는 무리가 있고 타당하지도 않은 것 같다. 과거 한 중국 고고학자가 '고구려 역사문제는 학자들이 풀 수 있는 문제가 아니며 양국 최고 지도자간 담판이 필요하다.'라고 슬며시 흘린 말이 예사로 들리지 않는 것은 왜일까? 이 같은 역사·문화적 충돌은 인터넷 시대에 양국 누리꾼에게 갑론을박할 공간을 제공함으로써 양국에 실익이 없는 소모적 논쟁을 부를 수 있어 경계해야 할 것으로 보이며 따라서 과거 양국간 왕성했던 문화교류시대를 다시 창작하는 것을 기대하는 것이 더 힘을 얻을 것이다. 어쨌든 상호 신뢰 속에 상호 깊은 이해가 필요하다.

지나친 자국 우선주의 및 상업성 경계

한중 양국은 지난 30여 년간 문화교류와 협력, 문화산업 교역 분야에서 다양한 활동을 진행해왔다. 하지만 일방적인 교류와 교역이 이루어져 상대국 국민의 마음을 한때 무겁게 하기도 했다. 쌍방적 교류보다 일방적 교류와 교역에는 항상 여러 가지 어려움을 동반한다. 문화교류와 문화산업 교역에서 예술성과 상업성이라는 두 마리 토끼를 잡기는 쉽지 않다. 하지만 이 두 가지가 균형점을 찾길 바랐던 시기도 있었다.

2005년 9월 1일~10월 15일 '대장금'이 후난성 TV위성 채널에서 인기리에 방영될 당시 중국 대중문화예술계로부터 반한류 기류가 본격적으로 일기 시작했다. 당시 중국 문화예술계의 일부 인사는 한국의 주요 TV 방송은 중국 드라마를 방영하지 않는데 중국 TV 방송은 한국 드라마를 앞다투어 방영한다고 지적하며 불균형의 시정을 요구했다. 게다가 양국간 일반적인 문화상품 교역 역조현상까지 지적하며 그 시정을 요구했다. 물론 한중 양국은 시장의 여러 가지 운영 시스템이 같진 않지만 문화산업시장에서는 철저한 시장논리가 지배했다. 때를 같이해 중국 방송계 고위인사는 한국측에 한중 양국이 특정 TV 드라마를 공동제작해 8월 24일 한중 수교일 전후로 양국 TV 방송국에서 동시 방영할 것을 제안했지만 한국측은 이를 수용하지 않았다. 시청률 확보 등 여러 가지 어려움으로 TV 드라마 공동제작·방영은 이루어지지 않았지만 한국측에 처음 제안했던 중국측 방송계 인사는 당시 중국 TV 방송 드라마 시장에서의 한국 드라마의 일방적인 폭주가 중국인들에게 바람직하지 않은 인상을 줄 수 있다는 염려에서 제안했다고 한다. 또한 한류와 한풍이 각각 상대국에서 맹위를 떨칠 무렵 상대국 문화행사 소개 등에 대한 자국 언론의 배려가 균형적이지 못하다고 지적한 관계 인사가 많았다. 반드시 균형적이어야 한다는 뜻은 아니지만 어느 정도 관심을 갖는 것이 이웃나라에 대한 최소한의 배려라고 주장한 것을 기억한다.

자국 우선주의를 지나치게 강조하다 보면 일부 여론을 등에 업고 여러 가지 이유를 들어 정부의 개입이 쉽게 스며드는데 이는 정상적인 문화교류와 협력, 문화산업 교역에까지 상당히 어려운 환경을 조성할 수 있으므로 가볍게 여기면 안 될 것이다. 한중 양국은 경제력, 시민의식 등이 과거와 판이하게 변화하고 디지털 시대에 걸맞은 다양한 정책을 쏟아내며 뉴미디어 환경과 함께 네티즌의 활동이 예사롭지 않다. 지나친 자국 우선주의와 상업성에 매몰되어 진정한 의미의 문화교류와 협력, 문화산업 교역 분야에서의 활동이 위축되면 양국 모두에게 득이 없을 것이다. 문화예술계, 문화산업계 종사자뿐만 아니라 문화콘텐츠 소비자를 위한 다양한 방안을 찾아내 윈윈하는 기회를 갖는 것이 바람직할 것이다. 어쨌든 한중 양국은 수교 이후 훈풍 속에서만 지나온 시간도 많았지만 한 중국 학자의 지적처럼 '經熱, 政溫, 民冷' 현상 속에서 걸어왔다는 표현이 적절할지도 모른다. 수교 초기 쌍방은 상대국에 대한 호기심이 충만했지만 인문교류 확산 등으로 피차 많은 화제에서 각기 다르게 인식한 것도 당연하다고 필자는 생각한다. 위와 같이 이번 장에서 언급되지 않은 여러 가지 사례도 있을 것이다. 쌍방은 상대국 입장에서 먼저 생각하고 이해하는 사고를 견지하는 것이 양국의 문화교류 발전을 위한 올바른 길일 것이다.

PART **V**

문화교류와 경제

01 한류의 경제적 효과
02 스타 마케팅의 위력
03 기업 이미지 제고와 문화교류

01 한류의 경제적 효과

  한류의 중심에 있는 드라마, 영화, 게임, 음반 등의 분야 관련 상품은 수출증
가와 같은 직접적인 효과를 나타내기도 하고 TV 프로그램이나 영화 내용 중에
등장하는 휴대폰, 자동차, 가전제품, 의류 등 다양한 제품 인식을 통해 한국
제품에 대한 구매욕과 상품 품질에 대한 만족감이 상승한다. 또한 가수나 연
예인이 착용한 각종 액세서리, 화장품, 헤어 스타일에 대한 관심도 증가한다.
게다가 드라마나 영화촬영 소재지는 일반 시청자에게 자신이 극중 주인공이
된 듯한 느낌을 주고 직접 가보고 싶은 욕망을 일으키므로 훌륭한 관광상품이
된다. 따라서 그 경제적 파급효과가 두드러져 2005년 일본 다이이치(第一)생명
경제연구소는 '욘사마 신드롬'의 기원이 된 '겨울연가'가 한일 양국에서 창출한
경제적 부가가치가 2,300억 엔(약 2조 3,000억 원)에 이른다고 발표했으며 한국의 현
대경제연구원도 이에 각종 파급효과를 더해 '욘사마'의 경제적 효과를 3조 원
이상으로 분석했다.
  중국 내 한류 확산에 따라 그 부가가치가 한중 양국 경제에 미친 영향이 가볍
지 않으므로 이번 장에서는 한류가 중국대륙을 포함한 홍콩, 대만, 마카오 중
화권에서 맹위를 떨친 시기 전후로 한국경제에 남겨진 위력적인 흔적을 살펴

보고자 한다. 한류 확산은 중화권, 일본, 동남아 등에서 찾아온 남이섬, 경복궁 등 한류 관련 유명지역을 관광코스화하면서 한국 관광 붐 조성에 크게 기여했고 한국 드라마에 등장한 삼성, LG 휴대폰, 나아가 현대자동차에 이르기까지 인기상품으로 대우받았다. 해외 유명업체들은 한국 연예인을 자사 상품 광고모델로 기용함으로써 한국 스타들의 지명도를 더 확산시켰으며 한국 드라마에 등장한 패션은 중국 청소년들의 모델이 되는 등 이 같은 여러 요인 속에서 얻은 것들이 거대한 경제적 효과로 나타났다.

한류라는 문화교류는 위에서 지적했듯이 국가 이미지 제고와 한국 상품 수출의 간접효과에 그치지 않고 관광자원으로서 해외 관광객 유치에도 크게 기여했다. 드라마 '가을동화' 등을 대상으로 한 한국 관광상품은 2001년 4월 대만 관광객 1,800여 명이 한국을 다녀가도록 했고 2001년 8월 3일 안재욱, 8월 17일 NRG 콘서트와 팬싸인회 참가를 위해 중국의 젊은 관광객 500여 명도 한국을 찾아왔다. 관광객 수는 최고 200만 명에 달했는데 이 덕분에 '겨울연가'로 파생된 관광수입은 2,400억 원에 달했다. 당시 한국 관광부문에서는 '겨울연가'와 관련해 직접적인 경제적 이익이 약 1조 원에 달할 것으로 예상했다. 중국에서 '대장금' 바람이 한창 몰아칠 무렵 상하이에서는 한국 관광 코스에 '대장금' 촬영지를 우선 선택지로 정했는데 문의전화가 끝없이 쇄도하는 가운데 각 여행사가 출시한 '대장금' 한국 5일 관광상품이 모두 예정 인원을 초과해 여행사들은 즐거운 비명을 질렀다. 한국문화에 등장하는 한국 연예인들이 즐겨 사용하는 전자제품, 화장품, 의류 등의 해외수출 실적도 대단했다. 2000년대 초 베이징 상점들의 한국 코너는 한국 상품이 불티나게 판매되었는데 이 같은 현상은 홍콩까지 이어져 삼성 핸드폰 '애니콜'은 최고가 900달러 제품도 재고가 없을 정도로 대호황이었다. 중국 디지털 가전시장에서도 한류 바람이 거

세 2000년 삼성전자는 중국 내 컬러 모니터 시장에서 일본 NEC를 제치고 사상 처음 1위를 차지했고 여세를 몰아 2001년 상반기에만 90만 대를 판매하고 그해 연말까지 2000년의 124만 대보다 60%나 늘어난 200만 대 판매목표를 세웠다. MP3 플레이어도 '베이비 옙'과 '이지 옙' 모델을 중국 청소년 대상으로 2000년 중국 전체 시장 규모 18만 대 중 8만 대를 판매해 시장점유율 1위를 차지했고 2001년 20만 대 판매목표 설정은 당시 중국 내 한류 파워를 잘 보여준다. LG전자도 2000년 약 650만 대 시장을 형성한 중국 CD롬 시장에서 150만 대를 판매해 시장점유율 1위를 차지했고 완전 평면 모니터 '프래스톤'은 컬러 모니터 시장에서 2위를 차지하는 등 중국 디지털 시장의 한류를 브랜드로 활용해 한류가 한국 상품의 수출에 효자 노릇을 톡톡히 한다는 것을 입증했다. 태평양화학의 대중국 화장품 수출 규모는 2002년 971만 달러에서 2003년 1,800만 달러로 두 배 늘었고 2004년 1/4분기 수출액은 640만 달러에 달해 전년 동기 대비 2.5배 늘었다.

02 스타 마케팅의 위력

한류 스타를 활용한 한국 상품 마케팅의 성공 사례를 살펴보자. 한국 기업들은 한류 스타를 발탁해 상품 마케팅에 활용하는 전략을 구사했는데 그 성공 사례로 화장품 '라네즈'를 생산·판매하는 아모레퍼시픽은 2002년 현지 광고모델로 전지현과 이나영을 발탁·기용해 대성공을 거두었다. 2003년 6월 26일자 중국TV신문(中國電視報)은 중국에서 한류 스타들이 흥행과 무대에서 모두 관심을 받았다고 했다. 또한 이 신문은 2002년 중국에서 전지현 씨의 광고모델 수입은 2,000만 위안(약 36억 원)에 달했다고 했는데 이는 한국에서의 열 편의 작품 출연료 합계액보다 많은 액수로 당시 한국 연예인에 대한 중국 시장의 분위기를 여실히 보여준다. 2002년 한국 영화 '엽기적인 그녀'가 중국에 정식 수출되지 않았는데도 1,000만 명 이상의 중국인이 DVD로 주연배우 전지현 씨를 이미 보았다는 중국 문화부 고위인사의 전언은 한류와 한류 스타의 인기뿐만 아니라 DVD의 불법유통도 짐작하게 했다.

2003년 중국에 유니폼을 수출하는 유니세프가 고객에게 한국 가수 CD와 연예인 브로마이드를 증정하는 마케팅도 성공을 거두었고 의료용품 생산업체 담앤담 인터내셔널도 한류 스타의 자사 제품 사용과 중국에서 개최되는 패션쇼에 '난타' 공연을 삽입해 큰 성과를 거둔 사례도 주목할 만하다. VK전자는 2004년 전지현 씨를 기용해 VK520 광고를 CCTV, 상하이TV, 광저우TV를 통해 방영함으로써 큰 성과를 거두었고 삼성전자는 안재욱 씨를 광고모델로 기용해 성공을 거두었다. 이 밖에도 한류 스타를 발탁해 성공한 마케팅 사례는 많다. 뷰티시장은 유행에 민감한 특성 때문에 인기 있는 연예인을 기용하는 사례가 더 빈번하다. 2004년 12월 ABLE C&C '미샤'의 홍콩 출시 행사장에 원빈 씨가 참석했고 같은 해 11월 홍콩에 진출한 ㈜더페이스샵코리아는 드라마 '천국의 계단' 주연배우 권상우 씨를 광고모델로 기용해 상당한 마케팅 효과를 거두었다. LG생활건강도 2005년 하반기 '헤르시나'를 현지 생산해 중국 내 90여 개 고급 백화점에 입점하고 난징, 상하이, 항저우 등 주요 대도시의 300여 개 백화점에 이미지 매장과 뷰티센터를 운영하면서 고소득층 공략에 나섰다. 특히 베트남에서는 한국 드라마의 영향으로 젊은 층의 패션과 헤어스타일에 영향을 미쳐 젊은 여성 중 일부는 미용실에 가 한국 여성 헤어스타일로 바꾸는데 자신의 월급의 상당액을 소비함으로써 일부에서 과소비를 조장한다는 비판을 받을 정도였다. 그도 그럴 것이 한국 연예인들의 피부색이 곱다는 이유로 드봉 화장품이 랑콤, 시세이도, 폰즈 등 세계 유명 브랜드를 제치고 베트남 화장품시장에서 브랜드 인지도 1위를 차지하고 값비싸게 판매되고 있었다. 당시 베트남 근로자의 월수입이 30~70만 동이었는데 드봉 화장품 한 세트 가격이 28만 동이었다.

대중화권 한국산 화장품 수출 현황

구분/연도		2014	2015	2016	2017	2018
연간 총수출액(억 달러)		1,873	2,910	4,183	4,952	6,263
중화권 (백만 달러)	중국대륙	582	1,172	1,570	1,937	2,657
	홍콩	411	687	1,248	1,222	1,315
	대만	125	139	136	154	158
연간 총수입액(억 달러)		1,386	1,397	1,433	1,523	1,615

출처 : 2018 한류 백서 〈재단법인 국제문화교류진흥원〉 p.281 자료 재정리

　한국 화장품은 프랑스, 미국, 독일에 이어 세계 4위에 올랐고 수출대상국도 중국이 압도적으로 높다. 2018년 대중화권(중국대륙, 홍콩, 대만) 수출액은 전체의 65.94%에 달하는데 이 중 중국대륙이 42.4%를 차지한다. 미국은 8.6%, 일본은 4.8%다. 한류는 한국의 경제발전에 직·간접적인 효과를 제공할 뿐만 아니라 한류를 수용하는 국가의 경제에도 큰 효과를 주고 있다. 특히 배용준 씨가 출연한 '겨울연가' 등이 일본경제에 엄청난 경제적 부가가치를 창출한 것은 널리 알려진 사실이다. 2005년 가을 '대장금'이 중국대륙을 휩쓸 무렵 '겨울연가'의 남자 주인공과 촬영지 등 관련 파생상품은 상상을 초월하는 경제적 가치를 창출해냈다.

　한국의 온라인 게임은 중국대륙과 대만 게임시장에서 약 60%를 점했고 한국 CD 음반은 1998~2005년 초 중국대륙에서만 총 400만 장이 판매되었으며 일본에서는 한류 스타 보아 한 명의 음반 판매량이 240만 장을 기록해 약 1억 달러의 이익을 창출했고 배용준 씨의 『배용준 자서전』이 중화권에서 이미 발행되어 25만 권의 판매기록을 세웠고 일본 시장에서 '겨울연가' 방영권, DVD 판매, 음반 발행 등으로 올린 수입이 2,100만 달러에 달한다고 2005년 초 홍콩 시사주간지 야저우저우칸이 집중 분석·보도했다. 드라마 '대장금'을

구입해 방영한 후난성 위성TV 채널은 800만 위안을 투자해 높은 시청률 덕분에 4,000만 위안(약 74억 원)의 수익을 확보했다. 같은 해 8월 26일 후난성 위성TV 채널은 여성 가수 오디션 인기 프로그램 '슈퍼걸: 超級女聲' 결선 방송 때 특별히 2분을 할애받아 '대장금' 소개방송을 했는데 5초당 5만 위안, 총 2분에 120만 위안(약 2억 2,000만 원)의 광고수입을 올려 광고시장에서도 대단한 위력이 입증되었다.

상하이 한국 식당에서는 '대장금' 방영 이후 영업이익이 15%나 늘었고 100여 명의 상하이 신부들이 7,000위안(약 126만 원)에 달하는 장금 결혼 드레스 예약을 했으며 한국 화장품 '라니즈'의 대중국 수출량도 58%나 급증했다. 광둥성 선전에서는 '대장금'이라는 이름의 식당과 발마사지 업소가 오픈했고 2005년 10월 초 중국 국경일 기간에는 상하이 시민들이 한국 드라마 VCD를 구입하려고 했지만 동이 나 구입하지 못한 내부 상황을 2005년 10월 6일자 홍콩경제일보가 보도했다. 랴오닝성 수도 창춘에서는 대장금 웨딩드레스를 선보였는데 3,699위안인 이 드레스를 입고 200여 쌍의 신혼부부가 기념사진을 촬영했고 내륙도시 충칭에서도 불고기 등 한국요리를 찾는 사람들이 눈에 띄게 늘었고 서북쪽 가장 먼 곳 티베트 자치구 수도 라싸에서도 한국 드라마 영상물을 찾는 사람이 너무 많아 공급이 수요를 따라가지 못한다고 2005년 9월 22일자 중국 공산주의청년단 베이징시 기관지인 베이징칭년바오가 현지 소식을 전했다.

03 기업 이미지 제고와 문화교류

　기업 마케팅 전략은 앞에서 기술한 한류 스타 마케팅과 현지 문화예술행사 후원으로 구분할 수 있다. 현지에서 개최되는 한국 문화예술행사 중 정부간 교류행사는 대체로 상호주의 원칙하에 이루어지지만 민간주도 교류행사는 시장 논리대로 쌍방 계약에 의해 이루어지는 것이 상례다. 이렇게 민간주도 문화행사나 스포츠 행사를 추진할 때 현지 기업의 이미지 제고와 현지에 대한 사회적 책임 등을 위한 계기로 후원하는 경우가 종종 있었다. 삼성은 2000년대 초부터 10년 이상 장기간 중국 젊은 청소년들을 위한 장학퀴즈 형식의 '三星智力快車'라는 CCTV 특별프로그램을 지원해 기업 이미지 제고는 물론 중국인들에게 삼성에 대한 호감도 상승 등 많은 분야에서 긍정적 효과를 도모했고 SK도 같은 시기에 장기간 BTV의 'SK壯元榜'이라는 장학퀴즈 프로그램에 지원함으로써 삼성과 비슷한 효과를 거두었다. 삼성은 옙(Yepp)의 브랜드 인지도 제고 등을 위해 핑클과 함께 '삼성 옙-핑클 콘서트'를 개최하고 '삼성 옙 제2회 중국인 영어 모창대회'를 개최했으며 2005년 6월에는 상하이에서 세계적인 음악방송 채널 V가 주최한 '옙 뮤직 페스티벌'도 후원했다. 2008년 베이징올림픽 유치 기원 '한중 슈퍼콘서트' 후원자로 참가해 중국에서 디지털 최고기업으로서의 브랜드 인지도를 공고히 다지는 데 효과적이었다. 당시 LG는 축구대회 등 스포츠 분야에 관심을 가져 한중 양국간 스포츠 교류행사에 종종 후원했고 한국타이어도 중국에서 개최된 한국 연예인 행사를 지원해 현지인들로부터 많은 찬사를 받았다.

　이같이 문화교류 특히 한류를 통한 경제적 부가가치를 파악하기 위한 여러 가지 과학적·기술적 방안들이 있겠지만 항상 양면성이 존재하기 마련이다. 한류의 경제적 파급효과에 대해 기업들은 우선 기술우위라는 당위성을 강조할 것이고 한류에 의한 경제적 부가가치 창출은 당연히 2차적으로 부분적일 수밖에 없을 것이다. 하지만 기업의 각별한 노력의 결과로 나타나는, 세계 최고를 자랑하는 자사 상품에 한국문화라는 분위기를 다양한 방법으로 연출한다면 그 상품의 품격은 또 다른 신선한 충격을 줄 것이며 이는 시너지효과로 이어져 기대 이상의 결과를 낳을 것이다.

PART VI

한중 문화산업 교역

01 중국의 사회문화적 환경

02 경제적 환경

03 뉴미디어 환경

04 주요 문화콘텐츠별 최근 동향

05 중국의 주요 문화콘텐츠별 수출 · 입 동향

06 한중 주요 문화콘텐츠 교역

알다시피 중국 인구는 끊임없이 늘어난다. 중국 발전의 원동력이 되고 문화 콘텐츠 이용자로서 주요 역할을 하므로 중국 인구 수 추이를 살펴보았다.

중국 인구 수 변화 추이(1949~2020년/만 명)

연도별	1949	1952	1957	1962	1965	1970	1975	1980	1985	1990
인구 수	54,167	57,482	64,653	67,295	72,538	82,992	92,420	98,705	105,851	114,333
연도별	1995	2000	2001	2002	2003	2004	2005	2006	2009	2010
인구 수	121,121	126,743	127,627	128,453	129,227	129,988	130,756	131,448	133,450	134,091
연도별	2011	2012	2013	2014	2015	2016	2017	2018	2019	2020
인구 수	134,916	135,922	136,726	137,646	138,326	138,232	140,011	140,541	141,008	141,212

출처 : ① 中國人口安全報告: 預警与風險化解 p.37 ② 中國統計年鑒
③ China Social Statistical Yearbook(2021) 자료 재정리

그런데 중국의 인구문제 전문 연구기관에서 향후 중국의 인구 추이를 예측·분석한 자료에 의하면 2050년까지 15억 5,000만 명을 넘지 않는다. 중국 인민대학 인구연구소는 2050년 중국 인구를 14억 6,500만 명으로 예측했고 텐진 난카이대 인구연구소는 15억 3,000만 명, 중국 인구정보연구중심은 15억

2,200만 명으로 예측했다(출처: 中國人口安全報告: 預警与風險化解 p.42). 따라서 중국의 전문기관은 안정적인 인구 규모를 15~16억 명 선으로 보는 것 같다. 그리고 매년 태어나는 신생아 수도 많다.

최근 17년간 연도별 출생 인구 수 변화 추이(단위: 만 명)

연도	2004	2005	2006	2007	2008	2009	2010	2011	2012
출생 인구 수	1,593	1,617	1,584	1,594	1,608	1,615	–	1,604	1,635
연도	2013	2014	2015	2016	2017	2018	2019	2020	
출생 인구 수	1,640	1,687	1,655	1,786	1,723	1,523	1,465	1,180	

출처 : ① The Annual Development Report of Chinese Cultural Industries(2011) p. 221
② Statistical Communique' of the People's Republic of China on the(2009~2020) National Economic and Social Development ③ 紐約時報中文罔(2021.5.11) 자료 재정리

출생 후 여러 가지 요인으로 사망자 수가 많은데 연간 사망자 수는 2011년 960만 명, 2012년 966만 명, 2013년 972만 명, 2014년 977만 명, 2015년 975만 명, 2016년 977만 명, 2017년 986만 명, 2018년 993만 명, 2019년 998만 명, 그리고 2020년에 와 인구증가율은 대폭 줄어들었다. 지난 10년간 연간 사망률도 7.09~7.16% 사이에서 맴돈다. 중국은 1982년 '한 자녀 정책(計劃生育)'을 본격적으로 시행해 2005년 말 이미 한 자녀 누계 출생자 수가 9,000만 명에 달했다. 그런데 거의 35년간 이어온 한 자녀 정책 시행으로 중국에서는 4-2-1 가정, 즉 네 노인(조부 내외, 외조부 내외), 부모, 한 자녀를 가리키는 풍속이 생겨났다. 하지만 2015년부터 한 자녀 정책을 폐기하기에 이르렀다. 어느 국가를 막론하고 노령인구는 급증하고 청년인구 수는 그에 못 따라가는 어려움을 겪는데 중국도 현실화되는 것 같다. 해외의 새로운 정보를 습득하고 다양한 문화를 접하면서 지식 축적 등의 목적으로 해외 유학을 떠나는 유학생 수도 급증한다.

1848년 룽훙(容閎: 용굉) 등 세 명이 미국 유학을 떠난 것이 중국인 해외 유학의 효시다. 1949년 신중국 수립 후 중국인들이 출국해 해외 유학은 궤도에 진입하고 1978년 6월 등샤오핑 주석의 해외파견 유학 관련 주요 정책 시행 후 계속 확대되었다. 여기서 중국 유학생 출국, 귀국, 중국대륙 내 외국인 유학생 실태를 상세히 살펴보면 다음과 같다.

중국의 역대 출국 및 귀국 유학생 수 추이

연도	출국 유학생 수	귀국 유학생 수	연도	출국 유학생 수	귀국 유학생 수	연도	출국 유학생 수	귀국 유학생 수
1952	231	–	1991	2,900	2,069	2004	114,682	27,726
1957	529	347	1992	6,540	3,611	2005	118,515	34,987
1962	114	980	1993	10,742	5,128	2006	134,000	42,000
1965	454	199	1994	19,072	4,230	2007	144,000	44,000
1975	245	186	1995	20,381	5,750	2008	179,800	69,300
1978	860	248	1996	20,905	6,570	2009	229,300	108,300
1980	2,124	162	1997	22,410	7,130	2010	284,700	134,800
1985	4,888	1,424	1998	17,622	7,379	2011	339,700	186,200
1986	4,676	1,388	1999	23,749	7,748	2012	399,600	272,900
1987	4,703	1,605	2000	38,989	9,121	2013	413,900	353,500
1988	3,786	3,000	2001	83,973	12,243	2014	459,800	364,800
1989	3,323	1,753	2002	125,179	17,945	2015	523,700	409,100
1990	2,950	1,593	2003	117,307	20,152	2016	544,500	432,500

출처 : ① 中國人口結構問題(The Structure of Chinese Population)(李建新著/中國社會科學文獻出版社 2009.3 출간)
p. 215 ② 2017 China Social Statistical Yearbook p.121 자료 재정리

최근 3년간 중국인 해외 유학과 유학 후 귀국 상황은 다음과 같다.

2017~2019년 중국인 유학생 해외 유학 및 유학 후 귀국 학생 수 추이

구분 / 연도	2017	2018	2019
출국 유학생 수	608,400	662,100	703,500
귀국 유학생 수	480,900	519,400	580,300

출처 : China Social Statistical Yearbook 2021 p.123 자료 재정리

　　중국 유학생의 해외 유학 국가는 구소련과 동유럽 사회주의 국가들에 집중
되어 있었는데 1950~1960년대에는 유학생의 79%가 구소련에 유학했다. 그
리고 약 50만 명의 중국인 해외 유학생 중 국가파견 유학생은 5만여 명, 각 단
위에서 보낸 유학생 10만여 명, 개인 자비 유학생 30여만 명에 이르며 시간이
지날수록 개인 자비 유학생이 증가했다. 유학 대상국도 최근에 와 세계 120여
개국으로 늘었는데 이 중 90% 이상이 미국, 일본, 캐나다, 독일, 영국, 프랑스,
호주 등 선진국에 집중되었다. 2015~2016년 2년간 중국대륙 내 외국인 유학
생 규모와 구성은 다음과 같다.

2015~2016년 중국대륙 내 외국인 유학생 구성 현황

구분	2016					
	계	아시아	유럽	아프리카	미주	대양주
합계	442,773	264,976	71,319	61,594	38,077	6,807
비중(%)	100.0	59.8	16.1	13.9	8.6	1.5
증감 수	+45,138	+24,822	+4,573	+11,892	+3,143	+798
학력 인정	학력 인정(학위) 유학생 수 - 석사 과정/박사 과정 유학생 수			209,966 45,816/18,051		
	비학력 인정 유학생 수			232,807		
경비 부담	중국 정부 지원 유학생 수			49,022		
	자비 부담 유학생 수			393,751		

구분	2015					
	계	아시아	유럽	아프리카	미주	대양주
합계	397,635	240,154	66,746	49,702	34,934	6,009
비중(%)	100.0	64.40	16.79	12.52	8.79	1.50
증감 수	+20,581	+14,664	-729	+8,115	-1,206	-263
학력 인정	학력 인정(학위) 유학생 수 – 석사 과정/박사 과정 유학생 수				184,799 39,205/14,367	
	비학력 인정 유학생 수				212,836	
경비 부담	중국 정부 지원 유학생 수				40,600	
	자비 부담 유학생 수				357,035	

출처 : ① 2017 China Social Statistical Yearbook p.162 ② 2016 China Social Statistical Yearbook
　　 p.150 자료 재정리

여기서 중국대륙 내 외국인 유학생의 출신 국가별 상위 15개국은 다음과 같
다. 역시 한국인 유학생이 계속 1위를 차지했다.

2015~2016년 중국대륙 내 국가별 외국인 유학생 수 추이

	한국	미국	태국	인도	파키스탄	러시아	인도네시아	카자흐스탄
2016	70,540	23,838	23,044	18,717	18,626	17,971	14,714	13,996
2015	66,672	21,975	19,976	16,694	15,654	16,197	13,689	13,198

	일본	베트남	프랑스	몽고	라오스	독일	말레이시아	
2016	13,595	10,639	10,414	8,508	9,907	8,145	6,880	
2015	14,085	10,031	10,436	7,428	6,918	7,536	6,650	

출처 : ① 2017 China Social Statistical Yearbook p.161
　　　　② 2016 China Social Statistical Yearbook p.149 자료 재정리

상위 15개국 유학생 수 비중을 보면 2016년 269,534명으로 전체의 60.9%,
2015년 247,139명으로 전체의 62.2%를 차지하며 한국인 유학생 수는 2016년
전체의 15.9%, 2015년 16.8%였다. 반대로 코로나19가 전 세계로 확산되기 시

작한 2020년 2월 기준 한국 내 외국인 유학생 총 160,165명 중 중국인 유학생은 71,067명으로 전체 외국인 유학생 수의 44.4%를 차지했다. 해외 유학생과 더불어 중국은 해외 노무수출도 활발히 진행했는데 최근 들어 해외 건설 수주가 확대되어 그 수도 증가하고 있다.

1990~2007년 중국의 해외 노무출국자 수 추이

연도	출국자 수(천 명)	연도	출국자 수(천 명)	연도	출국자 수(천 명)
1990	36.1	1996	246.6	2002	410.1
1991	68.3	1997	285.5	2003	429.7
1992	105.6	1998	290.8	2004	419.4
1993	130.9	1999	326.5	2005	418.7
1994	184.3	2000	369.3	2006	475.2
1995	225.9	2001	414.7	2007	505.1

출처 : The Structure of Chinese Population(中國社會科學文獻出版社/2009.3 출간) p. 217

이같이 중국인의 해외 진출 급증 사례는 일반 해외여행객 급증과 더불어 자국의 경제발전과 더불어 새로운 지식습득에 상당히 기여하는 것으로 여겨진다.

02 경제적 환경

주지하듯이 경제적 영역은 워낙 방대해 이번 장에서는 몇 가지 통계자료에 국한한다. 일부를 제외하면 마이너스 성장은 보이지 않는다. 중국 경제는 1986년 7월 10일 WTO 가입신청서를 제출한 지 15년 만인 2001년 12월 10일 정식 가입되었다. 이후 중국 경제는 급속히 발전했다는 것이 전문가들의 지배적인 평가다.

중국의 국민총생산액. 1인당 GDP. 연간 평균환율 추이

연도	GDP (억 위안)	1인당 GDP (위안/달러)	평균환율 (1달러=위안)	연도	GDP (억 위안)	1인당 GDP (달러/위안)	평균환율 (1달러=위안)
2001	110,863	8,717위안	6.8075	2011	489,300	5,449달러	6.3009
2002	121,717.4	9,506위안	6.6237	2012	540,367.4	6,100달러	6.2855
2003	137,422.0	10,666위안	7.1466	2013	595,244.4	6,767달러	6.0969
2004	161,840.2	12,487위안	7.6552	2014	643,974.0	7,485달러	6.1428
2005	187,318.9	14,368위안	7.4484	2015	685,505.8	49,922위안	6.2284
2006	219,438.5	16,738위안	6.8570	2016	746,395	53,783위안	6.6423
2007	270,232.3	20,494위안	6.4632	2017	832,036	59,592위안	6.7518
2008	319,515.5	24,100위안	6.7427	2018	919,281	65,534위안	6.6174
2009	349,081.4	26,180위안	6.8282	2019	986,515	70,328위안	6.8985
2010	413,030.3	4,412달러	6.6227	2020	1,015,986	72,000위안	6.8974

출처 : ① 2016 China Statistical Yearbook of Tertiary Industry p.59 ② Annual Report on China's Media Development Index(2010) p.35 ③ China Social Statistical Yearbook 2021 p.17 ④ 中國文化貿易統計(中國統計出版社 2013.10 출간/梁昭 著) pp.59~60 자료 재정리

그리고 1990년대 환율을 더 찾아보면 1달러에 위안화로 1991년 5.3233위안, 1992년 5.5146위안, 1993년 5.7620위안, 1994년 8.6187위안, 1995년 8.3510위안, 1996년 8.3142위안, 1997년 8.2898위안, 1998년 8.2791위안, 1999년 8.2783위안, 2000년 8.2784위안을 보이면서 환율은 계속 하락했다. 중국의 연도별 외환보유고도 계속 증가하다가 2015년 이후 다소 감소하는 경향을 보였다.

중국의 연도별 외환보유고(억 달러) 추이

연도	2005	2006	2007	2008	2009	2010	2011	2012
외환보유고	8,189	10,663	15,282	19,460	23,992	28,473	31,811	33,116

연도	2013	2014	2015	2016	2017	2018	2019	2020
외환보유고	38,213	38,430	33,304	30,105	31,399	30,727	31,079	32,165

출처 : Statistical Communique' of the People's Republic of China on the (2009~2020) National Economic and Social Development 자료 재정리

그리고 중국의 해외 수출·입 규모를 살펴보면 수출만 2조 달러를 훨씬 상회한다.

중국의 연도별 해외 수출·입 규모 추이

연도		2005	2006	2007	2008	2009	2010	2011	2012
연간 규모 (억 달러/억 위안)	수입	6,600억 달러	7,915억 달러	9,561억 달러	1조 1,326억 달러	1조 56억 달러	1조 3,962억 달러	1조 7,435억 달러	1조 8,184억 달러
	수출	7,620억 달러	9,690억 달러	1조 2,205억 달러	1조 4,307억 달러	1조 2,016억 달러	1조 5,778억 달러	1조 8,984억 달러	2조 487억 달러

연도		2013	2014	2015	2016	2017	2018	2019	2020
연간 규모 (억 달러/억 위안)	수입	1조 9,504억 위안	12조 358억 위안	10조 4,336억 위안	10조 4,967억 위안	12조 4,790억 위안	14조 881억 위안	14조 3,254억 위안	14조 2,231억 위안
	수출	2조 2,096억 달러	14조 3,884억 위안	14조 1,167억 위안	13조 8,419억 위안	15조 3,309억 위안	16조 4,129억 위안	17조 2,374억 위안	17조 9,326억 위안

출처 : Statistical Communique' of the People's Republic of China on the (2009~2020) National Economic and Social Development 자료 재정리

한중 양국간 교역 규모를 살펴보면 중국이 한국으로부터 수입한 규모는 중국의 연간 총수입 규모의 약 10%를 차지한다. 그리고 중국의 대한국 수출 규모는 중국의 연간 총수출 규모의 약 4%인 반면, 수교 이후 초기에는 양국간 교역이 급증했는데 2003년에 와 교역 규모는 무려 630억 달러에 이르며 급증했다.

한중 양국간 수교 이후 초기 교역 규모(억 달러) 추이

연도	중국 수출 → 한국	중국 수입 ← 한국	합계	증가율(%)
1991	21.78	10.66	32.44	55.8
1992	24.37	26.23	50.60	55.9
1993	28.60	53.60	82.20	62.4
1994	44.02	73.18	117.20	42.5
1995	66.89	102.93	169.82	44.9
1996	75.11	124.81	199.92	17.7
1997	91.16	149.20	240.36	20.2
1998	62.69	149.95	212.64	-11.6
1999	78.17	172.32	250.49	17.8
2000	112.92	232.07	344.99	37.7
2001	125.19	233.77	358.96	4.0
2002	154.97	285.74	440.71	22.8

주 : 위 자료는 위 저자(楊軍, 王秋彬)가 중국 해관(海關: 관세청) 통계연감 자료에 근거해 작성된 자료임
출처 : 中國与朝鮮半島關系史論(2006.8 中國社會科學文獻出版社 出版/楊軍, 王秋彬 著) p.260 자료 재정리

2009~2020년 한중 양국 교역 규모 추이

	2009		2010		2011		2012		2013		2014		2015	
	규모 (억 달러)	증감 (%)	규모 (억 달러)	증감 (%)	규모 (억 달러)	증감 (%)	규모 (억 달러)	증감 (%)	규모 (억 달러)	증감 (%)	규모 (억 위안)	증감 (%)	규모 (억 위안)	증감 (%)
중국 수출→한국	537	-27.4	688	28.1	829	20.6	877	5.7	912	4.0	6162	8.9	6291	2.1
중국 수입←한국	1,026	-8.5	1,384	35.0	1,627	17.6	1,686	3.7	1,831	8.5	11,677	2.8	10,847	-7.1

	2016			2017			2018			2019			2020		
	규모 (억위안)	비중 (%)	증감 (%)	규모 (억위안)	비중 (%)	증감 (%)	규모 (억위안)	비중 (%)	증감 (%)	규모 (억위안)	비중 (%)	증감 (%)	규모 (억위안)	비중 (%)	증감 (%)
중국 수출→한국	6,185	4.5	-1.7	6,965	4.5	12.6	7,174	4.4	3.1	7,648	4.4	6.6	7,787	4.3	1.8
중국 수입←한국	10,496	10.0	-3.2	12,013	9.6	14.4	13,495	9.6	12.3	11,960	8.4	-11.4	11,957	8.4	0.0

출처 : Statistical Communique' of the People's Republic of China on the (2009~2020) National Economic and Social Development 자료 재정리

1949년 신중국 수립 이후 북한과의 교역액을 살펴보면 1950년 초 651만 달러가 1987년 5억 3,331만 달러로 무려 82배 증가했다. 1990년 이전에는 북한-중국 교역액보다 북한-구소련 교역액 규모가 훨씬 컸다.

1965~1990년 북한의 구소련 및 중국과의 교역액 추이(백만 달러)

연도	북한 무역 총액	대소련 교역		대중국 교역		연도	북한 무역 총액	대소련 교역		대중국 교역	
		교역액	비중(%)	교역액	비중(%)			교역액	비중(%)	교역액	비중(%)
1965	441.1	178.1	40	180.3	41	1980	3,334.2	880.4	26	677.6	20
1970	805.0	373.2	46	115.1	14	1982	2,856.4	932.0	33	588.7	21
1972	1,038.7	458.4	44	283.1	27	1984	2,730.9	909.2	33	528.0	19
1974	1,980.3	464.6	23	389.6	20	1986	3,131.1	1,720.6	55	533.4	17
1976	1,486.9	375.8	25	395.0	27	1988	4,543.7	2,617.2	58	579.0	13
1978	1,800.0	525.5	29.19	754.3	41.9	1990	4,770.0	2,570.0	54	480.0	10

출처 : On the History of Relationship Between China and Korean Peninsula (中國与朝鮮半島關系史論/楊軍, 王秋彬 著/중국사회과학문헌출판사 2006.8 출간) p.243 자료 재정리

그리고 한중 수교 전후 및 수교 이후의 북한-중국 교역액 추이를 찾아보았으
니 독자 여러분의 이해에 도움이 되길 바란다.

1991~2005년 북한-중국 교역 규모 추이(억 달러)

연도	중국 → 북한	중국 ← 북한	합계	증가율(%)
1991	5.25	0.86	6.11	–
1992	5.41	1.55	6.96	13.9
1993	6.02	2.97	8.99	29.1
1994	4.24	1.99	6.23	-16.4
1995	4.86	0.63	5.49	-11.9
1996	4.97	0.69	5.66	3.1
1997	5.35	1.22	6.57	16.1
1998	3.56	0.57	4.13	-37.2
1999	3.28	0.42	3.70	-10.4
2000	4.51	0.37	4.88	31.9
2001	5.73	1.67	7.40	51.6
2002	4.68	2.71	7.39	-0.2
2003	6.28	3.95	10.23	38.5
2004	7.99	5.86	23.85	35.4
2005	10.81	4.99	15.80	14.1

출처 : On the History of Relationship Between China and Korean Peninsula(中國社會科學文獻出版社
/2006.8 출간) pp.262~263 자료 재정리

한중 수교 이후 초기 북한-중국 간에는 중요한 상호 방문이 없었고 쌍방 정치
적 내왕은 현저히 줄었으며 수교 이듬해인 1993년 9월 중국 전국인민대표대회
(中國全國人民代表大會: 약칭 全人大) 대표단이 북한을 방문해 중국과의 관계 조정과 복
원에 나섰다. 2006~2019년 북한-중국 교역액 규모 추이는 다음과 같다.

2006~2019년 북한-중국 교역액 추이(억 달러)

연도	중국 → 북한	중국 ← 북한	합계	증감율(달러, %)
2006	12.3	4.7	17.0	–
2007	13.9	5.8	19.7	16.1
2008	20.3	7.5	27.8	41.2
2009	18.9	7.9	26.8	-0.38
2010	22.8	11.9	34.7	29.3
2011	31.7	24.6	56.3	62.4
2012	35.3	24.8	68.1	8.3
2013	36.3	29.1	65.4	8.9
2014	40.2	28.4	68.6	4.8
2015	32.3	24.8	57.1	-17
2016	34.2	26.3	60.5	6.1
2017	36.1	16.5	52.6	-13.2
2018	25.3	1.94	27.2	-48.2
2019	28.8	2.15	30.9	13.6

출처 : KOTRA 자료 10-038 자료 재정리

이 같은 상황에서 중국인 1인당 연평균 가처분소득 자료를 찾아보았다. 도시 거주자와 농촌거주자의 가처분소득 격차는 현격하다.

중국인 1인당 연평균 가처분소득 추이

연도		2005	2006	2007	2008	2009	2010	2011	2012	2013
가처분소득 (위안)	도시	10,493	11,759	13,786	15,781	17,175	19,109	21,810	24,565	26,955
	농촌	3,255	3,587	4,140	4,761	5,153	5,919	6,977	7,917	8,896

연도	2011	2012	2013	2014	2015	2016	2017	2018	2019	2020
가처분소득 (위안)	14,551	16,510	18,311	20,167	21,966	23,821	25,974	28,228	30,733	32,189
증가율 (%)	10.3	10.6	8.1	8.0	7.4	6.3	7.3	6.5	5.8	2.1

출처 : Statistical Communique' of the People's Republic of China on the (2009~2020) National Economic and Social Development 자료 재정리

03 뉴미디어산업 환경

네티즌

뉴미디어산업 시장에서 가장 중요한 수단으로 활용되는 영역이 인터넷임을 감안하면 네티즌의 위력은 매우 중요하다. 중국의 관련 전문가들에 의하면 2018년 이미 중국 네티즌 수는 미국과 유럽 인구보다 많았다. 2020년 말 기준 중국의 인터넷 보급률은 70.4%이고 농촌의 보급률은 55.9%다.

중국 네티즌 수 추이

연도	2004	2005	2006	2007	2008	2009	2010	2011	2012
네티즌 수 (만 명)	9,400	11,100	13,700	21,000	29,800	38,400	45,730	51,310	56,400
휴대폰 네티즌 수 (만 명)	-	-	1,700	4,430	11,760	23,344	30,273	35,558	41,997

연도	2013	2014	2015	2016	2017	2018	2019	2020
네티즌 수(만 명)	61,758	64,875	68,826	73,125	77,198	82,851	90,359	98,899
휴대폰 네티즌 수(만 명)	50,006	55,678	61,981	69,531	75,265	81,698	89,690	98,576

출처 : ① Report on Development of China's Media Industry(2010) p.6/(2015) p.7/(2014) p.4/(2020) p.5/(2021) p.8
② The Blue Book on the Development of Internet Industry in China(2017~2018) p.23 자료 재정리

1994년 정식으로 인터넷을 도입한 중국은 사회·문화적, 경제적 환경이 급변했다. 2015년 3월 중국 정부는 모든 분야에서 '인터넷+'라는 새로운 발전 모델을 도입해 융·복합시스템 구축에 정책적 비중을 두어왔다. 1980년대에 출생한 빠링허우(80后), 1990년대에 출생한 쥬링허우(90后), 2000년대에 출생한 링링허우(00后) 세대가 주류인 중국 네티즌은 정치·경제·사회·문화 각 분야에서 막강한 영향력을 행사하면서 그 중심세력으로 성장했다. 특히 중국의 'Z세대'는 디지털 시대와 맞물려 중국의 소비패턴을 완전히 변화시키고 있다. 중국 소비시장의 중심세력으로 성장한 Z세대는 인터넷 환경에서 성장해 '인터넷 세대'라고 불린다. 2018년 말 기준 중국대륙 전체 인구 13억 9,538만 명의 약 19%인 약 2억 6,000만 명을 Z세대로 집계했다. 이를 세분화하면 1995년~2005년 출생자 중 쥬링허우 세대는 약 9,945만 명, 링링허우 세대는 약 8,312만 명, 2005년 이후 출생한 링우허우 세대는 약 7,995만 명으로 집계되는데 이것은 홍콩, 마카오, 해외 화교는 제외한 수치다(출처: Annual Report on the Development of New Media in China No.11(2020) p.68, p.134).

그리고 중국의 Z세대 범위를 확대해 1995~2016년 출생자까지 넓히면 약 3억 7,800만 명까지 확대되는데 이는 전체 인구의 약 27%를 차지한다. 어쨌든 중국 Z세대의 소비력은 날이 갈수록 증가해 2020년에는 중국 전체 소비 규모의 40%로 분석되었고 전자상거래 이용객 중 25~35세 젊은 이용객이 소비의 핵심세력으로 등장했다. 하지만 이 Z세대는 중국의 개혁·개방 이후 출생한 사회 엘리트 세대로 풍족한 물질문명하에서 성장했지만 긍정적인 환경에서만 안주하진 않았다. 여러 가지 걱정과 스트레스 속에서 어려운 환경을 동시에 겪어왔다. 빠링허우 세대가 사회에 발을 들이고 가정을 이루던 시기 이들은 자칭 일만 하는 '개미족(蟻族)', 집 없는 설움을 비아냥거리는 '달팽이족(蝸族)', 집세의 노예로 여기는 방노(房奴) 등의 자조적인 말들이 한때 유행했다.

2005년 표본조사에 의하면 젊은 층에 속하는 빠링허우 세대는 2억 400만 명으로 전체 인구의 15.4%인데 이들의 출생지를 살펴보면 76.9%가 농촌이고 23.1%가 도시다. 호구 구분에서도 농촌 호구가 69.2%, 도시 호구는 30.8%로 농촌 호구가 훨씬 많다. 또한 이들은 독생자(獨生子)로 태어난 사람이 19.1%에 불과하고 비독생자로 태어난 사람은 80.9%다. 비독생자 중 형제자매가 한 명인 경우는 39.9%, 두 명인 경우는 25.2%, 세 명인 경우는 15.8%로 조사되었다 (출처: 2012中國社會形勢分析与豫測 p.163).

급변하는 사회 속에서 인터넷 활용도 대단하다. 2020년 코로나19 창궐과 더불어 온라인쇼핑 시장 규모가 급속히 커졌다. 2020년 12월 말 기준 중국의 인터넷 쇼핑 이용자는 약 7억 8,200만 명으로 전체 네티즌의 79.1%이고 휴대폰 인터넷 쇼핑 이용자는 약 7억 8,100만 명이다.

중국의 온라인쇼핑 판매액 추이

연도	2013	2014	2015	2016	2017	2018	2019	2020
소비액(조 위안)	1.86	2.78	3.87	5.15	7.18	9.12	10.63	11.76
증가율(%)	41.98	49.46	39.21	33.07	39.42	27.02	16.56	10.63

출처 : Report on Development of China's Media Industry(2021) p.174 자료 재정리

알리바바 소속 전자상거래 플랫폼인 타오바오(淘宝)와 텐미아오(天猫)의 2020년 온라인쇼핑 판매액 규모는 무려 6조 589억 위안으로 중국 전자상거래 시장에서 여전히 선두를 달리고 있다.

주요 콘텐츠시장 트렌드

인터넷이 생활화된 중국 사회에서도 새롭고 다양한 문화콘텐츠를 선호하는데 IPTV(Internet Protocol TV), 인터넷드라마, 인터넷영화, 인터넷 예능 프로그램 등이 급속도로 발전하는 중이다. 초고속 인터넷망을 이용해 제공되고 인터넷으로 실시간 방송과 VOD를 볼 수 있는 서비스인 IPTV 이용 가구 수는 나날이 늘어 2019년 3월 기준 2억 5,800만 호에 달해 중국대륙 전체 가구 수의 50%를 훨씬 넘는다.

2010~2020년 중국의 IPTV 이용 가구 수 추이

연도	2010	2011	2012	2013	2014	2015	2016	2017	2018	2019	2020
이용 가구 수(만)	800	1,400	2,250	2,800	3,364	4,590	8,673	12,218	15,500	25,800	31,500
증감(%)	–	60.7	34.9	24.4	20.1	36.4	58.9	40.9	26.9	66.5	22.1

출처 : ① Annual Report on Development of China's Audio-Visual New Media(2018) p.77/(2019) p.76
② Annual Report on Development of China's Audio-Visual New Media(2020) p.95 자료 재정리

이 같은 이용가구 수의 급격한 확대로 IPTV가 중국의 제2대 TV 전파 통로가 되었다고 회자된다. 다음으로 인터넷드라마 시장을 살펴보자. 2015년 접어들면서 중국은 인터넷드라마와 TV 방영용 드라마의 경계가 사실상 무너졌다. TV 방영이 먼저냐, 인터넷 방영이 먼저냐 각축을 벌여왔던 시기다. 시장은 정말 백가쟁명이었다. 2017년 들어 중국은 중국 네트워크 시청각 프로그램 서비스협회 인터넷TV 공작위원회가 정식 출범하면서 시장질서 유지에 나섰다.

중국의 인터넷 드라마 방영 실태

	편수	집수	시간량(分)	비 고
2017	206	3,513	10,325	* 구성: 편당 11~20집: 141편 집당 16~30분: 110편/집당 31~45분: 93편
2018.10.31까지	218	4,145	138,353	* 멜로드라마: 101편/* 유료 드라마: 207편
2019	221	–	–	
2020	292	–	–	

출처 : Report on Development of China's Media Industry(2020) p.162/(2019) p.149/(2021) p.136
 자료 재정리

인터넷영화에 대한 시청자의 관심도 대단하다. 그리고 인터넷영화 시장에서
도 인터넷 대기업의 부익부 빈익빈 현상인 '마태효과(Matthew Effect)'는 여전하다.
阿里巴巴影業, 騰訊影業, 愛奇藝影業, 合一影業라는 기업들이 시장을 거
의 장악했다.

인터넷영화 발행 현황

연도	2016	2017	2018	2019	2020
편수	2,463	1,892	1,562	789	756
투자액(억 위안)	15.5	27	*비용 증가 *수량 감소	–	–
비고	*편당 제작비: 100~200만 위안 (전체의 20%)	* 편당 제작비: 100~300만 위안 (전체의 45%) * 편당 300만 위안 (전체의 6%)	* 평균 제작비: 600~800만 위안 * 제작 기간: 7~10 일 → 20~25일	* 편당 300만 위안 (전체의 48%) * 편당 1,000만 위안(전체의 18편) * 제작사: 429개사	–

출처 : Report on Development of China's Media Industry(2018) p.73/(2019) p.91/(2020) p.165/
 (2021) p.139 자료 재정리

2014년 450편, 2015년 680편 발행에 이어 2018년 10월 31일까지 중국이 제
작·생산한 인터넷영화 1,030편 중 바이두 소속 아이치이는 1,018편, 요우쿠
는 337편, 텅쉰은 127편으로 이 세 개 플랫폼이 전체의 95%를 차지한다. 인터
넷 종합 예능 프로그램도 동영상 시장에서 예외일 수는 없다. 종합 예능 프로

그램은 기존 TV와 인터넷 영역에서 약 절반씩 차지한다는 것이 시장의 전언이다. 2017년 신규 계절 TV 종합 예능 프로그램은 149편에 수량 566억 뷰(view)였는데 신규 계절 인터넷 종합 예능 프로그램은 온라인에서 142편, 수량 440억 뷰로 알려진 것이 이를 말해준다.

신규 온라인 종합 예능 프로그램 수량

연도	2015	2016	2017	2018	2019
수량(편수)	96	83	142	385	201

출처 : Report on Development of China's Media Industry(2019) p.189/(2020) p.148 자료 재정리

이 밖에도 온라인에서 다양한 콘텐츠를 즐기는 영역도 많다. 몇 년 전부터 짧은 동영상 콘텐츠가 급증하는 추세로 대표적인 기업이 DouYin(抖音)과 Kwaishou(快手)인데 최근 들어 짧은 동영상의 길이가 다소 늘어나 15초에서 60초, 5분, 심지어 15분 분량의 상품도 등장했다. 이같이 뜨겁게 경쟁 중인 시장에서 동영상 시장점유율을 기준으로 전문기업을 분류해보면 제1진은 腾訊視頻, 아이치이, 요우쿠 동영상, 芒果TV 4대 대기업이며 제2진은 삐리삐리(哔哩哔哩), 소오후동영상(搜狐視頻), 미구동영상(咪咕視頻), 러스동영상(樂視視頻)이다. 마지막 제3진은 風行視頻, pp視頻, 暴風影音, 56視頻이다. 제1진 4대 기업은 약 80%의 시장점유율을 보인다. 2019년 아이치이의 회원들에 대한 서비스 수입은 전년보다 36% 증가한 144억 위안(약 2조 5,200억 원)에 이르고 芒果TV의 영업 수입도 125억 2,300만 위안(약 2조 1,915억 원)으로 전년 대비 29.63% 증가했다.

04 주요 문화콘텐츠별 최근 시장 동향

이번 장에서는 중국의 주요 문화콘텐츠별 최근 시장 동향을 간략히 설명함으로써 향후 한중간 문화산업 분야의 교역 전망을 이해하는 데 도움을 주고자 한다.

게임

중국 게임시장의 발전 단계는 다른 장에서 간략히 언급했던 것과 마찬가지로 발아기였던 2002년 게임상품에 대한 대리 서비스와 상품 브랜드 쟁탈 등으로 나타난 대리권 쟁탈이 시작되었고 2003~2005년 해외게임 모방·학습과 더불어 중국 국산 자체 연구개발이 이루어졌다. 이후 2006년부터 발전기에 접어들었는데 2020년에 와 세계 100여 개국에 다양한 게임을 수출해 약 154억 5,000만 달러를 벌어들였다. 그리고 중국 국내 게임시장에서는 모바일 게임이 대세인데 2020년 모바일게임 수입은 약 2,096억 7,600만 위안으로 75.24%의 시장점유율을 보였다.

게임 종류별 중국의 최근 시장 규모 추이

연도		2014	2015	2016	2017	2018	2019	2020
모바일 게임	시장 규모(억 위안)	274.92	514.65	819.17	1,161.15	1,339.56	1,581.11	2,096.76
	이용객(만 명)	35,750	45,533	52,784	55,397	60,495	62,415	65,435
클라이언트 게임 시장(억 위안)		608.93	611.57	582.49	648.61	619.64	615.14	559.20
웹게임 시장(억 위안)		202.70	219.6	187.15	156.03	126.48	98.69	76.08
모바일+클라이언트+웹게임 소계		1,086.55	1,345.82	1,418.81	1,965.79	2,085.68	2,294.94	2,732.04
e-스포츠게임	전자게임 규모 (억 위안)	–	–	504.60	730.51	834.38	947.27	1,365.57
	이용객(만 명)	–	–	30,089	36,442	42,823	44,493	48,786

주 : e-스포츠 게임이란 electronic sports 게임으로 중국에서 電子競技游戲으로 표기함
출처 : 2020 China Gaming Industry Report pp.13~19 자료 재정리

이와 더불어 2019~2020년 중국 국산게임 수출은 단연 미국, 일본, 한국 순
으로 높은 비중을 차지하고 있다.

2020년 중국 국산게임 국가별 수출 비중(%)

국가	미국	일본	한국	독일	영국	프랑스	사우디	터키	브라질	인도	기타
수출 비중(%)	27.55	23.91	8.81	3.93	2.70	2.07	1.75	0.91	0.89	0.34	26.25

출처 : 2020 China Gaming Industry Report p.12 자료 재정리

2020년 중국 국산게임 총수출액 154억 5,000만 달러 중 미국, 일본, 한국이
전체의 60.27%를 차지했다. 지난 2005~2020년 중국 게임시장 변화를 살펴
보면 다음과 같다.

2005~2020년 중국 게임시장 추이

연도		2005	2006	2007	2008	2009	2010	2011	2012
중국대륙 게임시장 규모 (억 위안)	국산 게임	22.6	42.4	68.8	110.1	165.3	193.0	271.5	368.1
	수입 게임	15.1	23.0	36.8	73.7	97.5	140.0	174.6	234.7
	누계	37.7	65.4	105.6	185.6	262.8	333.0	446.1	602.8
국산 게임 해외 판매수입 (억 달러)		3.0	2.88	0.8	0.7	1.1	2.3	3.6	5.7
게임 이용자 규모(억 명)		–	–	–	0.67	1.15	1.96	3.30	4.10

연도		2013	2014	2015	2016	2017	2018	2019	2020
중국대륙 게임시장 규모 (억 위안)	국산 게임	476.6	726.6	986.7	1,182.5	1,397.4	1,643.9	1,895.14	2,401.92
	누계	831.7	1,144.8	1,407.0	1,655.7	2,036.1	2,144.4	2,308.8	2,786.87
국산 게임 해외 판매수입 (억 달러)		18.2	30.76	53.08	72.29	82.76	95.86	115.95	154.50
게임 이용자 규모(만 명)		49,500	51,731	53,396	56,551	58,318	62,566	64,108	66,479

출처 : ① 2008 China Gaming Industry Report(Abstract) p.26/(2013) p.1, p.6, p.67/(2014) p.13, p.17,
p.99/(2020) pp.8~10 ② Report on Development of China's Media Industry(2020) pp.190~191
③ 中國國際出版業發展報告(2012.7 中國書籍出版社 출간) pp.312~313 자료 재정리

    2008년 중국의 게임개발사는 131개로 전년보다 27% 늘었는데 베이징 38 개, 상하이 28개 등이었다. 7년 후인 2015년 상장한 게임사는 171개로 국내 상장사 79.6%, 홍콩에 상장한 게임사는 9.9%, 미국에 상장한 게임사는 10.5%였다. 2016년 중국이 해외로부터 수입(輸入)한 게임 수는 260개였다. 중국 게임시장 투자액과 연간 게임 서비스 허가권이라는 수량 규모는 다음과 같았다.

2016~2020년 5월 중국의 게임시장 투자 현황

연도	투자건 수	투자 금액 (억 위안)	판권 발행 수량	연도	투자 건수	투자 금액 (억 위안)	판권 발행 수량
2016	286	649.6	* 2016년 7월 1일 판권 정책 시행	2019	63	91.6	1,570
2017	188	724.4	9,384	2020년 1~5월	19	13.2	528
2018	152	261.3	2,141				

출처 : Report on Development of China's Media Industry(2021) p.163 자료 재정리

그리고 모바일게임 부문에 약 90%를 투자하는 것으로 집계되었다.

드라마

중국은 연간 6~7조 원대의 제작비를 TV 드라마 제작에 투입해왔다. 2014년을 제외하면 매년 꾸준히 증가하는 추세이지만 일정하진 않다. 물가, 인건비 등 제작비 증가를 고려하면 프로그램 고품격화에 초점이 맞추어진 것 같다.

연도별 중국의 TV 방송 프로그램 투자 규모(억 위안) 추이

연도	2020	2019	2018	2017	2016	2015	2014	2013	2012
연간 총 투자액	348.8	373.7	427.2	426.5	316.9	327.1	1,647.0	313.6	–
드라마 (전체 비중: %)	185.96 (53.3)	202.0 (54.05)	242.8 (56.8)	242.3 (56.8)	128.5 (40.6)	120.4 (36.8)	124.3 (7.54)	103.7 (33.1)	91.0 (-)
애니메이션	17.34	16.0	16.5	14.4	11.9	12.9	14.9	16.1	17.6

출처 : 2020 China Statistical Yearbook on Culture and Related Industry p.106~p.107/(2019) pp.118~119(2018) p.132/(2017) p.144/(2016) p.140/(2015) p.146/(2014) pp.158~159/(2013) p.127/(2021) pp.98~99 자료 재정리

연도별 중국의 TV 방송 프로그램 중국 국내 판매 규모(억 위안) 추이

연도	2020	2019	2018	2017	2016	2015	2014	2013	2012
연간 총 투자액	341.8	287.0	387.9	360.4	243.2	228.3	237.9	151.6	169.6
드라마 (전체 비중: %)	207.8 (60.8)	236.9 (82.5)	261.0 (67.3)	265.4 (73.7)	148.0 (60.9)	154.5 (67.7)	155.7 (65.9)	100.1 (66.0)	86.73 (51.1)
연도	2020	2019	2018	2017	2016	2015	2014	2013	2012
애니메이션	14.12	8.8	15.7	13.8	11.7	14.6	11.1	17.0	10.5

출처 : 위와 같음

중국의 TV 프로그램 제작비 투자액과 중국 국내 시장 판매액 중 TV 드라마는 국내 판매액 비중이 훨씬 높게 나타났다. 따라서 TV 드라마는 여느 TV 프로그램보다 상업성이 강하다는 느낌을 주지만 뉴미디어 시대에 새로운 콘텐츠가 쏟아져 나오고 시청자가 접하는 채널이 다양해지면서 TV 프로그램 전체에 대한 시장의 무게는 빠른 속도로 변화했다. 한편, TV 드라마 제작·발행 건수도 시간이 흐를수록 감소 추세로 이어졌다. 이것도 뉴미디어의 발달로 새롭고 다양한 문화콘텐츠의 출현으로 사용자에게 선택의 폭을 넓혀주고 있다.

연도별 중국대륙 내 TV 드라마 발행 및 방영 현황

연도		2007	2008	2009	2010	2011	2012	2013
발행량	발행 편수	529	502	402	436	469	506	441
	발행 집수	14,670	14,498	12,910	14,685	14,942	17,703	15,770
방영량	국산 드라마 편수	215,048	216,439	229,151	240,386	240,683	237,426	237,380
	국산 드라마 집수	5,085,500	5,274,761	5,826,743	6,163,490	6,469,854	6,514,910	6,515,218
	수입 드리마 편수	10,652	9,251	9,099	8,778	6,377	4,872	3,616
	수입 드리마 집수	264,200	229,565	224,139	195,069	166,401	107,103	98,939
연도		2014	2015	2016	2017	2018	2019	2020
발행량	발행 편수	429	394	334	314	323	254	202
	발행 집수	15,983	16,540	14,912	13,470	13,726	10,646	7,476

연도		2014	2015	2016	2017	2018	2019	2020
방영량	국산 드라마 편수	229,924	230,216	224,756	229,906	216,780	210,655	212,716
	국산 드라마 집수	6,609,483	6,782,098	6,813,968	6,947,057	7,050,581	7,214,556	7,393,772
	수입 드리마 편수	2,878	2,889	2,427	1,473	811	493	392
	수입 드리마 집수	80,527	81.535	72,473	40,319	26,483	14,886	11,823

출처 : ① 中國第三産業統計年鑒(2009~2013) ② 中國社會統計年鑒(2009~2013) ③ 中國廣播電影電視
發展報告(2013) p.48 ④ China TV Rating Yearbook(2014, 2015, 2017) ⑤ 中國傳媒産業發展
報告(2021) p.128 ⑥ China Statistical Yearbook on Culture and Related Industries(2013)
p.132/(2014) p.166(2015) p.151/(2016) p.145/(2017) p.149/(2018) p.137/(2019) p.124/
(2020) p.112/(2021) p.104 ⑦ 中國廣播電影電視發展報告(2019) p.83, p.137 자료 재정리

중국은 연간 20여만 편, 700여만 집의 TV 드라마를 방영하고 있다. 다만
TV 드라마 시청률은 매우 저조한 편이다. 2020년도 여느 해와 마찬가지로 개
봉작 시청률이 1%를 넘긴 TV 드라마는 58편에 불과했고 시청률 2%를 넘긴
개봉작도 29편에 불과했다(출처: 中國傳媒産業發展報告(2021), p.132). 이 같은 시청률
저조 현상은 수년간 크게 개선되지 않고 있다. TV 드라마의 약 75%가 시청률
0.5% 이하라는 사실이 이를 말해준다. 그런데 TV 방영 이외 온라인에서 방영
되는 인터넷드라마의 인기는 TV 드라마를 능가한다. 특히 코로나19로 인해
2020년, 2021년에는 뉴미디어의 발달에 기초한 인터넷 동영상 산업이 날개를
단 듯 활기를 보였다.

중국 온라인상에서 인터넷 동영상 시장을 꾸준히 석권 중인 4대 거두의
2020년 인터넷드라마 업데이트 양과 유효 방영량을 살펴보면 다음과 같다.
그해 온라인 전체 업데이트 드라마는 292편으로 2019년 253편보다 39편 늘
었다.

2020년 중국의 주요 플랫폼별 인터넷드라마 유효 방영량 및 업데이트 양 비교

플랫폼별	아이치이	텅쉰 동영상	요우쿠	망과TV	계
유효 방영량/ 업데이트 양	140편/ 402억 차	74편/ 313억 차	82편/ 132억 차	33편/ 30억 차	329편/ 877억 차

출처 : 中國傳媒産業發展報告(2021) pp.136~137 자료 재정리

그리고 중국 드라마 시장에서는 2010년 중국 정부의 인터넷 동영상 사이트 광고를 허가했는데 이후 인터넷 동영상 산업은 급속한 발전을 거듭했고 2015년 전후로 드라마의 TV 방영과 온라인상 인터넷 방영의 경계는 무너졌다. 인터넷 동영상 시장의 선두그룹인 아이치이의 2019년 말 기준 구독자 수는 전년보다 22% 늘어난 1억 700만 명으로 그해 회원 영업수입만 36% 증가한 144억 위안(약 2조 5,200억 원)이었는데 이 같은 거대 인터넷 기업도 2017년 −37억 위안, 2018년 −91억 위안, 2019년 −103억 위안 3년 연속 적자를 기록한 것을 보면 중국 인터넷 동영상 시장에서 치열한 경쟁이 계속되고 있음을 알 수 있다(출처: 中國傳媒産業發展報告(2020) p.147).

망과(芒果)TV의 2019년 유료 회원 수는 약 1,800만 명이었는데 2020년 말에 와서는 전년보다 무려 96.7% 늘어난 약 3,613만 명에 이르렀다.

영화

중국의 영화 티켓 판매수입 규모는 매년 지속적으로 증가하다가 2020년 전년 대비 68.32% 감소한 204억 1,700만 위안(약 31억 2,800만 달러)이었는데 이는 세계 각국과 마찬가지로 코로나19의 영향으로 분석된다. 2020년 전 세계 영화

티켓 판매수입 규모는 전년보다 71% 줄어든 122억 달러로 중국의 영화 티켓 판매수입은 전 세계의 25.64%를 차지했다.

최근 20년간 중국 영화산업 주요 통계자료

연도	2001	2002	2003	2004	2005	2006	2007	2008	2009	2010
연간 총 발행량(편) - 극영화	154 88	169 100	201 140	256 212	302 260	392 330	451 402	479 406	558 456	621 526
스크린 수	–	1,581	2,296	2,396	2,668	3,034	3,527	4,097	4,723	6,256
티켓 총 판매수입 (억 위안) - 국산 영화 - 해외 수입영화	8.7 – –	9.0 – –	9.9 – –	15.0 6.7 8.3	20.46 9.46 11.0	26.2 14.42 11.78	33.27 18.01 15.26	43.41 26.39 17.02	62.06 35.13 26.93	101.72 57.27 44.45
관객 수(억 명)	–	–	–	–	–	–	1.14	1.41	2.04	2.86

연도	2011	2012	2013	2014	2015	2016	2017	2018	2019	2020
연간 총 발행량(편) – 극영화	689 558	893 745	824 638	758 618	888 686	944 772	970 798	1,082 902	1,037 850	650 531
스크린 수	9,286	13,118	18,195	23,592	31,627	41,179	50,776	60,079	69,787	75,581
티켓 총 판매수입 (억 위안) – 국산 영화 – 해외 수입영화	131.15 70.32 60.84	170.73 82.73 98.00	217.69 127.67 90.02	296.39 161.55 134.84	440.69 271.36 169.33	457.10 266.63 190.47	559.11 301.04 258.07	609.76 378.97 230.8	642.66 411.75 230.91	204.17 170.93 33.24
관객 수	3.68	4.66	6.17	8.34	12.56	13.72	16.20	17.16	17.27	5.48

출처 : ① 2013中國文化及相關産業統計年鑒 p.142 ② Annual Report on Development of China's Radio, Film and Television(2006~2019) ③ Report on Development of China's Media Industry(2017~2020) ④ Report on Development of China's Media Industry(2021) pp.56~59 ⑤ 2017 China Social Statistical Yearbook p.303 자료 재정리

그리고 드라마 분야와 마찬가지로 온라인상에서 감상할 수 있는 인터넷영화의 제작과 발행 수량도 매년 늘고 있다. 최근 인터넷영화 방영 플랫폼을 보면 중국 동영상 시장을 석권 중인 것은 인터넷 대기업들이다. 2020년 중국 인터넷

영화 방영 플랫폼별 수량에서 잘 나타나는데 총 659편, 길이 51,335분 중 ①
아이치이 305편 ② 요우쿠 187편 ③ 텅쉰 동영상 136편으로 이 3개사가 방영
한 인터넷영화가 전체의 95%를 차지했다. 즉, 아이치이 46%, 요우쿠 28%, 텅
쉰 동영상 21% 점유율이 이를 말해준다. 이 3개사 외에 소후(搜狐), 쥐리(聚力), 미
구(咪咕), 시과(西瓜) 등도 열심히 활동 중이다(출처: 中國視聽新媒体發展報告(2021) p.129).

　2019년 기준 인터넷영화 제작비도 한 편당 평균 600~800만 위안(약 10억 5,000
만~14억 원), 제작 기간도 7~10일에서 20~25일로 길어지고 있다는 것이 시장의
전언이다.

종합 예능 및 애니메이션

　주요 TV 프로그램 중 하나인 종합 예능 프로그램도 시청자의 관심 속에 성
장해오다가 1998년 중국이 영국으로부터 도박 프로그램의 일종인 'Go Bingo'
의 저작권을 수입해 중국판 '행운(幸運) 52'로 전환해 인기를 얻은 것으로 알려지
면서 해외로부터 수입하기 시작했다. 그런데 2012년 말 중국 공산당 중앙당이
'팔항 규정(八項規定)'을 발표하면서 종합 예능 프로그램에 많은 영향을 미쳤다.
사치풍조 퇴치운동으로 전개되는 시책으로 무대 장식을 다소 호화롭게 꾸며
왔던 각급 TV 방송국의 대형 쇼프로그램인 완후이가 급격히 줄었는데 그 풍
선효과로 나타난 것이 종합 예능 프로그램이다. 이 같은 종합 예능 프로그램의
상당수가 음악·쇼 프로그램이다. 즉, '나가수(我是歌手)' 등이 많은 인기를 얻으면
서 시청률도 3~4%를 기록해 TV 드라마 시청률보다 훨씬 높았다. 따라서 종합
예능 프로그램과 온라인 예능 프로그램도 인기를 얻었는데 2018년이 최고 정
점이었다.

중국 온라인 종합 예능 프로그램 편수 추이

연도	2015	2016	2017	2018	2019	2020
프로그램 편수	96	83	142	385	201	140

출처 : Report on Development Of China's Media Industry(2020) p.148/(2021) p.138 자료 재정리

그리고 해외수입도 꾸준히 증가하다가 2015년 이후 자취를 감추기 시작하면서 중국 내 전문기관끼리 합작해 프로그램을 조달하고 있다.

2007~2016년 6월 중국의 수입 종합 예능 프로그램 수량 추이

연도	2007	2009	2010	2011	2012	2013	2014	2015~2016년 6월
수입 편수	1	2	4	13	12	17	12	5

출처 : China TV Rating Yearbook(2017) pp.233~238 자료 재정리

중국의 온라인 종합 예능 프로그램 시장도 마태효과 속에 예외는 없다. 2020년 ① 아이치이 30편, 유효 방영량 56억 차 ② 텅쉰 동영상 53편, 유효 방영량 48억 차 ③ 망과TV 30편, 유효 방영량 26억 차 ④ 요우쿠 27편, 유효 방영량 13억 차로 집계되었다(출처: Report on Development of China's Media Industry(2021) p.138).

중국의 애니메이션(動漫, 動畫) 시장에는 만화시장, 완구 등의 파생상품시장, 출판시장 등이 있지만 이번 장에서는 TV용 애니메이션과 극장 상영 애니메이션 시장을 간략히 설명하고자 한다. 중국은 TV 채널을 통해 연간 방대한 양의 애니메이션을 방영하고 있는데 매년 증가해왔다. 2019년 TV 방영량은 398,685분에 달했고 제작·발행량도 많으며 애니메이션 시장 규모도 매년 증가하는 추세다.

중국의 TV 방영용 애니메이션 제작·발행 수량 추이

연도		2001	2002	2003	2004	2005	2006	2007	2008
발행량	편수	13	13	14	29	83	124	186	249
	길이(분)	8,511	11,392	12,755	21,818	42,759	82,326	101,900	131,042

연도		2009	2010	2011	2012	2013	2014	2015	2016	2017
발행량	편수	322	385	435	395	358	278	273	261	244
	길이(분)	171,816	220,529	261,244	222,938	204,732	138,579	138,273	125,053	83,599

출처 : ① Annual Report on Development of China's Animation Industry(2011) p.37, p.44/(2016) p.54
② China Statistical Yearbook on Culture and Related Industries(2016) p.145/(2017) p.149
자료 재정리

TV 방영용 애니메이션 제작·발행량도 2018년 86,257분, 2019년 94,659분, 2020년 116,688분에 이른다. 그리고 애니메이션 시장 규모와 TV에 방영된 애니메이션 시간 길이도 증가세다.

중국 애니메이션 시장 규모(억 위안) 및 연간 TV 방영량(분) 추이

연도	2009	2010	2011	2012	2013	2014	2015	2016	2017	2018	2019
시장 총 규모	368.42	470.84	621.72	759.94	870.85	1,030.3	1,214.7	1,497.7	1,496	1,700	1,900
TV 방영량	67,335	87,339	280,254	304,877	293,140	304,839	309,060	328,864	362,825	374,485	398,685

출처 : ① Annual Report on Development of China's Animation Industry(2011) p.37, p.44, p.50/
(2016) p.54 ② China Statistical Yearbook on Culture and Related Industries(2016) p.145/(2017)
p.149 자료 재정리

시장 규모 면에서 2020년은 2,300억 위안으로 상당히 증가했고 TV 방영량도 446,113시간으로 증가했는데 그중 해외 수입 애니메이션 방영량은 7,058시간에 불과하다. 다음으로 극장상영용 애니메이션 시장을 살펴보자.

2004~2017년 중국의 극장상영용 애니메이션 발행 수량 및 티켓 판매수입(억 위안) 추이

연도	2004	2005	2006	2007	2008	2009	2010	2011	2012	2013	2014	2015	2016	2017
편수	4	7	13	6	16	27	16	24	33	29	40	51	49	32
티켓판매수입	0.003	0.096	0.04	0.36	2.55	5.64	5.52	16.4	14.3	16.3	31.5	41.6	70.7	47.6

출처 : ① Annual Report on Development of China's Animation Industry(2011) p.68 ② Report on Development of China's Radio, Film and Television(2008) p.67 ③ Annual Report on Animation and Game Industry in China(2016) p.9 자료 재정리

2004년 이전의 연간 극장상영용 애니메이션 제작·발행량은 극히 미진해 1997년 28편, 1998년 9편, 1999년 3편, 2000년 1편, 2001년 1편, 2002년 2편, 2003년 2편에 머물렀다. 그리고 위 표의 티켓 판매수입에는 수입 애니메이션의 극장상영 티켓 판매수입이 포함되어 있는데 그동안 중국 국산 애니메이션의 티켓 판매수입은 대체로 수입 애니메이션 티켓 판매수입을 넘지 못하고 있다.

극장상영용 중국 국산 애니메이션 티켓 판매수입(억 위안) 추이

연도	2011	2012	2013	2014	2015	2016	2017	2018	2019	2020
티켓 판매수입	3.14	4.05	5.81	11.00	20.54	17.67	–	22.87	68.5 (28편)	17.15 (18편)

출처 : ① Annual Report on Development of China's Animation Industry(2016) p.67 ② Report on Development of China's Radio, Film and Television(2008)(2011~2013) ③ Report on Development of China's Media Industry(2018~2021) 자료 재정리

중국 애니메이션 영화시장에서 해외 수입 부문은 대체로 미국과 일본 작품들이 석권 중이며 한국 작품은 잘 보이지 않는다. 그리고 2020년 온라인 접속된 인터넷 애니메이션 영화는 396편에 길이는 66,191분인데 그 중 일반적인 인터넷 애니메이션 영화는 178편, 36,610분으로 온라인상에서 인터넷 애니메이션 영화에의 접근이 쉽게 이루어지고 있었다.

기타

이 밖에도 시청자의 관심을 끄는 콘텐츠는 다큐멘터리(기록영화)인데 2020년 인터넷 다큐멘터리 영화는 총 259편, 1,905집에 길이는 30,466분에 이른다. 인터넷 동영상 시장을 석권하고 있는 플랫폼별 다큐멘터리 영화 방영 상황은 다음과 같다.

중국의 주요 플랫폼별 인터넷 다큐멘터리 방영 상황

주요 플랫폼	인터넷 방영 다큐멘터리 방영 편수	독자 방영 편수
아이치이	81편	29편
텅쉰 동영상	105편	44편
요우쿠	74편	30편
빌리빌리	85편	33편
시궈 동영상	26편	6편
망과TV	30편	12편

출처 : Annual Report on Development of China's Audio-Visual New Media(2021) p.138 자료 재정리

앞 장에서 말했듯이 중국 인터넷 문화 기업들의 시청각상품 제작·생산 등도 여전히 일부 대기업이 거의 석권했고 중국은 인터넷 시청각 문화콘텐츠 분야에서 동남아국가연합(ASEAN: 東盟) 10개국과의 합작·교류가 심화되고 있다. '중국의 시청각 뉴미디어 발전 보고(2021)'에 의하면 중국은 아세안국가들의 다양한 문화콘텐츠를 도입해 방영하고 있는데 2015~2019년 5년간 중국 인터넷 시청각 주요 플랫폼은 영화 66편, TV 드라마 68편, 총 134편을 도입해 방영했다. 그중 태국으로부터 도입한 작품이 115편으로 전체의 85.8%다. 이 같은 사

례를 더 자세히 들여다보면 중국 인터넷 동영상 시장에서 선두를 달리는 6대 기업이 아세안국가로부터 도입한 시청각 문화콘텐츠 12종을 방영했는데 누계 방영 수량은 1,199편으로 집계되었다. 방영된 콘텐츠 12종은 ① 미니영화 ② TV 드라마 ③ 짧은 동영상 ④ 공익광고 ⑤ 예고편 ⑥ 특집프로그램 ⑦ 영화 ⑧ 애니메이션 ⑨ 종합 예능 프로그램 ⑩ 오디오 ⑪ 다큐멘터리영화 ⑫ 드라마 단편으로 이 중 가장 많은 콘텐츠는 영화로 573편이고 그 다음은 예고편으로 315편, 세 번째가 TV 드라마로 171편이다.

2015~2019년 중국 인터넷 동영상 선두 6대 기업의 아세안국가 콘텐츠 도입 방영량

방영 플랫폼별	텅쉰 동영상	요우쿠	아이치이	빌리빌리	망과TV	咪咕동영상	누계
방영 누계 편수	512	333	178	92	51	33	1,199

주 : 방영 편수에는 동일 작품 중복 방영 숫자가 포함된 숫자임
출처 : Annual Report on Development of China's Audio-Visual New Media(2021) p.185, p.186 자료 재정리

그리고 중국의 인터넷 긴 동영상 플랫폼이 아세안국가들의 시청각 콘텐츠를 방영한 것을 살펴보면 태국 작품이 455편으로 전체의 61.16%로 가장 많다.

중국 인터넷 긴 동영상 플랫폼별 아세안국가 주요 콘텐츠 방영 수량

국가	태국	필리핀	베트남	싱가포르	말레이시아	인도네시아	라오스	캄보디아	미얀마	누계
방영 누계 편수	455	89	70	58	41	25	3	2	1	744
점유율(%)	61.16	11.96	9.41	7.80	5.51	3.36	0.40	0.27	0.13	100.0

주 : 방영 편수에는 동일 작품이 중복 방영된 숫자가 포함된 숫자임
출처 : Annual Report on Development of China's Audio-Visual New Media(2021) p.186 자료 재정리

인터넷상 짧은 동영상 플랫폼에서도 아세안국가들의 시청각 문화콘텐츠가 중국대륙에서 많이 방영되었다. 주요 플랫폼별로 구분해보면 ① 도우인(抖音) 영

화 34편, 드라마 단편 8편 ② 콰이소우(快手) 드라마와 영화 각각 1편, 드라마 단편 7편 ③ 도우인훠산빤(抖音火山版) 드라마 단편 2편 ④ 시과동영상 드라마 20편, 영화 41편, 예고편 6편, 다큐멘터리 1편, 드라마 단편 32편, 총 100편 ⑤ 양동영상(央視頻: CCTV) 예고편 1편이다. 어쨌든 중국과 아세안국가의 문화콘텐츠 교류는 그런대로 활발히 이루어져 시청자에게 다양한 선택의 폭을 넓혀주어 시사점이 많아 이번 장에서 간략히 소개했다.

05 중국의 주요 문화콘텐츠별 수출·입 동향

　중국의 문화산업 범주에 속하는 세부적인 문화콘텐츠별로 전체를 파악하기란 필자로서는 사실상 불가능함을 독자 여러분에게 이해를 구한다. 다만 여기서는 대체로 보편화되어 있거나 사회·문화적으로 영향력이 큰 극히 일부 분야에 국한해 설명하며 중국 문화산업 분야의 교역 상황을 이해하기 위해 그 수출·입 동향도 파악했다. 드라마, TV 프로그램, 영화, 다큐멘터리, 애니메이션 등의 잉스류(影視類)와 게임, 도서, 신문, 간행물, 오디오. 비디오상품, 전자출판물을 포괄하는 출판물, 공예미술품, 수장품, 문구류, 악기, 완구, 레크레이션, 기기 등을 포괄하는 문화용품, 전문 인쇄설비, TV·라디오, 영화 특수설비 등 일반적인 문화상품의 수·출입 동향이 매우 활발하고 많은 무역흑자를 내고 있다. 이 같은 중국의 일반 문화상품 수출액은 2005년 176억 달러에서 2019년 998억 9,000만 달러로 급증했고 수입액도 2005년 11억 2,000만 달러에서 2019년에는 115억 7,000만 달러로 집계되었다(출처: 2015~2020 China Statistical Yearbook on Culture and Related Industries pp. 52~56/pp. 43~47).

　중국의 각종 문화콘텐츠 저작권 수출·입 건수(종)를 살펴보면 매년 약

16,000건을 수입하는 반면, 약 13,000건을 수출하고 있다. 중국의 문화콘텐츠별 판권 수출이 급증하는 추세인데 2005년 1,517건에서 2013년에는 1만 건을 넘고 2019년에는 수입 건수와 맞먹는 15,767건에 이르러 중국 내 다양한 문화콘텐츠 창작활동이 활발히 진행 중임을 보여주었다. TV 프로그램 수출·입 동향도 활발하다. 2006년 수·출입 규모는 5억 654억 위안으로 그중 수입은 3억 3,714만 위안, 수출은 1억 6,940만 위안이었다. 2019년 해외로부터 수입한 중국의 TV 프로그램 수입액은 16억 4,302만 위안(약 2,875억 2,950만 원)으로 14년 만에 수입액이 열 배나 증가했다. 중국의 국산 게임 수출액도 꾸준히 늘어 2008년 7,000만 달러이던 것이 2015년에는 53억 1,000만 달러, 2019년에는 115억 9,000만 달러까지 급증했다. 그만큼 자체 연구·개발한 중국 국산 게임이 국제적 경쟁력을 갖추었다는 말이 된다. 중국 정부는 다양한 자국 문화콘텐츠의 해외 진출을 적극적으로 추진함으로써 현지에서 '화류(華流)'가 형성되길 기대하고 있다.

중국의 일반 문화상품 수출·입액(억 달러) 추이

연도	2006	2007	2008	2009	2010	2011	2012	2013	2014	2015	2016	2017	2018	2019	2020
총액	213.6	382.4	433.0	388.9	487.1	671.4	887.5	1,070.8	1,273.7	1,013.2	881.5	971.2	1,023.8	1,114.5	1,086.9
수출	201.7	349.2	390.5	346.5	429.0	582.1	766.5	898.6	1,118.3	870.9	784.9	881.9	925.3	998.9	972.0
수입	11.9	33.2	42.5	42.4	58.1	89.3	121.0	172.2	155.4	142.3	96.6	89.3	98.5	115.7	114.9

주 : 일반 문화상품 범위
　① 출판물(도서, 신문, 간행물, 오디오·비디오상품, 전자출판물) ② 공예미술품, 수장품(Arts and Crafts, Collection)
　③ 문화용품(문구, 악기, 완구, 오락 기자재 등) ④ 전문 문화설비(전문 인쇄기기, TV·라디오, 영화 특수설비)
출처 : 2019(2021) China Statistical Yearbook on Culture and Related Industries p.42(p.43) 자료 재정리

　그런데 위 표의 일반 문화상품 수출 항목에서 완구 수출액이 상당 부분을 차지한다. 2019년 완구 수출액은 311억 4,000만 달러로 총수출액의 31.17%이

고 수입 부문에서는 공예미술품과 수장품이 36억 8,000만 달러로 총수입액의 31.8%를 차지했다. 중국의 완구상품이 유럽과 미국 시장에서 약 75%를 차지하는 것이 이를 증명한다. 그리고 위 표에서 증명하듯이 중국은 일반 문화상품 부문에서 매년 상당한 무역흑자를 기록했다.

영화, TV 관련 문화콘텐츠인 잉스류의 해외 서비스는 2001년 12월 10일 중국의 WTO 가입 후 대체로 3단계 발전 과정을 거쳤다. 첫 번째 초보 단계로 2001~2009년은 해외 전파 시스템 구축에 주력했는데 당시 국가광전총국은 '해외 진출 공정' 시행세칙을 공포해 시행했다. 2004년 국가통계국은 '문화 및 관련 산업 분류'와 '문화 및 관련 산업 통계지표 체계조직(文化及相關産業統計指標體系框架)'을 만들어 시행하면서 문화산업의 개념과 범위를 확정지었다.

2005년 공산당 중앙 판공실과 국무원 판공실이 '문화상품과 서비스 수출 공작 진일보 강화와 개선에 관한 의견'을 공포해 시행하면서 중국 문화의 국제적 영향력, 경쟁력, 수출 브랜드 강화, 해외 진출 공정과 이의 강력한 시행을 요구했다. 두 번째는 2009~2017년으로 해외 전파능력 구축을 강화한 시기다. 2008년 8월 8일 베이징올림픽의 성공적인 개최를 계기로 미디어를 통해 적극적으로 해외에 중국의 역사, 문화, 중외 인문교류 등에서 많은 성과를 거둔 시기였다. 세 번째는 2017년부터 현재까지로 전문가들은 대체로 중국 문화 소프트파워의 전면적인 상승기로 보고 있다.

TV 프로그램

중국 문화산업 부문 콘텐츠 수출·입 규모를 살펴보면 TV 프로그램 비중이 매우 크다. 중국은 TV 프로그램 국제전시 행사에도 적극적으로 참가하고 자국 내에도 TV·라디오 프로그램 국제교역 시장 개척에도 많은 노력을 기울였다. 세계 3대 TV 프로그램 교역 시장인 프랑스 칸느 TV 페스티벌(MIPTV: Marche International des Programmes de Television, 1964년 창설), 미국 전역 TV 프로그램 전시회(NATPE, 1963년 창설), 프랑스 방송콘텐츠 시장 국제 TV 페스티벌(MIPCOM: Marche International des Programmes de Communication, 1985년 창설)에 적극적으로 참가해 자국 TV 프로그램을 수출하고 해외 우수 TV 프로그램과 관련 시장정보를 수입해 왔다. 그리고 중국 내에서도 국제적인 TV·라디오 프로그램 교역 시장 창설에 점점 더 관심을 갖게 되었다.

1980년대 초까지는 중국대륙 내에 국제적인 면모를 갖춘 교역 시장이 거의 없었고 1983년 접어들면서 대강의 모양을 갖춘 성급 교역망(交易罔)이 생겼다. 1988년 들어와 상하이 TV 페스티벌이 탄생했는데 이는 중국대륙에서 국제적 성격을 띤 최초의 TV 프로그램 페스티벌 행사였다. 연이어 1989년에 문을 연 베이징 국제 TV·라디오 주간행사와 1990년에 시작해 1991년 국가광전총국과 쓰촨성 정부가 공동주최한 쓰촨 TV 페스티벌, 그리고 2003년 국가광전총국과 중국광파전영전시집단(中國廣播電影電視集團)이 공동주최한 중국국제방송영화TV박람회(中國國際廣播影視博覽會) 이 네 개 페스티벌이 중국의 4대 국제 TV 페스티벌로 사실상 국제교역 시장이 본격화되었다. 중국은 TV 프로그램 국제교역기구인 중국TV총공사를 통해 상당한 TV 프로그램을 해외에 판매했는데 2003년에는 26개국 74개 미디어 기구에, 2004년에는 37개국 88개 미디어 기구에 판매했다.

2003~2004년 중국국제TV총공사의 TV 프로그램 해외판매액 국가별·지역별 분포(%)

국가·지역	홍콩	대만	싱가포르	일본	말레이시아	태국	亞룬3SC/팬아메리칸8호KU	한국	미국	인도네시아	전 세계 저작권	기타
2003	26.5	18.0	8.3	6.7	6.5	5.1	5.0	4.5	3.5	2.9	0.0	13.1
2004	19.7	33.2	3.9	9.5	1.9	1.7	2.8	0.5	7.8	1.8	40.3	23.1

출처 : China TV Drama Report 2005~2006 p.171 자료 재정리

다음은 2006~2019년 중국의 TV 프로그램 수출·입 금액 변화를 살펴보자.

중국의 TV 프로그램 수출·입 금액 추이

	수입(만 위안)				수출(만 위안)			
	연간 총액	드라마	TV 애니메이션	다큐멘터리	연간 총액	드라마	TV 애니메이션	다큐멘터리
2019	164,302	33,793	108,290	7,522	-	-	-	-
2018	360,621	80,657	250,634	6,577	-	-	-	-
2017	190,278	81,453	82,254	5,940	-	-	-	-
2016	209,872	81,500	105,645	3,202	36,909	29,732	3,662	1,800
2015	99,379.6	29,465.6	44,472.16	7,488	51,331.9	37,704.6	10,059.2	901
2014	209,023.5	169,807.3	11,028	5,274.5	27,225.7	20,795.5	3,190	745.7
2013	58,658.1	24,497.4	4,432.4	9,273.3	18,165.6	9,249.8	4,894.2	2,693.5
2012	62,534	39,584	1,489	5,976.3	22,824.2	15,019.8	3,104.7	3,226
2011	54,099	34,564	702	3,683	22,662	14,649	3,662	1,834
2010	43,047	21,450	247	-	21,010	7,484	11,133	-
2009	49,146	26,887	128	-	9,173	3,584	4,456	-
2008	45,421	24,293	878	-	12,476	7,525	2,948	-
2007	32,067	10,757	981	-	12,175	2,435	7,354	-
2006	33,714	18,513	803	-	16,940	11,085	5,148	-

출처 : ① 2013中國文化及相關産業統計年鑒 pp.140~141 ② 2012 China Social Statistical Yearbook p.67 ③ 2014 China Statistical Yearbook on Culture and Related Industries pp.180~182/(2015) pp.165~166/(2016) p.158/(2017) p.162/(2018) p.160/(2019) p.135/(2020) p.123 자료 재정리

다만 2017년 이후 중국의 주요 TV 프로그램 수출액 자료를 찾을 수 없어 안타깝게 생각한다.

TV 드라마

홍콩 ATV(亞洲電視: 약칭 亞視)가 제작한 TV 드라마 '후오옌쟈(霍元甲)'를 1984년 5월 6일 CCTV가 수입해 방영하기 시작하면서 해외 수입 드라마 방영이 시작되었다. 연이어 일본 TV 드라마 '혈의(血疑)', 브라질 TV 드라마 '여노(女奴)', 멕시코 TV 드라마 '비방(誹謗)' 등이 중국 TV 드라마 시장에 진입하면서 점점 확대되었다. 1990년대 접어들면서 중국대륙 내에서 중국 국산 TV 드라마 제작·생산량이 부족해 해외 수입 드라마에 의존하는 경향을 보이면서 1990년대 후반 해외 수입 드라마가 중국 가정의 TV 화면을 뜨겁게 달구었다. 특히 1997년 중국 국산 TV 드라마가 시장에서 쇠퇴하는 과정에 홍콩과 대만 TV 드라마가 대규모로 시장을 엄습하면서 시장을 장악했다.

1999년 중국 최대 명절인 설날 전후로 중국 전역 18개 위성채널에서 동시에 홍콩 TV 드라마 '천룡팔부(天龍八部)'가 엄청난 인기리에 방영되었는데 이는 당시 시장 상황을 잘 보여주었다. 당시 중국 TV 드라마 시장에서 해외 수입 드라마가 종횡무진하는 상황에서 중국 정부는 자국 TV 드라마 육성책을 내놓았지만 별 효과는 없었다. 1994년 2월 국가광전총국은 '해외 TV 프로그램 수입·방영에 관한 규정'을 공포해 각급 TV 방송국은 매일 방영되는 프로그램 중 해외 수입 드라마는 총 방영시간의 25%를 초과할 수 없고 저녁 프라임타임(18:00-22:00)에는 15%를 초과할 수 없다는 내용을 핵심으로 하는 정책 시행에 들어갔다. 또한 당시 해외 수입 드라마의 소재가 무협(武俠)이나 갱, 범죄류가 많은 상황과 관련해 1995년 3월 8일 국가광전총국은 무협이나 갱, 범죄류 소재의 해외 드라마 수입에 대한 대대적인 감축 요구와 함께 이미 수입되어 비준받은 무협, 갱, 범죄류 드라마에 대해서는 각 지역에서 방영 전 자체 심의를 통해 모든 가능한 액션 부문을 삭제할 것을 지시했다. 아울러 이런 부류의 해외 수입 드라마는 저녁 프라임타임 방영을 금지했다. 2000년 1월 4일 국가광전총국은 'TV 드라마 수입·합작방영 관리 진일보 강화에 관한 통지'를 공포해 해외 수입 드라마에 대한 제한을 다시 강화했다. 이 통지 내용에는 궁정(宮廷)이나 격투를 소재로 한 해외 수입 드라마는 엄격히 제한하며 이 같은 부류의 드라마는 해외 수입 드라마 총량의 25%를 초과할 수 없고 전국 각급 TV 방송국과 유선 TV·라디오 방송국은 저녁 프라임타임에는 국가광전총국의 비준이 확정된 것을 제외하면 수입 드라마를 방영할 수 없으며 동일한 수입 드라마는 세 개 이상의 성급 위성TV 채널에서 방영할 수 없다는 내용이 담겨 있었다. 같은 해 1월 13일 국가광전총국은 다시 '성급 TV 방송 프로그램 채널 관리공작에 관한 통지'를 공포해 시행했는데 여기에는 저녁 프라임타임에 해외 수입 드라마 방영 비율을 반드시 15% 이내로 하고 저녁 7시~9시 30분 시간대에는 국가광전총국이 방영을 비준한 수입 드라마를 제외하면 어떠한 해외 수입 드라마도 방영할 수 없다는 일부 내용을 조정했다. 이렇게 몇 개월을 지켜보다가 2000년 6월 15일 국가광전총국은 '드라마 관리규정: 電視劇管理規定'을 공포했는데 이 규정은 TV 방송국이 매일 방영하는 프로그램 중 해외 수입 드라마는 15%를 초과할 수 없다고 최종 정리했다. 이 같은 규정들을 자주 수정한 것을 보면 당시 중국 국산 TV 드라마와 해외 수입 드라마 방영 문제를 놓고 무척 고민한 것으로 보인다. 여기서 중국 TV 드라마 시장의 초기 동향을 자세히 살펴보자.

1) 중국대륙 내 해외 수입 드라마의 초기 동향

중국대륙의 초기 TV 드라마 시장에서는 홍콩과 대만 드라마가 주를 이루었다. 1990~1995년 대만 드라마의 중국 유입은 총 90편이었다. 당시 중국은 해외 수입 드라마에 일정 제한을 두었지만 대만 드라마의 표현상 특징이 중국 드라마와 분명히 차이가 있어 수입제한의 실효성을 확보하기에는 어려움이 많았다고 한다. 여기서 해외 수입 드라마가 중국 드라마 시장에서 사실상 확실한 우위에 있던 2002년을 전후로 중국 TV 드라마 시장을 살펴보면 한국 TV 드라마의 중국 시장 진입을 이해하는 데 도움이 될 것이다.

2002년 당시 홍콩 TV 드라마는 중국대륙의 TV 채널에서 선두주자였는데 방영 편수, 방영 빈도수, 지역별 TV 방송 채널에서의 관심도 등 전 부문에서 상위를 기록했다. 2002년 홍콩 TV 드라마 26편이 중국의 열 개 TV 채널에서 방영되었고 전체 방영 편수도 19.5%를 차지했다.

당시 중국대륙 TV 드라마 시장에서 홍콩과 대만 TV 드라마의 강세가 지속되는 가운데 미국·유럽 드라마는 별 인기를 못 받았다. 2002년 중국에 수입되

2002년 중국 각 지역의 수입국가별 드라마 방영 빈도(%)

	화북지방	화남지방	화동지방	화중지방	서북지방	서남지방	동북지방
홍콩 드라마	45.5	52.5	54.9	52.4	48.4	44.2	58.7
한국 드라마	27.2	20.0	24.6	20.6	18.9	26.9	17.3
대만 드라마	8.4	12.2	9.4	16.7	19.7	12.7	16.5
일본 드라마	5.8	5.1	4.0	4.2	3.3	4.6	2.3
미국·유럽 드라마	11.8	8.6	5.9	4.8	9.8	9.7	4.5

주 : ① 화북지방(허베이성, 톈진시, 산시성, 네이멍 자치구) ② 화남지방(광둥성, 광시 자치구, 하이난성)
　　③ 화동지방(상하이, 저장성, 산둥성, 장쑤성, 푸젠성, 안후이성) ④ 화중지방(허난성, 후난성, 후베이성, 장시성)
　　⑤ 서북지방(산시성, 깐수성, 칭하이성, 닝샤 자치구, 신깡 자치구) ⑥ 서남지방(충칭시, 쓰촨성, 구이저우성, 윈난성, 시장 자치구)
　　⑦ 동북지방(랴오닝성, 지린성, 헤이룽장성)
출처 : China TV Drama Report 2003~2004(華夏出版社2004.1 출간) pp.221~223 자료 재정리

어 방영된 해외 TV 드라마의 16.8%가 미국·유럽 드라마였고 그 방영 빈도도 7.5%에 그쳤다는 사실이 이를 말해준다. 2002년 중국 TV 방송국의 81.8%가 해외 TV 드라마를 구입했는데 평균 10.7편, 219.9집으로 상당한 분량이었다. 하지만 해외 TV 드라마를 한 편도 구입하지 못한 방송국도 18%나 되었다. 평균 1~9편을 구입한 방송국은 약 37%, 10~19편을 구입한 방송국은 30%, 심지어 20편 이상 구입한 방송국은 15%나 되었다.

2002년 전국 132개 TV 채널에서 총 327편의 해외 수입 드라마를 저녁 프라임타임에 방영했는데 총 방영량의 22%가 해외 수입 드라마였고 국산 드라마는 78%였다. 해외 수입 드라마의 총 방영 회수는 1,411회였다.

2002년 중국의 해외 수입 드라마 방영 현황

국가·지역	홍콩	한국	대만	미국	일본	유럽	싱가포르	기타
총 방영 편수 (327편) 전체 비중(%)	133 40.7	67 20.5	42 12.8	39 11.9	23 7.0	10 3.1	7 2.1	6 1.8
총 방영 회수 (1,411회) 전체 비중(%)	723 51.3	316 22.4	85 13.1	75 5.3	61 4.3	26 1.8	19 1.4	6 0.4

출처 : China TV Drama Report 2003~2004 p.218 자료 재정리

중국대륙의 초기 TV 드라마 시장에서는 홍콩, 한국, 대만 드라마가 3두 체제를 형성한 것으로 나타났다. 하지만 사실상 홍콩 드라마가 시장의 거의 절반을 차지한 것으로 보아야 할 것이다. 중국대륙에서 한국 드라마에 대한 시청자의 뜨거운 반응이 이어지던 2004년 아시아 국가 드라마의 중국 내 방영량이 증가하기 시작했다. 2004년 중국 33개 대도시 156개 채널에서 저녁 5시~자정에 방영된 1,596편 중 중국 국산 드라마가 1,140편으로 가장 많았지만 전년보다 6.9% 줄었다.

2003~2004년 드라마 생산국별 방영량

구분	중국 국산 드라마	홍콩, 마카오, 대만 드라마	아시아 국가 드라마	기타 국가 드라마	합계
2004(편수)	1,140	275	119	64	1,596
2003(편수)	1,175	251	107	66	1,599
증감률(%)	-6.9	9.6	11.2	-6.1	-0.2

출처 : China TV Drama Report 2005~2006 p.26 자료 재정리

　중국 시청자들의 1인당 드라마 평균 시청시간도 2001년 52.2분, 2002년 52.7분, 2003년 56.1분, 2004년 56.5분으로 해마다 조금씩 늘어났다. 시청자 성별로 보면 여성이 61.7분, 남성이 51.6분으로 집계되었다. 2004년 중국에서는 총 649편의 해외 수입 드라마가 방영되었다. 총 방영시간 55만 8,745시간 중 중국 국산 드라마의 방영시간은 44만 5,438시간으로 총 방영시간의 79.8% 였고 두 번째로 홍콩, 마카오, 대만 드라마의 방영시간이 8만 3,692시간으로 15.1%, 세 번째로 아시아 국가 드라마는 2만 2,455시간으로 4%였다. 여기에는 한국 드라마 방영시간도 포함되어 있다. 마지막으로 기타 국가의 드라마는 6,244시간이었다. 이는 2004년 연간 TV 프로그램을 모니터링한 450개 TV 채널 중 수입 드라마를 방영한 303개 채널을 대상으로 한 자료로 전체 450개 채널의 ⅔에 해당한다. 그러면 중국 국산 TV 드라마의 초기 해외 진출 상황을 알아보자. 다만 한국의 TV 드라마 수출·입 상황은 뒷장에서 별도로 설명하겠다.

2) 초기 중국 TV 드라마의 해외 진출

　1994년 중국은 자국 TV 드라마 '삼국연의(三國演義)'를 홍콩 ATV에 판매했다. 2002년 홍콩 ATV가 '칭기즈칸(成吉思汗)'을 포함한 중국 TV 드라마 13편을 수입

해 방영했다. 방영량은 ATV 방영 드라마의 39.4%를 차지했고 해외 수입 드라마 방영량의 50%를 차지했다. 이듬해인 2003년 홍콩 ATV는 4월분 방영 드라마 총 15편 중 자체 제작 5편, 해외 구입 열 편이었다. 해외 구입 열 편 중 7편이 중국 TV 드라마였다. 나머지 세 편은 한국 TV 드라마였는데 '情定大飯店(20집: 배용준, 송혜교, 김승우, 송윤아 출연)', '유리구두(玻璃鞋: 50집, 김현주, 김지화, 한재석, 소지섭 출연)', '수호천사(守護天使: 20집, 송혜교, 김문, 윤다손 출연)'였다. 당시 홍콩과 대만 TV 드라마가 홍콩과 중국에서 맹위를 떨치는 가운데 한국 TV 드라마의 영향력도 만만치 않다는 것이 중론이었다. 1980~1990년대 초기 중국 TV 드라마 시장은 수급불균형과 해외 수입 드라마와 중국 국산 드라마의 특징 비교우위에서 그 원인을 찾을 수 있을 것이다. 2000년 들어서도 비슷한 상황이 계속되었다. 당시 필요량은 3만여 집인데 제작·생산량은 8,000~9,000집에 불과했다는 것이 시장의 진단이다. 당시 중국대륙에서 생산력이 가장 높았던 CCTV는 매년 자체 제작·생산량이 1,000여 집에 불과했고 외부 구입은 500여 집에 머물렀으며 성급 TV 방송국들은 연간 2,200집을 구입하는 데 평균 1,500만 위안의 경비를 지출한 것으로 기록되었다. 하지만 경제력이 뒷받침된 일부 성급 TV 방송국들은 연간 1억 위안 이상을 해외 드라마 구입비로 지출했다고 한다.

중외 드라마 합작과 관련해 1995년 9월 1일 국가광전총국은 '중외 합작 제작 드라마(녹상편) 관리 규정'을 공포·시행해 주요 제작진인 작가, 감독, 주연배우 자리에 중국인을 ⅓ 이상 참여시킬 것을 지시했고 1999년 8월 18일에도 다시 '합작드라마 관리 진일보 강화에 관한 통지'를 공포·시행해 합작드라마 제작 관련 투자금에 대한 일부 제한사항을 두기도 했다. 2000년 1월 4일 'TV 드라마 제작허가증(甲種)'을 취득한 단위는 반드시 연간 60집 이상의 국산 TV 드라마를 제작·완성하고 심의 후 완성품은 국가광전총국의 비준을 받아 저녁 프라임타임에 방영할 수 있도록 하는 등 당시 드라마 시장의 급속한 변화에 대응하는 중국 국산 드라마 지원책이 진행된 것으로 보인다. 중국 국산 TV 드라마의 해외 판매처로 초기에는 유럽국가들의 주요 매체 진입은 없었고 주로 화교권에 머물렀다. 즉, 싱가포르, 말레이시아, 인도네시아, 베트남, 태국 등이 주요 수출 대상국이었고 그 다음이 한국, 일본, 미국, 캐나다, 유럽 국가들의 비디오테이프 시장과 중국인 TV 방송국이었다.

2002년 TV 프로그램 등의 수출·입을 전담하는 중국국제TV공사가 기록한 TV 프로그램 판매수입 중 50.64%가 대만으로부터 들어왔고 홍콩, 말레이시아로부터의 판매수입도 10%를 넘었다. 기타 주요국으로는 싱가포르, 태국, 인도네시아, 일본, 한국 등인데 이 국가들로부터 판매한 수입금액은 전체의 1.56%에 불과했다(출처: China TV Drama Report 2003~2004). 이 같은 여러 가지 난관을 극복하고 중국대륙 TV 드라마 시장은 경쟁력 확보를 위한 치열한 경쟁 속에서 성장해온 것만은 사실이다. 오늘날 중국대륙 내 TV 드라마 생산은 양보다 질을 중시하는 정책이 이어지고 있다. 또한 세계적인 네티즌 보유국과 맞물려 인터넷드라마가 TV 드라마 시장을 능가하는 현상을 보이면서 뉴미디어 환경에 적응하고 있다.

저작권 교역

중국의 문화콘텐츠 저작권 수출에서는 전자출판물이 점점 증가하고 있는데 이는 뉴미디어의 발달과 함께 다양한 콘텐츠를 비교적 많이 생산하는 것으로 보인다. 그리고 해외로부터 수입하는 항목 중 도서 저작권 수입이 대부분을 차지한다.

2005~2019년 중국의 저작권 수출·입 건수(종)

		2005	2006	2007	2008	2009	2010	2011	2012
수입	총 건수(종)	10,894	12,386	11,101	16,969	13,793	16,602	16,639	17,589
	도서 비중(%)	9,382 86.1	10,950 88.41	10,255 92.38	15,776 92.97	12,914 93.63	13,732 82.66	14,708 88.39	16,115 91.62
수출	총 건수(종)	1,517	2,057	2,593	2,455	4,205	5,691	7,783	9,365
	도서 비중(%)	1,434 94.53	2,050 99.66	2,571 99.15	2,440 99.39	3,103 73.79	3,880 66.18	5,922 76.09	7,568 80.81
	전자출판물	78	5	1	1	34	187	125	115

		2013	2014	2015	2016	2017	2018	2019
수입	총 건수(종)	18,167	16,169	16,467	17,252	18,120	16,829	16,140
	도서 비중(%)	16,625 91.51	15,542 93.09	15,458 93.87	16,587 96.14	17,154 94.67	16,071 94.50	15,684 97.17
수출	총 건수(종)	10,401	10,293	10,471	11,133	13,816	12,778	15,767
	도서 비중(%)	7,305 70.23	8,088 78.58	7,998 76.38	8,328 74.80	10,670 77.23	10873 85.09	13,680 86.76
	전자출판물	646	433	650	1,264	1,557	743	838

출처 : ① 2013中國文化及相關産業統計年鑒 p.120 ②2020 China Statistical Yearbook on Culture and Related Industries p.100 자료 재정리

　2010년 이후부터 중국의 TV 프로그램 저작권 수출이 급증했다. 2010년 989건, 2011년 1,561건, 2012년 1,559건, 2013년 1,531건으로 이어졌는데 이는 여러 가지 원인이 있겠지만 중국의 자국 문화콘텐츠 해외 수출 정책과 맥을 같이하는 한편, 콘텐츠의 질적 향상과도 관련 있다. 2020년 중국의 저작권 수출·입 상황을 살펴보면 수입 부문에서 총 건수 14,185건 중 도서가 13,919건으로 전체의 98.12%로 가장 비중이 높고 비디오·오디오 상품 233건, 전자출판물 33건이고 수출 부문에서는 총 건수 13,895건 중 도서가 12,915건으로 전체의 92.95%를 차지했다. 그다음은 전자출판물 736건, 오디오·비디오 상품 244건으로 집계되었다(출처: China Statistical Yearbook on Culture and Related Industries 2021 p.92).

2011년 중국의 대외무역 총액은 2조 9,740억 달러로 미국에 이어 2위였고 수출 규모는 세계 1위로 전 세계 수출의 9.5%를 차지했다. 같은 해 도서수출액 세계 1위는 미국으로 전 세계의 21.8%를 차지했고 2위 독일, 3위가 영국인 데 비춰보면 당시 중국의 도서수출 규모는 상당히 낮은 수준이었다.

중국의 역대 도서저작권 수출·입 건수(종) 추이

연도	1997	1998	1999	2000	2001	2002	2003	2004	2005	2006	2007	2008	2009	2010
수입	3,224	5,469	6,461	7,343	8,250	10,235	12,516	10,040	9,382	10,950	10,255	16,969	13,793	16,602
수출	353	588	418	638	677	1,297	811	1,314	1,434	2,050	2,571	2,455	4,205	5,691

출처 : 中國文化貿易統計(中國統計出版社 2013.10 출간/梁昭著) pp.70~71 자료 재정리

2010년 당시 중국의 저작권 교역 세부항목을 알아보기 위해 관련 자료를 찾아보았다.

2010년 중국의 주요 문화콘텐츠별 저작권 교역량(종) 현황

구분	합계	도서	녹음제품	녹상제품	전자출판물	소프트웨어	영화	TV 프로그램	기타
수입	16,602	13,724	439	356	39	304	284	1,446	0
수출	5,691	3,880	36	8	187	0	0	1,561	19

출처 : 中國文化貿易統計 p.69 자료 재정리

중국이 주요 문화콘텐츠 저작권을 어느 나라에 얼마나 수출·수입하는지 알아보자.

중국의 주요 문화콘텐츠 저작권 국가별·지역별 수출·입 건수(종)

		미국	영국	독일	프랑스	러시아	캐나다
2015	수입 합계	5,251	2,802	815	999	87	153
	도서	4,840	2,677	783	959	86	151
	영화	157	1	-	-	-	-
	TV프로	19	40	1	5	-	1
	수출 합계	1,185	708	467	199	135	144
	도서	887	546	380	138	135	81
	TV프로	124	60	60	60	-	63
2014	수입 합계	5,451	2,842	841	779	98	165
	도서	4,840	2,655	807	754	97	160
	영화	6	-	-	1	-	-
	TV프로	116	115	2	10	-	3
	수출 합계	1,216	507	408	371	226	129
	도서	734	410	304	313	177	67
	TV프로	219	59	58	58	-	61
2013	수입 합계	6,210	2,698	763	787	84	114
	도서	5,489	2,521	707	772	84	111
	TV프로	83	66	7	8	-	1
	수출 합계	1,266	731	452	243	125	157
	도서	753	574	328	184	124	46
	TV프로	329	59	59	59	-	111
2012	수입 합계	5,606	2,739	941	846	61	138
	도서	4,944	2,581	874	835	48	122
	영화	-	-	-	-	12	-
	TV프로	42	73	2	2	-	-
	수출 합계	1,259	606	354	130	104	122
	도서	1,021	606	352	130	104	104
	TV프로	192	-	1	-	-	3
2011	수입 합계	5,182	2,595	895	720	57	140
	도서	4,553	2,256	881	706	55	133
	영화	11	-	-	-	-	-
	TV프로	241	212	-	10	-	-
	수출 합계	1,077	433	146	129	40	16
	도서	766	422	127	126	40	15
	TV프로	278	-	-	-	-	-

		싱가포르	일본	한국	홍콩	마카오	대만	기타
2015	수입							
		합계 242	1,771	883	333	1	1,117	2,013
		도서 240	1,724	826	159	1	1,052	1,960
		영화 –	–	–	154	–	10	2
		TV프로 2	2	48	2	–	3	13
	수출	합계 555	313	654	499	99	1,857	3,656
		도서 262	285	619	311	31	1,643	2,680
		TV프로 123	1	2	127	68	70	753
2014	수입	합계 213	1,783	1,216	229	8	1,270	1,800
		도서 211	1,736	1,160	181	8	1,170	1,762
		영화 –	–	–	1	–	–	–
		TV프로 1	7	29	8	–	11	14
	수출	합계 416	388	642	437	107	2,412	3,034
		도서 248	346	623	277	13	2,284	2,292
		TV프로 120	15	2	125	94	65	679
2013	수입	합계 330	1,905	1,619	509	7	1,215	1,926
		도서 310	1,852	1,472	354	7	1,100	1,846
		TV프로 17	4	111	51	–	22	11
	수출	합계 532	388	695	1,051	143	1,899	2,719
		도서 171	292	656	402	24	1,714	2,037
		TV프로 192	1	–	273	119	132	603
2012	수입	합계 293	2,079	1,232	590	5	1,558	1,501
		도서 265	2,006	1,209	413	5	1,424	1,389
		영화 –	–	–	–	–	–	–
		TV프로 26	1	4	24	–	–	16
	수출	합계 292	405	310	511	1	1,796	3,475
		도서 173	401	282	440	1	1,781	2,173
		TV프로 101	1	-	66	–	3	1,164
2011	수입	합계 265	2,161	1,098	658	1	1,492	1,370
		도서 200	1,982	1,047	345	1	1,295	1,254
		영화 –	–	6	20	–	–	–
		TV프로 60	130	1	32	–	–	48
	수출	합계 221	187	507	448	37	1,656	2,886
		도서 131	161	446	366	19	1,644	1,659
		TV프로 48	–	–	79	–	10	1,144

출처 : ① 2016 China Statistical Yearbook of The Tertiary Industry p.540 ② (2015) p.582 ③ (2014) p.540 ④ (2013) p.502 ⑤ (2012) p.517 자료 재정리

중국의 주요 문화콘텐츠 수출·입 대상국 중 최대교역국은 미국이며 나머지 국가들도 대부분 선진국들이다. 물론 대만과 홍콩과의 교역량도 상당하며 선두권이다. 2011년~2015년 중국의 영화 저작권 수출 실적에서 위 표에 표시된 국가 대상 수출은 전혀 없어 배급사가 매표하면 서로 수익금을 나누어 갖는 분장제(分賬片) 방식으로 수출했는지는 알 수가 없다. 또한 앞에서 말했지만 저작권 수출·입 세부항목은 주로 도서류이고 나머지 소프트웨어, 전자출판물, 오디오·비디오 제품 등의 수량은 극히 적다.

❶ 중국의 저작권 보호 주요 정책

중국 정부는 저작권 보호를 위한 새로운 법적·제도적 정책을 꾸준히 추진해왔지만 저작권자가 제대로 보호를 못 받는 경우도 있다. 중국은 1991년 6월 저작권법 발효 후 1992년 10월 '베른조약'과 '세계저작권조약'에 각각 가입하고 2001년과 2010년 '저작권법' 수정안을 거치면서 저작권 보호를 위한 노력을 경주해왔다. 특히 중국은 2001년 12월 WTO 가입 이후 지적재산권 입법화를 적극적으로 추진했는데 새로운 환경에 걸맞은 특허권, 상표권, 저작권, 관련 허가증 발급 등의 법률·법규를 수정하는 등 많은 정책을 시행해왔다(출처: Apuntes Sobre La Industria Cultural En China/스페인 Miguel Sazatornil과 Maria Cruz Alonso 공저/2011.11 중국 푸단대 출판사 출간/王留栓, 徐玲玲 譯/pp.58~64).

특히 2005년부터는 국가판권국(國家版權局), 국가인터넷정보 판공실, 공업과 정보화부(工業和信息化部), 공안부(公安部) 공동으로 '검망행동(劍网行動)'이라는 이름으로 매년 대대적인 인터넷 불법침해 특별 단속을 이어가고 있다. 또한 중국인민최고법원은 2009년부터 매년 지속적으로 '중국법원 지적재산권 사법보호 상황 백서: 中國法院知識産權司法保護狀況白皮書'를 공포하고 '중국 지식재산권 사법보호 요강'도 함께 발표하고 있으며 2014년 12월 베이징, 상하이, 광저우 제1선 대도시에 지적재산권 전담법원을 설립·운영해오고 있다.

중국의 인터넷을 통해 전파된 저작권 분쟁을 포함한 지적재산권 분쟁에서 2020년도의 지적재산권(저작권, 특허권, 상표권 등)에 대한 제1심 법원 사건 접수 및 처리 내역을 보면 ① 판결 134,293건 ② 각하 847건 ③ 기각 3,062건 ④ 철회 240,912건 ⑤ 화해 51,356건 ⑥ 기타 12,252건으로 집계되었다(출처: 2021 China Social Statistical Yearbook p.336).

중국의 지적재산권 소송 제1심 인민법원 접수사건 구분 현황

구분/연도	2010	2011	2012	2013	2014	2015	2016	2017	2018	2019	2020
총 접수 건수	42,931	59,612	87,419	88,583	95,522	109,386	134,248	201,039	283,414	399,031	443,326
저작권	24,719	35,185	53,848	51,351	59,493	66,690	86,989	137,267	–	–	–
특허권	5,785	7,819	9,680	9,195	9,648	11,607	12,357	16,010	–	–	–
상표권	8,460	12,291	19,815	23,272	21,362	24,168	27,185	37,964	–	–	–

출처 : ① Annual Report on Digital Publishing Industry in China 2017~2018 pp.221~222
② 2021 China Social Statistical Yearbook p.333 자료 재정리

중국의 저작권 분쟁 건수는 매년 증가하는 추세인데 2013년 연간 신규 지적재산권 총 접수 건수의 58%, 2014년 62.3%, 2015년 61.0%, 2016년 65.0%, 2017년 68.0%로 나타났다. 소송 건수가 계속 증가하는 것은 여러 사건이 복잡하게 얽힌 이유도 있지만 전 세계 네티즌 49억 2,900만 명(2020년 9월 30일 기준)의 약 20%를 차지하는 중국 네티즌 수와 전국 인터넷보급률 70.4%와도 관련 있어 보인다. 더구나 중국 온라인 시장은 과거 소비국에서

현재는 생산국으로 바뀐 것도 중요한 원인이다. 중국 공산당 정부는 온라인에서의 저작권 보호 강화를 위해 저작권 침해 처벌 및 손해배상 강화, 국제조약 준수, 저작권 라이선스에 관한 규정 개선 등 다양한 시책을 내놓고 있지만 여러 가지 어려움이 있을 것이다.

❷ 디지털 시대 저작권 침해 예방

저작권 침해 분야에서 앞에서 말한 도서, 영화, TV 프로그램 등 공식적인 것을 제외하고 디지털 시대의 다양한 콘텐츠 저작권에서 접근하겠다. 한국의 다양한 문화콘텐츠가 중국의 주요 동영상 플랫폼에서 성행하는 불법 의심 사례를 모니터링한 자료를 설명하겠다. 이 자료는 중국 冠勇科技公司(First Brave)가 2021년 상반기 중국 내 한국 문화콘텐츠 저작권을 모니터링한 보고서에 근거한 것이다. 여기서 한국의 문화콘텐츠 144개 작품에 대해 중국의 40개 온라인 동영상 플랫폼을 모니터링한 결과, 단속 대상 144편 중 인터넷 링크가 숏클립 영상의 50.1%가 약 20분 분량이고 20~30분 분량은 13.5%, 30~40분 분량은 16.8%, 40분 분량 이상도 16.9%로 조사되었다. 모니터링 시행사는 첨단 영상 콘텐츠 검색기술을 활용해 작품의 특징, 데이터 장소에 기초한 화면과 소리의 높은 정밀도를 맞추어 링크 콘텐츠와 그 출처를 명확히 파악해 실시간, 다량, 효율성, 정확성을 특징으로 한다. 저작권 침해 의심 상위 20편을 보면 ① '못 말리는 결혼' ② '슈퍼맨이 돌아왔다' ③ '소문난 공주' ④ '태양의 후예' ⑤ '목욕탕집 남자들' ⑥ '세상 어디에도 없는 착한 남자' ⑦ '파랑새의 집' ⑧ '칠일의 왕비' ⑨ '한 번 다녀왔습니다' ⑩ '닥터 프리즈너' ⑪ 'Blood' ⑫ '루비 반지' ⑬ '영혼 수선공' ⑭ '학교 2015' ⑮ '풀하우스' ⑯ '솔 약국집 아들들' ⑰ '구름이 그린 달빛' ⑱ '아이엠

샘' ⑲ '저 푸른 초원 위에' ⑳ 'SPY'로 나타났다.

그런데 위와 같이 저작권 침해 의심 대상 플랫폼에는 중국의 온라인 동영상 시장을 석권하고 있는 대기업이 대부분 포함되어 있다.

중국의 주요 동영상 플랫폼별 저작권 침해 의심 사례

플랫폼명	저작권 침해 의심		플랫폼명	저작권 침해 의심	
	작품 수	링크 수		작품 수	링크 수
신랑웨이보(新浪微博)	78	1,240	AcFun	21	132
텐센트(騰訊視頻)	50	342	360동영상(360視頻)	5	29
아이치이(愛奇藝))	42	683	소후동영상(搜狐視頻)	23	270
하오칸동영상(好看視頻)	47	595	요우쿠(优酷)	63	1,887
콰이소우(快手)	16	378	투토우(土豆)	41	815
한쥐TV(韓劇TV)	30	562	Bilibili(哔哩哔哩)	73	580
취토우티아오(趣頭條)	12	263	西瓜視頻,今日頭條	56	751
왕이뉴스(罔易新聞)	25	177	누계	582	8,704

그런데 자국 내 저작권 침해를 완전히 없앨 수 있는 국가는 사실상 없을 것이다. 어쨌든 저작권 침해는 창작자의 창작 의욕을 꺾는 매우 나쁜 범죄 행위로 관련국들은 자국 내에서 불법 유통되는 저작권 침해건을 최대한 척결해야 할 것이다. 정상적인 교류와 교역이 이루어지는 환경을 만드는 것이 우리 모두에게 이득이 될 것이기 때문이다.

영화

2000~2004년 다양한 경로로 해외로부터 중국에 수입된 영화는 4,332편으로 집계되었다(출처: 中國文化貿易統計 p.131). 물론 해외로부터 수입된 영화로는 홍콩

과 대만 영화가 상당수로 추측된다. 중국의 문화산업시장이 발아하던 시기 중국의 영화 수출·입 현황을 보면 초기에는 자국 영화의 해외 수출액보다 해외 영화의 국내 수입액이 훨씬 많아 매년 교역 역조 현상을 보였다. 중국 외환관리국 자료를 인용한 '中國文化貿易統計 p.133'은 다음과 같다.

2000~2008년 중국 국산 영화 서비스 교역액 (단위: 천 달러)

연도	2000	2001	2002	2003	2004	2005	2006	2007	2008
수입	37,424	50,220	96.924	69,535	175,831	153,954	121,480	153,716	254,622
수출	11,302	27,895	29,674	33,443	40,993	133,859	137,433	316,285	417,943
차액	-26,122	-22,325	-67,250	-36,092	-134,838	-20,095	15,953	162,569	163,321

출처 : 中國文化貿易統計(中國統計出版社 2013.10 출간: 梁昭 著) p.133, p.136 자료 재정리

하지만 2006년 접어들면서 영화상품 교역의 역조 현상을 극복하고 흑자로 돌아섰다. 2008년 중국은 상영수익을 나누는 분장제 영화 20편을 수입했는데 수입처는 미국, 영국, 프랑스, 한국, 일본, 러시아, 스페인 7개국이다. 배급사가 저작권을 아예 구입하는 방식인 매단제 영화(批片: 買斷片)도 34편을 수입했는데 수입처는 미국, 독일, 캐나다, 한국, 룩셈부르크, 이탈리아, 오스트리아, 핀란드, 네덜란드, 프랑스, 러시아, 스페인, 영국, 일본, 태국, 베트남, 홍콩(네 편) 등 대체로 문화산업시장이 발달한 17개국이었다. 같은 해 영화 전용 채널 CCTV-6에서는 연간 20개 국가와 지역으로부터 수입한 영화 352편을 방영했고 전국 각급 지방 방송국에서도 180편, 2,232집을 방영했다. 같은 해 합작영화를 포함해 45편의 국산 영화를 해외 61개국과 지역에 수출한 것으로 집계(출처: 中國文化貿易統計 p.139)된 것을 감안하면 중국 국산 영화 해외판매와 중국대륙에서 연간 소비되는 영화의 방영량을 짐

작할 수 있다. 중국 자국 영화의 해외시장 매표수입에는 다소 기복이 있지만 대체로 계속 증가하는 추세다.

2003~2017년 중국 국산 영화 해외 매표 수입(억 위안) 추이

연도	2003	2004	2005	2006	2007	2008	2009	2010	2011	2012	2013	2014	2015	2016	2017
수입액	5.5	11.0	16.5	19.1	20.2	25.28	27.7	35.17	20.46	10.63	14.14	18.7	27.7	38.25	42.53

출처 : ① The Overseas Development Report of Chinese Radio, Film and Television(2018) p.54
② The Annual Development Report of Chinese Cultural Industries(2012) p.78
③ China Cultural Industries Annual Report 2017 p.259 자료 재정리

2017년에도 중국은 영화·TV 콘텐츠를 아시아 국가에 5,723만 달러어치 수출했는데 국가별로 살펴보면 ① 동남아 1,305만 달러 ② 한국 158만 달러 ③ 일본 739만 달러로 아시아 국가 수출 비중이 높으며 2016년 TV 프로그램 해외 수출도 ① 아시아 88% ② 미주 6% ③ 유럽 5% ④ 대양주 1%로 지역편중이 다소 심했다(출처: The Overseas Development Report of Chinese Radio, Film and Television(2018) p.12).

이는 해결해야 할 과제로 중국은 시장다변화로 지역편중에서 탈피하려는 움직임을 점점 보인다.

기타

앞에서 기술한 TV 프로그램 중 하나인 드라마, 영화, 저작권뿐만 아니라 다큐멘터리를 비롯해 게임 등 많은 문화콘텐츠의 수출·입도 다양하게 진행 중이다. 최근 들어 애니메이션영화, 다큐멘터리, TV 예능 프로그램 등 다양한 문화콘텐츠의 해외 수출 규모도 상당하다. 2017년 중국 국산 애

니메이션영화 '熊出沒'이 영어, 프랑스어, 스페인어, 포르투갈어, 이탈리아어, 러시아어, 인도어로 더빙되어 세계 60개국과 지역에 배급되었다. 이 애니메이션영화는 디즈니 아동 채널, 러시아 Karsel, 중동 IRIB, 인도네시아 MNCTV, 터키 SHOWTV, 이탈리아 국영TV RAI, 브라질 Globosat 유니버설TV, 아프리카 Star Times 등 세계 주요 TV와 뉴미디어 플랫폼에서 인기리에 방영되었고 연이어 터키, 러시아, 한국, 필리핀, 페루, 스페인 등의 영화관에서 상영되었다(출처: The Overseas Development Report of Chinese Radio, Film and Television 2018 p.6).

TV 예능 프로그램의 해외 수출을 살펴보면 2016년 수출액은 845만 6,000달러로 이 중 미국에 245만 2,300달러, 아시아 국가에 282만 9,300달러를 수출했다. 2002년 영국의 문화산업 수출액이 175억 달러였고 이듬해 2003년에는 문화산업이 금융업 다음의 제2대 산업으로 부상했으며 2003년 일본의 문화산업 수출액도 1조 5,779억 엔(약 134억 달러)으로 자동차산업 다음의 위치를 차지했다. 이같이 선진국의 문화산업이 발전·확대될 무렵 중국의 문화산업시장은 내세울 만한 사정이 못 되어 중국 정부는 자국 문화산업 발전을 위한 다양한 정책을 개발해 나갔다. 하지만 중국 시장의 규모가 워낙 방대해 단기간 자국 문화산업의 급속한 발전을 예상한 것처럼 2010년을 지나면서 급속히 발전했다.

1983년 처음 제작되어 CCTV에서 매년 설날 저녁 진행해온 대형 예능 프로그램 '春節聯歡晚會: 약칭 春晚'를 40년 넘게 발전시켜왔는데 2016년에는 164개국 409개 방송사가 중계방송했다. 이 중 394개 방송사는 '춘만(春晚)' 프로그램 전체를 방영했고 15개 방송사는 부분중계를 했으며 6개 국제 TV 채널에서는 생방송을 하면서 시청자 수가 무려 10억 3,300만 명으로 알려진 것을 감안하면 중국의 일부 특정 TV 프로그램의 위상을 짐작할 수 있다. 물론 세계 곳곳에 거주하는 화인(華人)과 그들과 관련 있는 매체들의 요청도 있었겠지만 나날이 발전하는 뉴미디어 환경 속에서 다양한 문화콘텐츠를 개발하는 데 어느 나라도 멈출 수 없는 것이 현실임에 틀림 없는 것 같다. 다음은 지난 30년간 한중 양국간 문화산업 분야에서 문화콘텐츠 교역이 얼마나 이루어져왔는지 관련 자료를 근거로 설명하겠다. 하지만 문화콘텐츠 세부 분야에서 극히 제한적일 수밖에 없는 점을 이해해주기 바란다.

이번 장에서는 일반적인 문화콘텐츠와 문화산업 분야에서의 주요 문화콘텐츠를 구분해 기술하겠다.

중국의 일반 문화콘텐츠 수출·입액(억 달러) 대비 한국의 비중

		2013	2014	2015	2016	2017	2018	2019	2020
수출	연간 총규모	898.6	1118.3	870.9	784.9	881.9	925.3	998.9	972.0
	대한국 수출액 한국 비중(%)	13.66(8) 1.52	10.95(10) 0.98	13.52(9) 1.55	15.5(8) 1.97	14.23(10) 1.61	14.09(10) 1.52	16.5(12) 1.65	20.42(11) 2.10
수입	연간 총규모	172.2	155.4	142.3	96.6	89.3	98.5	115.7	114.9
	대한국 수입액 한국 비중(%)	22.59(1) 13.12	22.15(1) 14.25	22.35(1) 15.71	8.98(2) 9.30	11.81(1) 13.23	10.14(2) 10.29	3.43(12) 2.96	1.64(11) 1.43

		2005	2006	2007	2008	2009	2010	2011	2012
수출	연간 총규모	176.0	201.7	349.2	390.5	346.5	429.0	582.1	766.5
	대한국 수출액 한국 비중(%)	– –	– –	–	–	7.53(8) 2.17	8.45(8) 1.97	11.86(9) 2.04	10.86(9) 1.42
수입	연간 총규모	11.2	11.9	33.2	42.5	42.4	58.1	89.3	121.0
	대한국 수입액 한국 비중(%)	–	–	–	–	2.27(5)	6.11(3)	17.32(1)	20.14(1)

주 : 문화콘텐츠 범위 (1): ① 출판물(도서, 신문, 간행물, 오디오·비디오 제품, 전자출판물) ② 공예미술품 및 수장품 ③ 문화용품(문구, 악기, 완구, 레크레이션 기기, 오락용품) ④ 전문 문화설비(전문 인쇄설비, TV·라디오, 영화 특수장비)
수출·입액 옆의 ( ) 속 수치는 중국의 해외 수출·입 국가 중 차지하는 순위임
출처 : 2015 China Statistical Yearbook on Culture and Related Industries pp.52~56 ② (2019) pp.42~44 ③ (2020) pp.43~47/(2021) pp.44~46 ④ 2013 中國文化及相關産業統計年鑒 pp.53~55 자료 재정리

중국의 일반 콘텐츠 상품의 대한국 수출액은 세계 8~10위이지만 중국의 대한국 수입액은 수년간 1~2위를 유지해오다가 2019년 들어 갑자기 3억 4,300만 달러로 줄어 12위로 추락했다. 이는 수입 대체국이 그만큼 많이 성장했다는 뜻이다.

TV 프로그램

한중 양국의 TV 프로그램 교역을 보면 한국은 드라마 수출이 현저하게 큰 비중을 차지한다.

한중간 TV 프로그램 교역 비교

		2019	2018	2017	2016	2015	2014	2013	2012	2011	2010	2009	2008
대한국 수입	금액	총액(만위안)	1,527	99	416	29,451	11,676	44,295.1	7,683.2	21,144.4	9,492	2,243	7,088	7,868.6
		드라마	1,203	–	–	28,983	11,227	44,129.1	7,404.5	21,067.8	9,487	2,092	6,713	7,572.2
		TV애니메이션	324	99	416	156	164	–	60	–	–	–	–	–
		다큐멘터리	–	–	–	63	67.7	4.1	22.0	72.4	5	–	–	–
	양	총량(시간)	70	46	147	1,343	1,038	3348	1,383	1,299	583	1285	1,328	2,869
		드라마(편수/집)	2/34	–	–	55/1319	26/592	186/4437	43/1706	49/1519	24/767	26/1499	32/1614	34/1439
		TV애니메이션(시간)	45	46	147	210	296	–	30	–	–	–	–	–
		다큐멘터리(시간)	–	–	–	62	16	1	26	148:50	4	–	–	–

		2019	2018	2017	2016	2015	2014	2013	2012	2011	2010	2009	2008
대한국 수출	금액	총액(만 위안)	–	–	–	2,081	2,990	833	1,346	1,368	1,737	940	351	209.27
		드라마	–	–	–	1,696	1,217.1	767.1	1,126.5	481.5	456	407	298	140.35
		TV 애니메이션	–	–	–	343	1,763.4	22.9	53.3	839.7	1,247	272	7	–
		다큐멘터리	–	–	–	29	9.7	43.0	166.4	43.0	35	–	–	–
	량	총량(시간)	–	–	–	1,207	784	505	763	694:51	1,039	668	525	410
		드라마(시간)	–	–	–	33/1443	20/923	14/630	19/828	14/590	17/682	13/521	10/475	9/304
		TV 애니메이션(시간)	–	–	–	6	20	3	45	52:36	26	3/130	1/50	–
		다큐멘터리(시간)	–	–	–	34	19	28	97	115	33	–	–	–

출처: ① 中國文化貿易統計(中國統計出版社2013.10 出版/梁昭 著) pp.164~168 ② 2012 China Social Statistical Yearbook p.67 ③ 2012 China Statistical Yearbook of the Tertiary Industry p.504 ④ 2013 中國文化及相關産業統計年鑒 p.140 ⑤ 2014 China Statistical Yearbook on Culture and Related Industries pp.181~182 ⑥ (2015) pp.165~p.166 ⑦ (2016) pp.158~159 ⑧ (2017) pp.162~163 ⑨ (2018) pp.150~151 ⑩ (2019) pp.135~136 ⑪ (2020) pp.123~124 자료 재정리

물론 시장논리 속에 이루어지는 상황이어서 뭐라고 탓할 수는 없지만 애니메이션, 다큐멘터리, 예능 프로그램 등 다양한 콘텐츠가 균형적으로 이루어지는 것이 더 바람직하다고 생각한다. 2017년 이전 한국은 대중국 TV 프로그램 교역에서 상당한 비중을 차지했지만 2017년 이후는 상당한 차이를 보인다. 위 표와 같이 2017년 이후 한국 TV 프로그램의 중국 진출은 사실상 전무한 실정이며 중국 TV 프로그램의 한국 수출자료도 찾을 수 없어 부득이 공란으로 두었으니 착오 없기 바란다.

중국의 대한국 TV프로그램 수출·입 비중(%) 비교

			2019	2018	2017	2016	2015	2014	2013	2012	2011	2010	2009	2008
대한국 수입 비율(%)	금액	총액	0.91	0.03	0.22	14.03	11.75	21.19	13.1	33.81	17.55	5.21	14.42	17.54
		드라마	3.56	0	0	35.56	38.10	25.99	30.22	53.2	27.45	9.75	24.97	31.17
		TV 애니메이션	0.30	0.04	0.5	0.15	0.37	–	1.35	–	–	–	–	–
		다큐멘터리	0	0	0	1.97	0.90	0.08	0.24	1.21	0.14	–	–	–
	수량	총량 (시간)	0.43	0.07	0.55	6.68	3.34	12.83	7.3	9.92	2.68	5.79	6.20	13.96
		드라마 (편수/집)	14/1.34	0	0	19.8/26	20.6/25.3	29.3/31.6	20.1/26.1	41.9/48	16.4/22.4	16.7/33.4	27.8/40	27.9/40
		애니메이션 (시간)	0.67	0.25	1.22	2.7	2.33	–	1.04	–	–	–	–	–
		다큐멘터리 (시간)	0	0	0	1.6	0.43	0.05	0.98	7.49	0.42	–	–	–

			2019	2018	2017	2016	2015	2014	2013	2012	2011	2010	2009	2008
대한국 수출 비율(%)	금액	총액	–	–	–	5.64	5.82	3.06	7.41	5.99	7.66	4.47	3.83	1.68
		드라마	–	–	–	5.7	3.23	3.69	12.18	3.21	5.09	5.44	8.31	1.86
		TV 애니메이션	–	–	–	9.37	17.53	0.72	1.08	27.04	34.05	2.44	0.16	–
		다큐멘터리	–	–	–	16.1	1.08	5.77	6.17	1.33	1.9	–	–	–
	수량	총량 (시간)	–	–	–	4.07	0.29	2.33	3.58	1.85	4.05	4.85	5.13	3.98
		드라마 (편수/집)	–	–	–	7.9/5.7	5.3/31.6	4.7/4.6	7.8/7.4	4.3/3.9	5.7/4.9	5.7/4.2	7.9/8.2	6.0/4.6
		TV 애니메이션 (시간)	–	–	–	0.42	0.65	0.11	1.79	3.1	6.1	3.6/2.6	1.8/1.6	–
		다큐멘터리 (시간)	–	–	–	3.22	1.54	1.81	2.99	4.85	2.97			

출처 : ① 中國文化貿易統計(梁昭 著) ② 2012 China Social Statistical Yearbook ③ 2012 China Statistical Yearbook of the Tertiary Industry ④ 2013 中國文化及相關産業統計年鑑 ⑤ 2014(2015) (2016) (2017) (2018) (2019) (2020) China Statistical Yearbook on Culture and Related Industries 자료 재정리

한국에 대한 중국의 주요 문화콘텐츠인 TV 프로그램 중 드라마의 수입 비중은 2016년까지 총수입액의 약 30%였는데 이는 중국대륙 내 한류와 관련 있다. 중국이 한국에 수출한 문화콘텐츠는 금액 면에서는 약 5%이지만 중국의 다양한 문화콘텐츠의 한국 진출은 나날이 증가하는 것은 주지의 사실이다. 이는 2016년 7월 이후 한국의 주요 문화콘텐츠의 중국 진입이 사실상 봉쇄된 것과 대조되는 상황이다. 알다시피 이는 사드 문제로 한중이 갈등을 겪으면서 문화와 문화산업 분야의 교류와 교역이 거의 끊긴 상태가 계속되어 안타깝다는 것이 일반적인 지적이지만 코로나19 때문에라도 제한적일 수밖에 없다.

❶ 국제적 경쟁력을 갖춘 문화콘텐츠만 생명력 유지

국가를 막론하고 문화콘텐츠 시장에도 치열한 시장논리가 적용된다. 중국 문화콘텐츠 시장도 예외가 아니다. 여러 가지 문화 외적 어려움에도 국제 경쟁력을 갖춘 문화콘텐츠는 생명력을 유지한다는 것을 잘 보여주는데 중국 시장에서의 미국과 일본의 문화콘텐츠 경쟁력이 그렇다. 지난 5년간 미국과 일본 드라마나 TV 방영용 애니메이션의 대중국 수출은 큰 변화가 없는 반면 한국 드라마나 TV 방영용 애니메이션은 중국 시장에서 거의 보이지 않는다. 특히 일본 애니메이션의 대중국 수출은 수출액 면에서 단일 국가로는 1~2위를 유지하고 수량 면에서는 중국의 연간 전체 수입물량의 42~73%를 차지한다는 사실이 이를 말해준다.

중국 TV 프로그램 중 드라마, TV 방영용 애니메이션, 다큐멘터리의 한·미·일 수입 비중(%)

구분/연도		수입 소요 금액(%)				수입 총수량(시간, 편수/집)(%)			
		총금액	드라마	TV 방영용 애니메이션	다큐멘터리	총수량 (시간)	드라마 (편수/집)	TV 방영용 애니메이션	다큐멘터리
한국	2020	0.94	0	1.98	0.1	0.70	0	1.69	0.2
	2019	0.93	3.56	0.3	0	0.43	1.4/1.34	0.67	0
	2018	0.03	0	0.04	0	0.07	0	0.25	0
	2017	0.22	0	0.5	0	0.56	0	1.22	0
	2016	14.0	36.79	0.15	1.97	6.68	19.8/2.6	2.71	1.60
미국	2020	15.5	15.7	9.1	37.8	14.4	16.2/15.5	5.68	39.5
	2019	44.67	9.19	56.39	36.5	45.44	6.29/6.14	24.0	30.26
	2018	27.96	42.04	23.5	9.99	62.78	23.0/19.5	14.6	11.2
	2017	27.27	37.96	18.4	16.7	25.08	27.8/20.1	19.9	44.15
	2016	22.40	46.53	2.11	21.3	34.13	26.3/21.7	37.4	45.04
일본	2020	28.66	7.37	53.7	3.96	28.0	24.6/15.4	54.0	0
	2019	17.50	6.54	24.18	1.99	28.3	23.0/10.6	66.0	2.68
	2018	44.29	3.26	62.27	0.01	20.27	6.1/2.99	72.79	0.06
	2017	30.32	3.37	66.77	0	28.37	4.96/4.7	61.44	0
	2016	40.23	0.82	77.84	0.78	17.55	5.1/2.99	42.04	0.21

출처 : (2017~2021) China Statistical Yearbook on Culture and Related Industries pp.162~163/
pp.150~151/pp.135~136/pp.123~124/pp.115~116 자료 재정리

여기서 2020년 중국의 TV 프로그램 해외 수입 대상국과 지역을 살펴보면 문화콘텐츠 강국인 미국과 일본이 시장의 상당 부분을 차지한다.

2020년 중국의 TV 프로그램 수입 대상국 및 지역

구분/국가·지역		합계	한국	미국	일본	유럽	대양주	동남아	홍콩	대만
금액 (만 위안)	총액	96,223	909	14,943	27,580	20,958	388	7,688	18,052	5,113
	드라마	37,995	0	5,954	2,793	1,861	0	7,547	14,612	5,103
	TV 애니메이션	45,826	906	4,170	24,610	15,460	20	1	582	10
	다큐멘터리	3,810	4	1,441	151	1,218	246	140	530	0
수 량	총량(시간)	6,932	49	1,000	1,941	1,633	110	1,143	395	280
	드라마(편수/집)	179 / 3.142	0	29 / 486	44 / 484	17 / 107	0	63 / 1,476	7 / 153	16 / 361
	TV 애니메이션 (시간)	2,783	47	158	1,504	1,009	0	24	19	6
	다큐멘터리(시간)	957	2	378	0	395	30	24	89	0

출처 : 2021 China Statistical Yearbook on Culture and Related Industries pp.115~117 자료 재정리

그런데 2020년 중국 문화콘텐츠 해외 수출 자료는 2017년 자료부터 찾을 수가 없어 안타깝다. 여기서 2020년 코로나19 상황에서 중국이 해외로부터 수입한 문화콘텐츠 중 TV 드라마와 TV 방영용 애니메이션의 수입기관을 다시 살펴보면 특정 기관에 치중되어 있음을 알 수 있다. 즉, 베이징시, 정부 소속 中央廣播電視總台(China Media Group), 기타 소속 부서와 일부 지방 성정부에 국한되어 있다.

2020년 중국의 TV 드라마 및 TV 방영용 애니메이션 수입기관 현황

수입기관/구분	수입 소요경비(만 위안)			수입 총량(시간, 편수/집)	
	총소요경비	TV 드라마	TV 방영용 애니메이션	총수량(시간)	수입 드라마(편수/집)
연간 총 합계	96,223	37,885	45,826	6,932	179/3,142
China Media Group	1,919	94	20	535	3/20
기타 소속 부서	8,460	0	0	450	0
베이징	68,808	32,988	33,709	5,210	142/2,598
텐진	2,562	2,407	155	214	13/270
상하이	944	809	0	179	4/29
산둥성	14	14	0	15	1/20
후난성	2,397	809	1,588	242	9/116

수입기관/구분	수입 소요경비(만 위안)			수입 총량(시간, 편수/집)	
	총소요경비	TV 드라마	TV 방영용 애니메이션	총수량(시간)	수입 드라마(편수/집)
광동성	1,119	765	354	86	7/89
쓰촨성	10,000	0	10,000	2	–

출처 : 2021 China Statistical Yearbook on Culture and Related Industries p.117 자료 재정리

어쨌든 중국의 TV 드라마, TV 애니메이션 등 주요 TV 프로그램의 해외 수입은 끊임없이 이어지고 있다. 특정 현안 때문에 어려움이 있어 가만히 있을 수는 없는 시점인 것 같다. 다음은 2008~2019년 중국 TV 프로그램 중 주요 콘텐츠의 수출·입 현황이다.

2019년 중국 TV 프로그램의 주요 수입 대상국 및 지역 현황

구분/국가·지역		합계	한국	미국	일본	유럽	아프리카	대양주	동남아	홍콩	대만
금액(만 위안)	총액	164,302	1,527	73,392	28,766	26,281	–	457	5,438	23,151	2,787
	드라마	33,793	1,203	3,105	2,212	1,639	–	–	5,384	17,214	2,572
	TV 애니메이션	108,290	324	61,065	26,184	18,568	–	70	–	895	–
	다큐멘터리	7,522	–	2,746	150	2,914	–	281	–	1,270	–
수량	총량(시간)	16,182	70	7,354	4,579	1,871	–	112	1,122	580	163
	드라마(편수/집)	143/2,539	2/34	9/156	33/268	23/180	–	–	60/1,483	5/115	8/197
	TV 애니메이션(시간)	6,706	45	1,611	4,248	664	–	5	–	20	–
	다큐멘터리(시간)	1,378	–	417	37	628	–	25	–	189	–

출처 : 2020 China Statistical Yearbook on Culture and Related Industries pp.123~124 자료 재정리

2018년 중국의 TV 프로그램 주요 수입 대상국 및 지역 현황

구분/ 국가·지역		합계	한국	미국	일본	유럽	아프리카	대양주	동남아	홍콩	대만
금액 (만 위 안)	총액	360,621	99	100,856	159,743	51,882	7	1,379	7,333	27,891	7,021
	드라마	80,657	–	33,916	2,627	5,729	–	200	6,704	22,025	6,938
	TV 애니 메이션	250,634	99	58,933	156,068	35,112	7	42	236	14	11
	다큐 멘터리	6,577	–	657	1	3,995	–	102	99	974	–
수 량	총량(시간)	66,341	46	41,653	13,446	4,951	1	327	884	3,769	916
	드라마 (편수/집)	360/ 6,846	–	83/1,336	22/204	49/236	–	1/60	32/766	127/ 3,681	26/375
	TV 애니 메이션 (시간)	18,213	46	2,659	13,258	1,865	1	72	213	19	1
	다큐 멘터리	1,785	–	200	1	1,036	–	84	4	272	–

출처 : 2019 China Statistical Yearbook on Culture and Related Industries pp.135~136 자료 재정리

2017년 중국의 TV 프로그램 주요 수입 대상국 및 지역 현황

구분/ 국가·지역		합계	한국	미국	일본	유럽	대양주	동남아	홍콩	대만
금액 (만 위 안)	총액	190,278	416	51,898	57,694	24,566	1,804	1,637	44,954	2,164
	드라마	81,453	–	30,921	2,743	6,794	–	1,241	38,181	800
	TV 애니 메이션	82,254	416	15,135	54,926	7,512	22	240	2,980	649
	다큐 멘터리	5,940	–	992	–	4,031	251	156	241	–
수 량	총량 (시간)	26,396	147	6,621	7,489	8,242	304	910	1,011	83
	드라마 (편수/집)	302/ 2,701	–	84/814	15/127	92/259	1/1	28/838	14/383	4/55
	TV 애니 메이션 (시간)	12,022	147	2,394	7,387	1,526	51	277	134	16
	다큐 멘터리	4,924	–	2,174	–	2,588	3	4	57	–

주 : 2017년에는 중국이 아프리카로부터 수입한 콘텐츠가 없었음
출처 : 2018 China Statistical Yearbook on Culture and Related Industries pp.150~151 자료 재정리

2016년 중국의 TV 프로그램 주요 수출·입 대상국 및 지역 현황

구분/국가·지역			합계	한국	미국	일본	유럽	아프리카	대양주	동남아	홍콩	대만
수입	금액(만 위안)	총액	209,872	29,451	47,014	84,431	10,246	3	1,045	4,284	24,207	5,491
		드라마	81,500	28,983	37,926	671	3,301	–	25	2,200	5,256	535
		TV 애니메이션	105,645	156	2,232	82,237	1,168	–	1	11	15,182	4,608
		다큐멘터리	3,202	63	681	25	1,473	–	388	135	359	–
	수량	총량(시간)	20,102	1,343	6,861	3,528	3,915	–	104	924	1,612	1,114
		드라마(편수/집)	277/5,070	55/1,319	73/1,101	14/152	38/339	–	1/4	28/826	27/652	37/541
		TV 애니메이션(시간)	7,752	210	2,900	3,259	153	–	4	61	479	687
		다큐멘터리	3,863	62	1,740	8	1,524	–	21	165	324	–
수출	금액(만 위안)	총액	36,909	2,081	1,278	5,115	1,831	227	304	7,288	5,045	8,490
		드라마	29,732	1,696	265	5,108	503	156	289	6,698	2,795	8,233
		TV 애니메이션	3,662	343	752	–	84	18	6	173	1,905	12
		다큐멘터리	1,800	29	31	1	823	31	–	182	121	69
	수량	총량(시간)	29,619	1,207	3,318	450	3,300	347	262	6,160	1,209	2,776
		드라마(편수/집)	419/25,455	33/1,443	21/806	13/544	18/769	6/287	8/298	107/6,809	29/1,153	75/3,155
		TV 애니메이션	1,407	6	153	–	531	72	2	263	112	130
		다큐멘터리	1,057	34	251	–	51	42	–	229	74	141

출처 : 2017 China Statistical Yearbook on Culture and Related Industries pp.162~163 자료 재정리

2015년 중국의 TV 프로그램 주요 수출·입 대상국 및 지역 현황

구분/국가·지역			합계	한국	미국	일본	유럽	아프리카	대양주	동남아	홍콩	대만
수입	금액(만위안)	총액	99,398	11,676	21,659	38,955	9,641	24	1,320	2,838	9,613	2,494
		드라마	29,466	11,227	12,276	628	1,361	–	–	1,040	2,229	636
		TV 애니메이션	44,472	164	1,620	38,084	864	–	–	–	2,019	
		다큐멘터리	7,488	67.7	1,894	106.1	2,266	2	680.6	16	2,268	64
	수량	총량(시간)	31,109	1,038	5,918	14,063	6,447	49	217	204	1,166	445
		드라마(편수/집)	126/2,340	26/592	9/104	16/184	23/278	–	–	8/182	28/532	15/418
		TV 애니메이션	12,690	296	1,765	8,431	1,493	–	–	–	133	45
		다큐멘터리	3,722	16	1,624	56	1,186	49	16	17	508	33
수출	금액(만위안)	총액	51,332	2,990	3,924	1,978	4,860	1,101	1,361	12,397	9,318	8,418
		드라마	37,705	1,217	2,066	1,966	3,461	872	1,273	9,314	7,149	6,405
		TV 애니메이션	10,059	1,763	959	–	1,293	153	88.4	1,824	1,682	1,447
		다큐멘터리	901	9.7	331.6	11.3	106	59	–	128.4	160.1	71.8
	수량	총량(시간)	25,352	784	5,761	219	594	891	129	7,355	3,428	2,872
		드라마(편수/집)	381/15,902	20/923	31/1,189	8/250	17/373	22/837	8/49	129/6,522	44/1,638	68/2,603
		TV 애니메이션(시간)	3,091	20	121	–	141	162	91	365	222	246
		다큐멘터리(시간)	1,233	19	262	5	148	19	–	120	309	187

출처 : 2016 China Statistical Yearbook on Culture and Related Industries pp.158~159 자료 재정리

2014년 중국의 TV 프로그램 주요 수출·입 대상국 및 지역 현황

구분/국가·지역			합계	한국	미국	일본	유럽	아프리카	대양주	동남아	홍콩	대만
수입	금액(만위안)	총액	209,024	44,295	20,059	93,940	9,962	105	1,838	11,072	21,435	5,056
		드라마	169,807	44,129	10,784	85,462	1,371	–	–	9,330	14,800	3,662
		TV애니메이션	11,028	–	1,019	8,384	229.2	–	–	–	248.8	1,147
		다큐멘터리	5,274.5	4.1	1,077.5	2.6	1,472	105	287.2	–	2,175	8.0
	수량	총량(시간)	26,089	3,348	6,074	3,088	7,217	3	70	1,239	3,371	1,543
		드라마(편수/집)	635/14,022	186/4,437	109/2,411	67/825	82/281	–	–	48/1,540	108/2,941	33/1,519
		TV애니메이션(시간)	4,560	–	1,041	2,421	416	–	–	–	159	513
		다큐멘터리	2,133	1	342	6	1,245	3	15:55	–	484	3
수출	금액(만위안)	총액	27,225.7	833	2,306.5	1,934.4	2,178.3	28.3	125.2	3,189.4	6,513.7	7,773.2
		드라마	20,795.5	767.1	318.6	1,314	677.7	6.7	22.1	3,151.7	5,403	7,438.5
		TV애니메이션	3,190	22.9	1,237.6	616.6	42.1	1	92.2	21.6	951.1	102.1
		다큐멘터리	745.7	43	378	–	21	13	–	–	87.8	186
	수량	총량(시간)	21,670	505	4,559	261	695	314	208	3,140	1,178	2,994
		드라마(편수/집)	296/13,824	14/630	30/992	6/336	11/361	4/155	4/161	91/3,897	24/1,029	71/3,183
		TV애니메이션(시간)	2,628	3	419	9	41	19	84	137	230	184
		다큐멘터리	1,546	28	240	–	15	106	–	–	37	402

출처 : 2015 China Statistical Yearbook on Culture and Related Industries pp.165~166 자료 재정리

2013년 중국의 TV 프로그램 주요 수출·입 대상국 및 지역 현황

구분/국가·지역			합계	한국	미국	일본	유럽	아프리카	대양주	동남아	홍콩	대만
수입	금액(만 위안)	총액	58658	7683	10456	2292	12804	126.4	994.3	8557	12627	2677
		드라마	24498	7405	2420	–	1939	–		6536	4369	1830
		TV 애니메이션	4432	60	1147	1970	420	–	–	–	712	111
		다큐멘터리	9273	22	1097	15	4179	–	390	13	3422	–
	수량	총량(시간)	18943	1383	4603	1299	6657	11	119	813	3612	187
		드라마(편/집)	213/6547	43/1706	42/950	–	30/278	–	–	22/787	70/2640	5/166
		TV 애니메이션	2879	30	639	1004	878	–	–	–	144	18
		다큐멘터리	2637	26	417	12	1195	–	16	2	920	–
수출	금액(만 위안)	총액	18166	1346	2796	2570	3922	900	472	1967	1142	2583
		드라마	9249.8	1126.5	868.4	1549	624	548	201	1516	554	1855
		TV 애니메이션	4894	53.3	517.5	1018	2127	313	–	290	235	342
		다큐멘터리	2694	166	1217	2.1	362	39	80	105	284	384
	수량	총량(시간)	21270	763	9380	561	1065	1240	210	3549	1481	1782
		드라마(편수/집)	243/11180	19/828	39/1564	13/575	5/184	11/414	5/201	93/3798	16/731	36/1609
		TV 애니메이션	2507	45	417	121	223	850	–	422	240	190
		다큐멘터리	3241	97	1809	7	154	80	10	155	294	390

출처 : 2014 China Statistical Yearbook on Culture and Related Industries pp.181~182 자료 재정리

2012년 중국의 TV 프로그램 주요 수출·입 대상국 및 지역 현황

구분/국가·지역			합계	한국	미국	일본	유럽	아프리카	대양주	동남아	홍콩	대만
수입	금액 (만 위안)	총액	62,534	21,144	8,145	3,086	8,766	3.3	2,132	5,496	8,216	5,431
		드라마	39,584	21,068	838	2,084	1,000	–	105	5,248	3,919	5,289
		TV 애니메이션	1,489	–	411	821	111	–	–	107	38.4	–
		다큐멘터리	5,976	72.4	2,122	26.6	3,472	3.3	122	17	82.4	–
	수량	총량(시간)	13,089	1,299	4,061	166	5,130	0:50	282	619	1,225	252
		드라마 (편수/집)	117/3,164	49/1,519	9/111	4/107	5/117	–	4/30	20/552	13/378	12/310
		TV 애니메이션 (시간)	384:50	–	294	45	17	–	–	14	15	–
		다큐멘터리	1,976	148	912	12	841	0:50	44	7:30	5:45	–
수출	금액 (만 위안)	총액	22,824	1,368	1,965	1,386	2,429	53.4	2,999	3,090	2,144	5,729
		드라마	15,020	482	760	1,353	156	51.4	2,265	2,452	1,158	5,190
		TV 애니메이션	3,105	840	396	13	379	–	39.4	317	597	205
		다큐멘터리	3,226	43	711	17	1,119	2	695	150	190	299
	수량	총량(시간)	37,572	695	15,538	242	916	283	3,179	5,554	22,774	5,442
		드라마 (편수/집)	326/15329	14/590	48/1759	9/257	20/537	11/332	39/3876	78/3472	42/1861	45/2095
		TV 애니메이션 (시간)	1,678	52	383	0:10	239	–	28:28	325	305	199
		다큐멘터리	2,369	115	498	7	59	2:36	264	364	374	685

출처 : 2013 China Statistical Yearbook on Culture and Related Industries p.140 자료재정리

2011년 중국의 TV 프로그램 주요 수출·입 대상국 및 지역 현황

구분/국가·지역		합계	한국	미국	일본	유럽	아프리카	동남아	홍콩	대만
수입	금액(만위안) 총액	54,099	9,492	6,631	783	6,094	87	14,697	8,949	3233
	드라마	34,564	9,487	1,036	575	67	–	14,572	5,837	2656
	TV 애니메이션	702	–	401	50	161	–	–	–	–
	다큐멘터리	3,683	5	1,011	33	1,989	–	–	552	32
	수량 총량(시간)	21,790	583	6,905	86	8,224	9	1,133	914	362
	드라마(편수/집)	146/3,423	24/767	31/50	1/23	4/8	–	40/1,063	33/875	12/330
	TV 애니메이션	279	–	165	8	65	–	–	–	–
	다큐멘터리	955	4	249	22	502	–	–	154	1
수출	금액(만위안) 총액	22,662	1,737	9,261	1,043	567	254	3,404	3,126	2401
	드라마	14,649	456	6,501	939	42	148	2,203	2,000	2068
	TV 애니메이션	3,662	1,247	381	78	365	67	511	757	219
	다큐멘터리	1,834	35	843	14	87	39	557	151	109
	수량 총량(시간)	25,657	1,039	8,455	625	888	1,294	5,217	2,775	2318
	드라마(편수/집)	298/14,001	17/682	87/3,396	17/573	3/130	26/1,034	78/4,851	28/1,561	39/1,750
	TV 애니메이션	426	26	103	1	79	3	260	109	27
	다큐멘터리	111	33	–	31	38	33	–	5	37

출처 : ① 2012 China Social Statistical Yearbook p.67 ② 2012 China Statistical Yearbook of the Tertiary Industry p.504 자료 재정리

2010년 중국의 TV 프로그램 주요 수출·입 대상국 및 지역 현황

구분/국가.지역		합계	한국	미국	일본	유럽	아프리카	남미	기타
수입	금액(만위안) 총액	43,047	2,243	13,593	826	4,937	18	13	21,417
	드라마	21,450	2,092	551	318	646	-	-	17,843
	TV 애니메이션	247	-	136	1	110	-	-	-
	수량 총량(시간)	22,197	1,285	8,526	350	110	3	4	2,666
	TV 드라마(편수/집)	156/4,482	26/1,499	10/137	3/34	8/46	-	-	109/2,766
	TV 애니메이션(편수/집)	8/785	-	5/555	-	2/130	-	-	-
수출	금액(만위안) 총액	21,010	940	1,143	713	2,177	48	156	15,732
	드라마	7,484	407	690	676	77	32	156	5,445
	TV 애니메이션	11,133	272	369	-	2,199	5	-	8,288
	수량 총량(시간)	13,762	668	3,032	192	505	113	69	9,183
	드라마(편수/집)	228/12,362	13/521	89/2,838	4/134	8/338	2/81	2/82	170/8,368
	TV 애니메이션(편수/집)	84/4,930	3/130	8/502	-	25/431	1/26	-	47/3,841

출처 : 中國文化貿易統計(中國統計出版社2013.10 출간: 梁昭 著) pp.167~168 자료 재정리

2009년 중국의 TV 프로그램 주요 수출·입 대상국 및 지역 현황

구분/국가·지역			합계	한국	미국	일본	유럽	아프리카	남미	기타
수입	금액(만위안)	총액	49,146	7,088	12,147	1,567	7,193	–	630	20,521
		드라마	26,887	6,713	–	1,177	2,266	560	560	16,172
		TV 애니메이션	128	–	74	20	34	–	–	–
	수량	총량(시간)	21,426	1,328	8,697	233	8,661	144	144	2,363
		드라마(편수/집)	115/4,035	32/1,614	–	11/187	8/371	1/120	1/120	63/1,743
		TV 애니메이션 (편수/집)	5/421	–	3/160	1/52	1/209	–	–	–
수출	금액(만위안)	총액	9,173	351	1,130	443	729	25	25	5,984
		드라마	3,584	298	246	372	77	25	25	2,404
		TV 애니메이션	4,456	7	801	–	520	–	–	2,778
	수량	총량(시간)	10,238	525	1,372	367	278	30	30	7,618
		드라마(편수/집)	127/5,825	10/475	18/805	12/384	7/168	1/30	1/30	76/3,926
		TV 애니메이션 (편수/집)	55/3,191	1/50	3/3	–	6/156	–	–	43/2,938

출처 : 中國文化貿易統計(2013.10 출간: 梁昭 著) pp.164~167 자료 재정리

2008년 중국의 TV프로그램 수출·입 대상 주요 국가 및 지역 비교

구분/국가.지역			합계	한국	미국	일본	유럽	아프리카	남미	기타
수입	금액(만위안)	총액	45,420.7	7,968.6	7,029	3,578	7,152.4	-	548	19,145
		드라마	24,293.2	7,572	145	2,901	452	-	324	12,899
		TV애니메이션	878	-	334	45	403		-	96
	수량	총량(시간)	20,550	2,869	7,463	582	6,551	-	165	2,920
		드라마(편수/집)	122/3,594	34/1,439	10/20	18/407	3/54		2/67	55/1,607
		TV애니메이션(편수/집)	13/734	-	3/207	5/254	4/233			1/40
수출	금액(만위안)	총액	12,476	209.3	1,010.6	1,340.6	1,553	253	189	7,920.5
		드라마	7,525	140.4	912	1,273	1,410	97	105	3,587.2
		TV애니메이션	2,948	-	-	-	64	80	-	2,804
	수량	총량(시간)	10,300	410	1,464	846	346	500	124	6,610
		드라마(편/집)	149/6,662	9/304	12/898	19/801	11/239	13/542	1/102	84/3,776
		TV애니메이션(편수/집)	38/1,877	-	-	-	3/124	4/165	-	31/1,588

출처 : 中國文化貿易統計(2013.10 출간: 梁昭 著) pp.162~163 자료 재정리

위 자료에 근거해 중국의 TV 프로그램 시장을 분석해보면 중국의 TV 프로그램 수입 국가 및 지역은 주로 한국, 미국, 일본, 홍콩이 대세를 이룬다. TV 드라마 수입액을 보면 미국은 2014년까지 다소 저조하다가 2015년 들어 중국의 전체 해외 수입 드라마의 41.7%, 2016년 46.5%, 2017년 38.0%, 2018년 42.0%를 기록했다. 한국 드라마의 중국시장 진출로 확보한 금액을 살펴보면 2008년 31.2%, 2009년 24.97%, 2010년 9.7%, 2011년 27.4%,

2012년 53.2%, 2013년 30.2%, 2014년 26.0%, 2015년 38.1%, 2016년 36.8%로 유지해오다가 2017년부터는 사실상 사라졌다. 홍콩은 10% 내외를 유지하다가 한국 드라마의 중국시장 진입이 어려웠던 2017년 중국의 TV 드라마 총수입액의 46.9%, 2018년 27.3%, 2019년 50.9%로 급증했다. 따라서 2015년 9월 1일~10월 15일 후난 위성TV 채널에서 인기리에 방영된 '대장금'으로 '제2의 한류'를 운운하던 한국 드라마의 전성기를 중국에서 다시 찾아보기 어려워졌다. 이는 앞에서도 말했지만 세계 뉴미디어 산업의 급속한 발전과 맞물려 세계 각국의 대량의 다양한 문화콘텐츠 생산과함께 중국 자국 문화콘텐츠의 적극적인 해외 진출 전략과도 관련 있어 보인다. 그리고 TV 프로그램 중 중국의 TV 애니메이션 시장도 매우 방대해 각국은 중국시장에 진출하기 위해 혼신의 노력을 다하고 있지만 사실상 시장은 중국 국산 콘텐츠를 제외하면 미국과 일본 애니메이션이 상당 부분을 차지하고 있다. 지난 10년간 중국이 해외에서 수입한 TV 애니메이션에 지불한 금액 기준으로 한국, 미국, 일본이 차지하는 비중을 알아보자.

중국의 한·미·일 TV 애니메이션 수입액 비중(%)

연도	2019	2018	2017	2016	2015	2014	2013	2012	2011	2010
미국	56.4	23.5	18.4	2.1	3.6	9.2	25.9	27.6	57.1	55.0
일본	24.2	62.3	66.8	77.8	85.6	76.0	44.4	55.1	7.1	0.4
한국	0.3	0.04	0.5	0.1	0.3	–	1.3	–	–	–

출처 : 中國廣電總局

특히 중국시장에서 일본 애니메이션의 인기를 잘 보여주는 반면, 한국 애니메이션의 중국시장 진출은 아직 요원해 보인다.

TV 드라마

한국 드라마의 중국시장 진출은 중국 내 한류와 직결되어 있다는 것이 정설이다. 한중 수교 이후 한국 드라마로 중국대륙에 최초로 진출한 작품은 1993년 CCTV에서 방영된 MBC '질투'였다. 하지만 드라마 분야에서 한류 열풍의 기폭제가 된 드라마는 '사랑이 뭐길래'로 1997년 CCTV에서 두 번 방영되었으며 1999년 접어들면서 '별은 내 가슴에', '달빛 가족' 등으로 이어졌다. 한국 드라마의 중국시장 진입·방영과 관련한 사항은 앞장 '한류와 한풍'을 참고하기 바라며 여기서는 양국간 교역 차원에서 앞장에서 언급하지 않은 부분 위주로 기술한다. 중국 TV 드라마가 한국 방송국에서 가끔 방영되는 가운데 1999~2003년 한국 경인방송(OBS)에서 중국 드라마 '환주격격(還珠格格)', '삼부(三部)', '노방유희(老房有喜)', '협여틈천관(俠女闖天關)', '회옥회주(懷玉會主)' 등 16편을 수입해 토요일과 일요일 저녁 프라임타임에 방영했는데 이 중 '환주격격'이 높은 시청률을 기록했다. KBS와 MBC에서도 '류성화원(流星花園)', '전왕(錢王)', '칭기즈칸(成吉思汗)'을 연이어 방영했다(출처: 中國電視産業發展研究報告: 中國廣播電視出版社 2011.1 출간 p.55).

2001년 중국 광전총국장이 당시 방중한 한국 문화체육관광부 장관에게 중국은 한국 드라마의 중국 수입을 제한하고 있지 않으며 8월 CCTV에서 수입해 더 많은 분량을 방영할 계획이라고 밝힌 후 '가을동화', '이브의 모든 것', '아름다운 날들' 등이 중국 TV 채널에서 방영되었다. 한국 TV 드라마가 중국시장에서 큰 인기를 누리던 2002~2004년 중국 정부가 수입을 비준한 한국 드라마는 다음과 같다. 다만 수입 비준 목록에서 드라마 명을 한글 병기 없이 중국어로만 표기했음을 양해해주기 바란다. 한국어 표기로 직역하면 별 의미가 없기 때문이다.

2002년 중국 광전총국의 한국 드라마 수입 비준 목록(27편, 510집)

연번	드라마명	집수	수입 시기	연번	드라마명	집수	수입 시기
1	家族迷情	16	1월 10일	15	美麗的日子	20	8월 7일
2	向日葵	19	1월 29일	16	律師情人	20	8월 19일
3	天涯海角	18	2월 1일	17	守護天使	20	8월 22일
4	双色婚紗	21	2월 6일	18	結婚進行曲	16	9월 9일
5	新貴公子	20	2월 9일	19	奔	8	9월 20일
6	姐妹花	20	2월 11일	20	美味美愛	19	9월 29일
7	三个朋友	19	3월 1일	21	冬日戀歌	30	10월 10일
8	六个孩子	20	3월 4일	22	預感	16	10월 17일
9	戰爭与愛情	19	3월 4일	23	情定大飯店	20	10월 29일
10	放手	20	3월 7일	24	可愛的女人	20	10월 29일
11	火花	20	3월 7일	25	純情	20	11월 14일
12	秘密	18	6월 26일	26	情侶	19	12월 8일
13	夢想成眞	16	7월 10일	27	眞相	16	12월 9일
14	工薪男人	20	7월 16일				

출처 : 中國廣電總局

당시는 한일 월드컵을 개최하던 시기로 6월 경기가 중계되면 한국 축구대표팀의 기세와 실력을 세계에 알리는 시기로 베이징에서만 세 군데 대형 옥외광장에서 TV로 계속 실황 중계되었다. 그곳에는 한국인들의 뜨거운 응원전도 벌어져 베이징 시민의 관심을 끌었다. 이 같은 상황에서 한국 대표팀 경기의 중국시장 방영과 함께 한국 드라마의 시너지효과가 배가되었다.

2003년 중국 광전총국의 한국 드라마 수입 비준 목록(24편, 423집)

연번	드라마명	집수	수입 시기	연번	드라마명	집수	수입 시기
1	李生兄弟(三)	4	1월 10일	13	四姐妹(二)	20	8월 4일
2	看了又看(一)	20	1월 14일	14	沐浴陽光	20	8월 25일
3	看了又看(二)	18	1월 14일	15	美麗人生	16	9월 10일
4	我的麻煩舅舅	20	2월 27일	16	看了又看(第二部)(一)	20	11월 4일
5	禮物	20	2월 25일	17	看了又看(第二部)(二)	20	11월 4일

연번	드라마명	집수	수입 시기	연번	드라마명	집수	수입 시기
6	正在戀愛中	20	3월 5일	18	看了又看(第三部)(一)	20	11월 8일
7	澡堂老板家的男人們(下部)(一)	20	4월 22일	19	看了又看(第三部)(二)	20	11월 8일
8	" (二)	20	4월 22일	20	明朗少女成功記	20	11월 28일
9	" (三)	3	4월 22일	21	看了又看(第四部)(一)	20	12월 9일
10	雪花	16	5월 20일	22	看了又看(第四部)(二)	20	12월 9일
11	203破案組	23	6월 9일	23	朱麗葉的男朋友	20	12월 12일
12	四姐妹(一)	20	7월 31일	24	看了又看(第四部)(三)	20	12월 30일

2004년 중국 광전총국의 한국 드라마 수입 비준 목록(30편, 559집)

연번	드라마명	집수	수입 시기	연번	드라마명	집수	수입 시기
1	孿生兄弟(一)	20	3월 15일	16	恢姑娘	20	7월 21일
2	孿生兄弟(二)	20	3월 15일	17	茶母	20	9월 11일
3	孿生兄弟(三)	6	3월 15일	18	人魚小姐(一)	20	9월 24일
4	朋友	20	4월 2일	19	人魚小姐(二)	20	9월 24일
5	紅豆女之戀	14	4월 16일	20	人魚小姐(三)	20	9월 24일
6	玻璃鞋	20	4월 16일	21	人魚小姐(四)	20	9월 24일
7	明成皇后(一)	20	4월 23일	22	夏日香氣	20	10월 18일
8	明成皇后(二)	20	4월 20일	23	人魚小姐(五)	20	11월 9일
9	明成皇后(三)	20	4월 20일	24	人魚小姐(六)	20	11월 9일
10	明成皇后(四)	20	5월 24일	25	人魚小姐(七)	20	11월 9일
11	明成皇后(五)	20	5월 24일	26	人魚小姐(八)	20	11월 9일
12	明成皇后(六)	20	5월 24일	27	人魚小姐(九)	4	12월 1일
13	明成皇后(七)	15	7월 1일	28	黃手(一)	20	12월 30일
14	女人天下(一)	20	7월 1일	29	黃手(二)	20	12월 30일
15	女人天下(二)	20	7월 1일	30	黃手(三)	20	12월 30일

출처 : 中國廣電總局

다만 위 드라마 목록에서 영화는 제외되었다. 위 드라마 중 '보고 또 보고'가 중국 TV에서 인기리에 방영된 후 이 드라마를 시청했던 베이징의 한 퇴직공무원 한 분이 필자에게 시청 소감을 담은 손편지를 보내왔다. 한국인의 질서의식과 시민의식을 칭찬하는 내용이었다. 한국 드라마가 중국의 많은 TV 채널에서 방영되어 한류 확산으로 이어지던 시기 일부 중국 전문가들은 한국 내 TV 채널에서는 중국 드라마가 방영되지 않고 있다고 불평했다. 즉, 2002년 '한국의 TV 방송사는 중국 드라마를 거의 구입하지 않는다. 한국의 3대 방송사인 KBS, MBC, SBS의 연간 프로그램 편성표를 보면 해외 수입 프로그램은 연간 TV 프로그램 방송량의 약 5%에 불과하고 그것도 미국 영화 일색이다. 종합적으로 말해 미국, 한국, 일본, 유럽 등은 다른 나라 TV 프로그램을 거의 수입하지 않는다.'라고 중국 전문가들이 구체적으로 지적했다(출처: China TV Drama 2003~2004 p.237).

어쨌든 한일 월드컵이 열리는 2002년 접어들면서 한국 드라마는 중국대륙뿐만 아니라 아시아 전역으로 확산되면서 드라마 굴기가 시작되었다. 당시 홍콩 ATV가 해외 TV 드라마 총 17편을 방영했는데 이 중에 한국 드라마는 ① 愛上女主播 ② 藍色生死戀(가을동화) ③ 冬日戀歌(겨울연가) ④ 美麗的日子(아름다운 날들) ⑤ 順風婦産科(순풍산부인과) ⑥ 新貴公子(신귀공자) ⑦ 醫家四姐妹 일곱 편이었다. 물론 일부에서는 한국 드라마가 중국대륙을 넘어 아시아로 확산되는 것을 곱게 바라보지 않았다. 광둥성 기관지 남방일보의 모회사인 남방일보 신문사 그룹의 자회사인 남방주말(南方周末)은 당시 '한국 드라마가 대만에서 자기 세상인 듯 안하무인 격으로 설친다. 2002년 SBS가 촬영한 인기 드라마 '유리구두'가 대만 무선TV에서 저녁 프라임타임에 방영되었는데 이것이 첫 효시다. 많은 TV 방송사가 한국 드라마와 같은 제작을 위해 노력하는 가운데 한국 드라마의 가격은 날이 갈수록 상승했다. 처음에는 1집(회)에 수백 달러하던 것이 나중에는 만 달러까지 폭등했다. 해외에 저작권을 판매해 이익도 두둑이 챙겼다.'라는 기사를 China TV Drama Report 2003~2004(p.239)에서 인용해 기술한 것을 보면 당시 한국 드라마의 위상을 짐작할 수 있다.

2006년 중국은 자국 TV 드라마 '와신상담(臥薪嘗膽)'을 1집(회)에 40,000달러를 받고 한국에 판매했고 후난 위성TV 채널에서는 '대장금'을 한국이 아닌 곳에서 800만 위안에 구입해 2005년 9월 1일~10월 15일 방영해 4,000만 위안의 수익을 올린 것을 중국 TV 드라마 시장에서 모르는 사람이 없다. 2004년 중국에서 방영된 해외 수입 드라마 총 649편을 국가별·지역별로 다시 살펴보자.

2004년 중국대륙에서 TV 방영한 해외 수입 드라마의 국가별·지역별 현황

국가·지역	홍콩	한국	대만	일본	미국	싱가포르	합작품	영국	독일	프랑스	인도	태국	이탈리아
방영편수	289	107	102	62	53	19	7	3	2	2	1	1	1
비중(%)	44.4	16.4	15.7	9.6	8.2	2.9	1.1	0.5	0.2	0.2	0.2	0.2	0.2

출처 : China TV Drama Report 2005~2006

　그리고 2004년 중국의 해외 수입 드라마를 방영한 채널 시청률 상위 10위 중 한국 드라마는 '명랑소녀 성공기'가 4위로 27개 채널에서 방영되었고 7위였던 '紅豆女之戀'은 24개 채널에서 방영되었다. 나머지는 홍콩과 대만 드라마였다. 2003년 1월 중국이 수입한 '보고 또 보고'와 2004년 9월에 수입한 '인어 아가씨'가 상위 10위권에 들었는데 다음 자료를 보면 당시 한국 드라마에 대한 중국 시청자들의 관심을 알 수 있다.

2004년 중국대륙 내 수입 드라마 시청률 상위 10위

드라마명	'보고 또 보고'(I)	'보고 또 보고'(II)	'보고 또 보고'(III)	'보고 또 보고'(IV)	'인어 아가씨'(III)	'인어 아가씨'(IV)
방영 채널	CCTV8	CCTV8	CCTV 종합	CCTV 종합	CCTV8	CCTV8
시청률(%)	2.9	2.2	2.3	2.7	1.3	1.5
시청 시장점유율 (%)	20.5	12.0	26.6	27.7	16.4	16.2
시청률 순위	1위	4위	3위	2위	9위	8위

출처 : China TV Drama Report 2005~2006 p.168 자료 재정리

다만 시청률 5~7위는 대만 드라마였고 10위는 홍콩 드라마였다. 홍콩 TV 방송국에서 방영되는 해외 수입 드라마 방영이 중국대륙의 TV 드라마 시장에 많은 영향을 미치는 것을 감안해 당시 홍콩 양대 TV 방송사에서 방영한 한국 드라마의 방영 상황을 알아보자.

2002년, 2004년 홍콩 양대 TV 방송사의 한국 드라마 방영 목록

방송사	2002년	2004년
ATV	① 愛上女主播 ② 藍色生死戀 ③ 美麗的日子 ④ 順風婦産科 ⑤ 新貴公子 ⑥ 醫家四姐妹 * 일본 드라마 2편, 미국 드라마 1편	① 眞愛賭注 ② 茱麗葉的情人 ③ 夏日香氣
TVB	* 일본 드라마 3편	① 金粉佳人 ② 開朗少女成功記 ③ 天國的階梯 * 일본 드라마 5편

출처 : China TV Drama Report 2005-2006 p.159 자료 재정리

2002년과 2004년 홍콩 TV 방송국에서는 대체로 연간 약 10편의 해외 드라마를 수입해 방영했는데 이 중 2002년에는 한국 드라마가 6편에 이르렀고 2004년에도 총 11편 중 6편이었다. 화교권인 대만에서도 한국 드라마가 상당한 인기를 끌었다. 2004년 시청률 상위 10위권 중 8편이 한국 드

라마였는데 '순풍산부인과', '천국의 계단', '대장금', '회전목마', '다모' 등이다. 2004년 중국은 한국 드라마 30편의 수입을 비준했지만 발행(배급) 비준은 8편에 불과했다. 2004년 중국 정부는 총 70편 1,297집을 발행(배급) 비준했다.

2004년 중국의 해외 수입 드라마 국가별·지역별 배급 비준 현황

국가·지역	대만	홍콩	한국	미국	싱가포르	인도	일본	영국	태국
발행(배급) 비준 편수	25	24	8	5	3	2	1	1	1

출처 : China TV Drama Report 2005~2006

2004년 분기별 해외 수입 드라마 발행(배급) 비준 내용을 더 상세히 살펴보면 1/4분기 14편, 2/4분기 17편, 3/4분기 12편, 4/4분기 27편으로 총 70편이었다. 2006년 이후 2016년 6월 30일까지는 중국대륙 각급 TV 채널과 온라인을 통해 한국 TV 드라마가 중국인들에게 많은 관심을 끌었다. 하지만 '대장금' 최고시청률 12.5%를 경신한 한국 드라마는 없었다. 따라서 중국대륙에서 '대장금' 이후 한때 다소 시들해진 한국 드라마에 대해 중국 드라마 업계 고위인사는 필자에게 '대장금'에 버금가는 드라마가 왜 나오지 않느냐며 아쉬워했다. 동서고금을 막론하고 가장 보편적인 가치인 '열심히 일하면 잘살 수 있다.'라는 '대장금'의 메시지는 중국 시청자에게 매우 신선하게 전달되면서 큰 반향을 일으켰다는 이유에서였다. 2010년 이후 중국 드라마 시장은 자국 내 뉴미디어 환경 변화에 능동적으로 대처하는 일환으로 과거 전통적인 TV 채널을 통한 드라마 시청과 함께 온라인 시청으로 시장환경이 변화하는 단계에 접어들었다. 따라서 2010년에는 온라인 드라마

방영에도 광고를 허락함으로써 온라인 방영의 본격적인 수익모델에 열중했다.

2013년 12월 18일~2014년 2월 27일 SBS 제작 드라마 '별에서 온 그대(來自星星的你)'가 중국 동영상 플랫폼 선두주자로 인터넷 거두 기업 바이두(百度: Baidu) 소속의 아이치이에서 온라인으로 방영되어 대대적인 성공을 거두면서 중국 웹드라마 시장에 불을 지폈다. '별에서 온 그대'는 저작권료로 1집당 185,000위안(약 3,300만 원)으로 중국 내 한국 드라마 저작권료가 정상에 진입한 것으로 평가받았다. 또한 2014년에도 한국 드라마가 현지에서 일정한 지속적인 인기를 누리면서 덩달아 한국산 맥주 수출도 대폭 증가하면서 '치맥(치킨+맥주)'이 한때 유행했다. 더불어 2016년 2월 24일~4월 14일 KBS2의 16부작 '태양의 후예'도 중국 인터넷 거대기업 바이두 소속 동영상 플랫폼 '아이치이'가 온라인 방영했는데 26억 회(次)로 시청자의 많은 관심을 받았다. 이 '태양의 후예' 1집당 저작권료는 250,000위안(약 43,750,000원)으로 상당한 대우를 받았다. 이 같은 상황과 맞물려 중국 드라마 시장에서는 한국 연예인들이 중국 드라마에 출연하는 형식의 합작드라마가 탄생했다. 2012년 추자연이 출연한 '매운 여자친구의 행복한 세월(麻辣女友的幸福時光)'을 비롯해 2016년 광둥 위성TV에서 방영된 박해진이 출연한 '멀리 떨어진 사랑(遠得要命的愛情)', 지창욱이 출연한 '나의 남신(我的男神)', 윤아가 출연한 '무신 조자룡(武神 趙子龍)' 등이 그 사례이다. 또한 2015년~2016년에는 10여 개 작품이 한중합작으로 제작이 완료되었거나 진행 중이었는데 2016년 하반기 이후 합작이 취소되거나 제작이 중단되는 사례가 발생하면서 양국의 제작사는 많은 어려움을 겪었다. 이같이 수년간 중국 드라마 시장에서 한국 드라마를 찾을 수 없던 2019년 한국의 삼화네트웍스사가 제작한 '여우 각시별'

의 서비스가 그해 10월 18일 중국 동영상 OTT 플랫폼 '쥐라이(聚來)TV'에서 진행되었다. 하지만 이후 다시 잠잠해졌다. 2022년은 한중 수교 30주년이 되는 해이므로 '한중 문화교류의 해'로 양국간 문화교류와 문화산업 교역이 정상적으로 진행될 것을 기대하는 것이 일반인들의 생각일 것이다. 또한 2022년은 베이징 동계올림픽이 개최되는 해다. 그만큼 한중 양국의 문화예술계 인사들뿐만 아니라 많은 사람이 교류와 교역이 활발해지길 소망할 것이다.

TV 예능 프로그램의 풍선효과

중국의 해외 예능 프로그램 수입은 2012년 이전으로 올라간다. 앞장에서 말했듯이 1998년 CCTV는 영국에서 이미 30여 년의 역사를 가진 경품 도박 프로그램 'Go Bingo'의 저작권을 구입해 중국식 방식으로 새로 개편한 '행운(幸運) 52'에서 시작했다. 그런데 2013년부터 중국의 이 TV 채널의 예능 프로그램이 많은 인기를 끌면서 해외의 우수한 예능 프로그램(포맷) 수입이 증가했다. 이는 2012년 말 중국 공산당 중앙에서 '팔항규정' 정책으로 주요 기념일이나 명절 저녁에 진행해온 대형 쇼프로그램 '완후이'가 대폭 축소됨으로써 광고 확보가 어려워져 방송사의 자구책으로 풍선효과로 나타난 것이 예능 프로그램의 확산으로 보는 것이 맞다. 사치풍조 퇴치와 근검절약 운동을 주요 실천방안에 포함시킨 팔항규정의 시행은 문화예술계와 방송계에 직·간접적으로 많은 영향을 미쳤다. 팔항규정의 세부지침으로 일곱 가지를 금지하는 '치부더(七不得)'라는 구체적인 실천방안은 다음과 같다. ① 상업성 원이완후이(文藝晚會) 정부예산 사용 불가 ② 많은 예산을 들여 정부재정으로 연예인 초청 불가 ③ 정부재정으로 인기 연예인, 운동선수(스타), 문화예술계 명망가 고액후원 금지 ④ 공유(公有)의 추모의식, 여행, 역사문화, 특색 있는 상품, 행정구역 변경, 공정(工程)의 정초식(定礎式) 또는 준공식 등의 경축 활동에서 원이완후이 원칙적 금지 ⑤ 기업과 공동주최하는 원이완후이와 경축 공연 금지 ⑥ 행정 권력으로 하급 사업단위에서 기업과 개인의 소요경비를 균등히 부담시키는 행위 금지 ⑦ 완후이 기회를 이용해 선물이나 귀중 기념품 방출 금지

이 같은 세부 실천방안을 보면 당시 문화예술계 시장의 상황을 이해하는 동시에 시장의 어려움도 짐작할 수 있다. 물론 팔항 규정 제정 이전부터 극히 일부이지만 완후이 프로그램 진행을 위해 무대제작비를 너무 많이 쓴다는 비판이 있었다. 완후이 프로그램 하나를 제작하려면 무대제작비로 프로그램 전체 제작비의 60~70%를 써 너무 호화스러운 무대를 제작해 프로그램의 질을 떨어뜨릴 수 있다는 비난을 받은 터였다. 이 같은 환경에서 2013년에는 완후이 프로그램이 65~70% 감소했다. 2012년 이전 성급 위성채널에서 수입한 예능 프로그램은 2007년 1개, 2009년 2개, 2010년 4개, 2011년 13개, 2012년 12개 총 32개였다. 중국 TV 프로그램 시장도 무척 복잡한데 과거 10년간 고수해온 '일극사성(一劇四星)' TV 드라마 방영정책을 2015년 1월 1일부터 '일극량성(一劇兩星)', '일만량집(一晩兩集)' 정책으로 전환함으로써 부작용을 최소화하는 방안의 하나로도 TV 예능 프로그램으로의 방향전환이 될 수 있었을 것이다. '일극사성'과 '일만량집'은 드라마 하나를 두 개의 위성채널에서 동시에 방영하는 것으로 매일 저녁 프라임타임에 2집만 방영해야 하는 정책으로 이해하면 될 것 같다.

2013~2016년 위성채널에서 인기리에 방영된 해외 수입 예능 프로그램

시청률은 상대적으로 높았는데 평균 0.8~4.7%였다. TV 드라마 시청률이 0.5% 미만인 드라마가 전체 드라마의 75%를 넘고 시청률 2% 이상인 드라마는 1년에 몇 편뿐인 것을 감안하면 매우 높은 시청률을 기록한 것은 분명하다.

중국의 한국 TV 예능 프로그램(포맷) 수입 방영 현황

연도	프로그램명	방영 채널 및 방영 기간	원작명	저작권자	비고
2013	爸爸去哪兒	후난위성 - 시즌 1: 2013년 10월 11일 ~12월 27일 - 시즌 2: 2014년 6월 20일 ~10월 3일 - 시즌 3: 2015년 7월 10일 ~10월 23일	爸爸!我們去哪兒	MBC	*위성채널의 TV예능프로 해외 수입 총수:17개 -미국(5), 한국(4), 영국(3), 네델란드(3), 독일(1), 아일랜드(1)
	媽媽咪呀.做女人就這樣	상하이 둥팡위성	Super Diva	CJ E & M	
	我是歌手	후난위성 - 시즌 1: 2013년 1월 18일 ~4월 12일 - 시즌 2: 2014년 1월 3일 ~4월 11일 - 시즌 3: 2015년 1월 2일 ~4월 3일	我是歌手	MBC	*방영시간: 매주 토요일 또는 일요일 프라임시간대 1회 방영
	我的中國星	후베이위성 (2013년 7월 7일~)	Super Star K	CJ E & M	
2014	奔跑吧兄弟	저장위성 - 시즌 1: 2014년 10월 10일 - 시즌 2: 2015년 4월 17일 ~7월 3일 - 시즌 3: 2015년 10월 30일 ~2016년 1월 15일	Running Man	SBS	* 위성채널의 TV 예능 프로그램 해외 수입 총수: 12개 - 한국 4, 미국 2, 독일 2, 일본 1, 이스라엘 1, EU 1, 네덜란드 1
	喜從天降	톈진위성	偉大的婆家	JTBC	
	2天一夜	상하이 둥팡위성	2天一夜	KBS2	* 2014년 해외 수입 총수는 25개로 이 중 12개가 한국 작품임
	不朽之名曲	상하이 둥팡위성	不朽之名曲	KBS2	

연도	프로그램명	방영 채널 및 방영 기간	원작명	저작권자	비고
2015년 1월 1일 2016년 6월	我去上學啦	상하이 둥팡위성 (2015년 7월 방영)	학교 다녀오겠 습니다	JTBC	* 예능 프로그램 총 38개 중 해외 판권 (저작권) 수입은 한국 작품 5개분임. 나머 지 33개 작품은 중국 국내 제작사간 공동 제작 작품임
	了不起的挑戰	CCTV(종합) (2015년 12월 방영)	무한도전	MBC	
	我們的法則	안후이위성 (2016년 6월 11일~8월 29일 방영)	정글의 법칙	SBS	
	誰是大歌神	저장위성 (2016년 3월 방영)		JTBC	
	看見你的聲音	장쑤위성 (2016년 3월 방영)	너의 목소리가 보여	CJ E & M	

출처 : China TV Rating Yearbook 2017 p.235, p.236, p.237, p.238 자료 재정리

2014년에는 오락 프로그램 제한령으로 TV 예능 프로그램의 해외 수입 방식이 국내·외 공동제작으로 바뀌었다. 2014년 위성채널들의 음악류 리얼리티 쇼 예능 프로그램 총 50개 중 해외수입은 12개로 줄어들었다. 물론 전국적인 TV 방송사들의 예능 프로그램은 총 98개 작품이다. 당시 위성채널에서 높은 시청률을 기록한 리얼리티 쇼 프로그램 공동제작 19개 작품 중 한중 공동제작은 두 개뿐이고 나머지 17개는 모두 중국 국내 제작사간 공동제작 작품이다. 2014년 한중 공동제작 TV 예능 프로그램은 ① 한국 CJ E&M이 상하이 둥팡 위성채널과의 제휴로 이루어진 야외형 '배착청춘거여 행지화양야야(背着青春去旅行之花樣爺爺: 꽃보다 할배)'가 제작되어 상하이 둥팡 위성채널에서 방영되었고 ② 한국 CJ E&M측과 후베이위성 공동제작으로 토크쇼 '금천불번뇌(今天不煩惱)'가 후베이위성에서 방영되었다. 당시 수년간 중국 TV 예능 프로그램 시장에서 많은 인기를 끌었던 TV 예능 프로그램 방영 건수가 2013년 60개, 2014년 98개, 2015년 200개, 2016년 400여 개인 것을 감안하면 당시 상황을 짐작할 수 있다. 하지만 2016년 6월 국가광전총국은 'TV·라디오 프로그램 자체 창작공작 강력촉진에 관한 통지'를 발표해 7월 1일부터 시행에 들어갔는데 이로 인해 해외수입 TV 예능 프로그

램 수입과 방영에 제한을 받게 되면서 한동안 뜨거웠던 예능 프로그램 시청률도 서서히 식어갔다.

중국의 TV 예능 프로그램 연간 1인 평균 시청시간(분) 추이

연도	2012	2013	2014	2015	2016	2017
연간 1인 평균 시청 시간(분)	6,340	6,587	6,386	6,980	7,011	5,384

출처 : China TV Rating Yearbook 2017 p.127/(2018) p.118 자료 재정리

2016년 위성채널은 전체 예능 프로그램 시장의 82.1%를 차지했다. 이 중 성급 위성채널은 2015년보다 1% 증가한 48.1%, 중앙급 위성채널은 5% 늘어난 34%였다. 나머지는 지상파 지방 TV 방송사들인데 매우 미미하다. 이같이 당시 중국 TV 예능 프로그램 시장에서 한국 예능 프로그램이 인기를 끌면서 높은 시청률을 확보했다. '아빠, 어디 가(爸爸去哪兒)'의 저작권료 수입은 1,100만 위안(약 20억 원)이었는데 여타 프로그램의 저작권료는 알려지지 않았다.

기타 분야

여기서 기타 분야란 한중 양국간 문화콘텐츠 분야 중 저작권, 영화, 게임 분야를 말한다. 앞장에서 일부 말했지만 중국 문화콘텐츠 분야의 해외 수출·입 세부항목에서는 도서류 저작권이 대부분이다. 한중 양국 관계에서도 마찬가지다.

한중 양국간 주요 문화콘텐츠 교역 내역(건)

연도	중국의 대한국 수입							
	2008	2009	2010	2011	2012	2013	2014	2015
총 연수출·입	16,969	13,793	16,602	16,639	17,589	18,167	16,695	16,467
도서	755	799	916	1,047	1,209	1,472	1,160	826
오디오	20	6	2	2	6	13	12	2
비디오	3	–	1	9	–	2	3	1
전자 출판물	25	10	20	25	10	19	11	6
소프트 웨어	8	17	23	8	3	2	1	–
영화	–	–	–	6	–	–	–	–
TV 프로그램	–	–	65	1	4	111	29	48
소계	811	833	1,027	1,098	1,232	1,619	1,216	833
한국 비중 (%)	4.78	6.03	6.19	6.60	7.00	8.91	7.28	5.36

연도	중국의 대한국 수출							
	2008	2009	2010	2011	2012	2013	2014	2015
총 연수출·입	2,455	4,205	5,691	7,783	9,365	10,401	10,293	10,471
도서	303	253	343	446	282	656	623	619
오디오	–	7	14	51	24	34	6	25
비디오	–	–	–	2	–	2	–	–
전자 출판물	–	7	3	8	4	3	11	8
소프트 웨어	–	–	–	–	–	–	–	–
영화	–	–	–	–	–	–	–	–
TV 프로그램	–	–	–	–	–	–	2	2
소계	303	267	360	507	310	695	642	654
한국 비중 (%)	12.34	6.35	6.32	6.51	3.31	6.68	6.24	6.25

출처 : 2009 China Statistical Yearbook of the Tertiary Industry p.476/(2010) p.487/(2011) p.495/(2012) p.498/(2013) p.502/(2014) p.540/(2015) p.582/(2016) p.540 자료 재정리

위 표와 같이 중국 주요 문화콘텐츠의 대한국 수출·입 양은 중국의 연간 총수출·입 양의 약 6%에 불과해 시장에서의 영향력은 미미하다. 하지만 위 자료는 공식적인 통계자료로서 실제 수량과는 차이가 없지 않다. 해적판이 많다는 것이 잘 알려진 사실이기 때문일 것이다.

다음은 영화 분야 교역을 간단히 기술하겠다. 한중 수교 이후 중국이 한국 영화를 공식 수입한 것은 1993년 창춘영화제작창에서 수입한 '지옥의 드레스'와 '후회 없는 사랑' 두 편이었다. 이후 중국의 한국 극영화 수입은 2000년대 초까지 연평균 2~3편에 불과했다. 미국 영화는 1985년 5월 1일 노농절을 기해 '명사수 하터'가 상하이에서 처음 상영되었고 이듬해인 1986년 3월 19일 할리우드 영화가 처음으로 베이징에서 상영되었는데 이는 1979년 1월 1일 미중 수교 이후 7년 만이었다. 그런데 2005년에는 중국의 한국 극영화 수입이 늘어났다.

2005년 중국의 한국 극영화 수입 상영 현황

영화명	상영 시기	상영 프린트 수	매표수입(만 위안)	중국측 배급사
지하철(地鐵)	2005년 4월 8일	90	550	上海嘉禾
피아노 치는 대통령(總統浪漫史)	2005년 5월 13일	40~50	50~70	中影/新華環球
주먹이 운다(哭泣的拳鬪)	2005년 8월 11일	60	100	紫禁城三聯
엽기적인 그녀(野蠻女老師)	2005년 8월 19일	50	140	中影
외출(外出)	2005년 11월 11일	60	520	華夏

출처 : 2005 中國電影市場資訊報告(中國電影制片人協會, 中國電影版權保護協會, 中國電影海外推廣中心 공동: 2006.4 출간) pp.90~92 자료 재정리

그런데 2005년 중국대륙 전역의 영화 체인관에서 신규 상영된 영화는 홍콩 영화 22편을 포함해 중국 국산 영화는 총 103편이었고 해외 수입 영화

는 55편이었다. 이 55편의 해외 수입 영화의 수입 대상국을 살펴보면 ① 미국 30편 ② 프랑스 6편 ③ 한국 5편 ④ 독일 3편 ⑤ 영국 3편 ⑥ 캐나다 2편 ⑦ 덴마크 1편 ⑧ 브라질 1편 ⑨ 싱가포르 1편 ⑩ 스페인 1편 ⑪ 일본 1편 ⑫ 미국-프랑스 합작품 1편, 총 11개국이다. 여기서 잠깐 한국 영화의 해외 수출 규모와 대중국 수출 상황을 살펴보면 한국 영화의 중국 수출항목에서 영화 영상기술 수출액이 영화 수출액보다 훨씬 많다.

한국 영화 완성작 연도별 해외 수출액 추이 (천 달러)

연도	2003	2004	2005	2006	2007	2008	2009	2010	2011
수출액 규모	30,979	58,284	75,994	24,515	24,396	21,037	14,122	13,583	15,829
계약 편수	164	194	202	208	321	361	251	276	366
연도	2012	2013	2014	2015	2016	2017	2018	2019	2020
수출액 규모	20,175	37,071	26,380	29,374	43,894	40,726	41,607	37,877	
계약 편수	331	403	529	650	679	802	603	574	

출처 : 한국영화연감 2017, 2018, 2019 자료 재정리

한국 영화의 대체적인 대중국 수출 현황은 다음과 같다.

한국 영화의 대중국 수출 현황

연도	2007	2008	2009	2010	2011	2012	2013	2014	2015	2016	2017	2018	2019
규모 (천 달러)	473	596	1,062	516	1,004	833	1,757	8,207	9,255	7,038	3,172	3,935	1,170
수출 편수	12	40	59	20	94	81	146	164	117	198	50	72	20
영상기술 서비스 수출	-	-	-	-	4,242	3,642	7,519	8,399	17,024	37,634	54,772	30,719	18,934
영상 비중 (%)	-	-	-	-	35.9	29.2	39.7	59.8	79.6	97.5	78.0	86.9	99.2

출처 : 한국영화연감 2013, 2014(p.133), 2015, 2016(pp.115~117), 2017(pp.141~147), 2018(pp.160~163), 2019, 2020(pp.72~199) 자료 재정리

다만 수출한 영화의 판권(저작권)의 종류가 TV Pay, PPV, Internet, VOD, All Rights, Mobile, OTT, HV, Digital Rights, DVD Rights 등 다양한 형태로 수출되었음을 간과하면 안 될 것이다. 2014년 들어 한중 양국은 '한중 영화 공동제작 협정' 체결과 '한중 FTA'에 따라 한중 합작영화는 중국 국산 영화로 인정받아 외국 영화 수입 쿼터제 적용을 받지 않았다. 하지만 2017년 2월 중국 국가신문출판광전총국 내부 지침에 따라 한중 양국의 영화 공동제작과 다양한 합작사업 진행이 금지되었다. 이는 사드 문제로 인한 한한령에 따라 2016년 7월 1일부터 중국대륙에의 한국 문화콘텐츠 진출이 사실상 금지된 것과 맥을 같이 한다. 그런데 지금까지 한국 영화의 중국시장 진출에서 상영관에서의 매표 판매수입 순위는 항상 하위권에 머물렀다. 그 이유는 여러 가지가 있겠지만 중국시장에 진출하기 전 이미 DVD, VCD 등의 영상물이 시장에서 나돈 것도 이유 중 하나가 될 것이다.

다음은 게임 분야를 살펴보자. 한국 게임이 중국시장에서 서비스를 시작할 무렵인 2002년 전후를 발아기로 보는 전문가가 많다. 2003년~2005년 해외 우수게임을 수입해 서비스를 개선하면서 모방과 학습의 시기로 이어졌다. 2006년부터는 자체 연구·개발한 국산 게임의 수익모델을 모색하면서 발 빠르게 발전기로 접어들었다. 2007년 중국 국산 게임의 해외 수출액은 불과 8천만 달러였지만 2020년에는 154억 5,000만 달러에 달했다. 가히 폭발적이었다. 한·미·일 게임시장이 중국 국산 게임에 많은 관심을 보이는 가운데 2019년 중국 국산 게임의 해외 수출 총액은 115억 9,000만 달러로 전년보다 21% 늘었다. 중국 국산 게임의 해외 수출 대상국 중 한·미·일 3국 비중은 67.6%인데 국가별 비중은 한국 14.3%, 미국 30.9%, 일본 22.4%다. 2020년 중국 게임산업 보고에 의하면 2020년에도 중국의 국산 게임 해외 수출 대상국에서 한·미·일 3국 비중은 60.27%로 큰 변화가 없었다. 한·미·일이 차지하는 비중을 세분화하면 한국은 8.81%로 약 13억 6,114만 5,000달러, 미국은 27.55%로 약 42억 5,647만 5,000달러, 일본은 23.91%로 약 36억 9,409만 5,000달러를 차지했다. 최근 수년간의 한중 게임 분야 교역 상황을 보면 결코 순탄하지 않다. 2017년부터는 한국 게임에 대한 중국 정부의 빤하오(版号: 중국 내 게임 서비스 허가권) 발급에서 미국과 일본에 비해 현격한 차이를 보였다. 지난 수년간 한국 게임에 대한 중국 정부의 빤하오 발급 수량을 보면 2009년 13건, 2010년 11건, 2011년 19건, 2012년 19건, 2013년 25건, 2014년 17건, 2015년 9건, 2016년 28건 2017년 6건이며 한국 국내 IP를 사용해 중국 게임개발사가 개발하는 형식의 빤하오 발급 수량은 2017~2019년 11건이었다. 중국은 2018년 중국 및 글로벌 게임 빤하오 발급 중단 이후 2019년 상반기에 일부 해제하면서 미국과 일본 게임에 대해서는 발급했지만 한국 게임에 대해서는 발급하지 않았다는 것이 시장의 전언이다. 중국 국내 게임시장에서도 정책 등 여러 가지 이유로 많은 게임사가 문을 닫았다는 소식이 전해지는 와중에 빤하오 발급 수량은 매년 줄었는데 2017년 9,368건, 2018년 2,064건, 2019년 1,570건이었다. 한국 게임의 해외 수출과 중국시장에 수출한 한국 게임 수출액을 살펴보면 2019년 한국 게임의 총 수출액 66억 5,777만 7,000달러 중 대중국 수출액은 전체 수출액의 40.6%인 약 27억 300만 달러였고 2020년 총수출액 81억 9,356만 2,000달러의 35.3%인 약 28억 9,232만 달러로 집계되었다(출처: 2021 대한민국 게임 백서 pp.80~82).

2020년 중국 게임의 해외 수출 국가별 비중 및 규모					(만 달러)
국가	미국	일본	한국	독일	영국	프랑스
총액비중(%)	27.55	23.91	8.81	3.93	2.70	2.07
수입액	425,647.5	369,409.5	136,114.5	60,718.5	41,715	31,981.5
국가	사우디아라비아	터키	브라질	인도	인도네시아	기타
총액비중(%)	1.75	0.91	0.89	0.34	0.89	26.25
수입액	27,037.5	14,059.5	13,750.5	5,253	13,750.5	405,562.5

출처 : 2020 China Gaming Industry Report p.12 자료 재정리

앞에서 지적했듯이 한국, 미국, 일본으로부터의 중국 국산 게임 수출에 대한 수입액은 전체 수입액의 60.27%로 약 93억 1,171만 5,000달러에 달한다. 한중 양국의 협력으로 새롭고 다양한 소재의 게임들이 유저(user)들의 환영을 받으며 공동발전하는 환경을 기대해 본다.

PART VII

한중 문화교류 전망

01 회고
02 전망

01 회고

　한중 양국은 상대방 문화에 대한 존중과 배려 속에 수교 이후 30여 년간 다양한 문화교류와 문화산업 분야에서 상당한 양의 교역을 이루어왔다. 2015년 1월 17일자 런민르바오는 양국 관광객 1천만 명 시대가 열렸다고 보도했다. 2014년 양국 관광객 왕래를 살펴보면 중국인 633만 5,000명이 한국을 찾았는데 이 숫자는 그해 한국의 전체 외래관광객의 43%를 차지했으며 관광객 1인당 평균 소비액은 1,738달러로 세계 1위를 기록했다. 같은 해 한국인 관광객의 중국 방문도 약 410만 명으로 기록적이었다. 이 같은 양국간 인적교류는 상대국 문화를 이해하는 데 많은 기여를 해왔다. 하지만 2016년 하반기 이후 문화교류와 협력 분야에서 새로운 활동이 거의 멈추었고 문화산업 분야에서는 게임 등 지극히 일부 특정 분야에서만 교역이 이어진 사실이 우리 마음을 안타깝게 했다. 기약 없이 문화교류와 협력이 멈춘 상태에서 '엎친 데 덮친' 격으로 코로나19가 터져 교류·교역도 활발하지 못해 계속 무관심으로 내버려두기에는 많이 부담될 것 같다. 이 같은 현상은 한중 양국이 자국의 사회적·문화적 발전에 득보다 실이 훨씬 크기 때문일 것이다. 분야별 교류·교역은 앞장에서 이미 설명드렸다. 여기서는 과거 양국간 따뜻했던 봄날의 기억을 되살려보고자 한다.

❶ 꼭 기억하고 싶은 기억들

한중 수교 이후 지금까지 지내오면서 양국 국민의 마음을 훈훈하게 했던 소중한 사례와 특기할 만한 주요 사건을 잊고 싶지 않아 몇 가지 정리해보았다. 이 같은 사례는 역사 속에 영원히 기록되고 서로의 마음속에서 지워지지 않을 것이다.

첫 번째는 1997년 12월 3일 한국이 IMF 구제금융을 지원받게 될 당시 중국 충칭시 소재 대한민국 임시정부청사 근무자들이 뜻을 모아 보내온 1천 달러 기부금이다. 당시 한국은 경제적으로 매우 어려운 상황에 IMF 구제금융 지원을 받게 되면서 이 국가적 위기 극복을 위해 국민과 정부가 합심해 모든 지혜를 모았다. 달러 가치는 2~3배 치솟았고 기업부도 사태가 쏟아지고 국민의 경제 사정이 급격히 추락하는 매우 엄중한 시기였다. 하지만 한국 국민은 고갈된 국가재정에 조금이라도 도움을 주기 위해 각 가정의 장롱 속에 간직해둔 금반지 등을 쏟아냈고 이 같은 장면이 연일 KBS 등 지상파 전파를 타면서 전 세계인의 주목을 받았다. 특히 중국인에게는 매우 충격적인 뉴스라고 일부 지식인들이 말했는데 이것도 중국 내 한류 확산의 문화 외적 요인으로 작용했다는 것이 일반적인 지적이었다. 이 같은 중차대한 시기에 충칭시 문화국 소속으로 편제되어 있던 대한민국 임시정부청사(重慶市文物保護單位 韓國臨時政府舊址, 重慶市人民政府1992年三月一九日公布라고 표지석에 기록되어 있음) 진열관(陳列館) 전 직원 16명의 한 달치 월급을 모았다면서 1천 달러를 당시 관장께서 주중 한국대사관에 근무 중이던 필자에게 보내왔다. 한국이 경제적으로 큰 어려움을 겪고 있어 마음 아프다며 조금이나마 도움이 되길 바라는 마음에서 보냈다고 말했다. 그 숭고한 마음을 접하고 필자의 눈시울이 뜨거워졌던 기억을 아직도 지울 수 없다. 당시 대한민국 임시정부청사 진열관의 관객 수는 상하이 소재 대한민국 임시정부청사 관객 수에 비하면 지리적 여건 등 여러 가지 이유로 현격한 차이가 있었고 재정적으로도 어려움이 컸던 때여서 전 직원의 따뜻한 손길은 더없이 빛났다.

두 번째는 중국에서 진행된 일 중 그 대상이 한국이 처음이라는 사실이다. 물론 한중 수교 이후 시기적으로 얼마 지나지 않았던 탓도 있지만 당시 중국에서 있었던 두 가지 사례를 정리하면 ① 베이징에서 외국 국가로는 처음 갖는 '한국 문화주간' 행사가 1996년 10월 10일~14일 약 600평 규모의 베이징호텔 그랜드볼룸과 1,700석 규모의 세기극장에서 동시에 진행되어 베이징시민과 현지 언론의 관심이 집중되었다. 그 구체적인 진행 내용은 앞장의 설명으로 대신한다. 여기서 또 다른 하나는 ② 1998년 6월 2일 한국 문화체육관광부와 중국 국가여유국간 '중국인의 한국 단체여행 허가' MOU 서명이었다. 한국 문화체육관광부 관광국장과 중국 국가여유국 순깡 부국장(관광청 차장급)이 서명한 이 허가는 제3국 단체여행 허가로는 한국이 처음이었다. 당시 중국 정부가 허가한 중국인 단체(10인 이상) 해외 여행국 또는 지역은 홍콩, 마카오, 싱가포르, 대만, 태국 정도로 이 지역 또는 국가들은 화교나 화인이 많아 진정한 의미에서의 중국인 단체 해외 여행국으로 한국이 처음이었다는 것이 지배적인 시각이었다.

세 번째는 이웃이 어려울 때 서로 마음을 나눈 것이다. 더 구체적인 내용은 앞장에서 설명했지만 2003년 SARS가 전국적으로 창궐하면서 중국이 큰 어려움을 겪을 때 많은 한국인이 SARS는 중국뿐만 아니라 우리 모두 함께 극복해야 할 문제라는 자세로 여러 가지 방법으로 접근했다. 특히 SARS가 퇴치된 후 2003년 8월 11일 그동안 SARS 퇴치를 위해 헌신하다가 유명을 달리한 의료진 등을 기리기 위해 한국 문화체육관광부와 중국 문화부 공동으로 베이징 전람관극장(2,600석 규모)에서 개최한 SARS 퇴치 위문공연이 머릿속에 항상 남아 있다. 이 같은 사례들은 문화교류와 문화산업 분야 교역 못지않게 중요하며 눈에 보이지 않게 많은 영향을 미친다. 어쨌든 이 사례들은 정말 가슴 따뜻하고 숭고했으며 상대방에 대한 깊은 이해와 배려심이 낳은, 영원히 남을 사건임에 틀림없다.

❷ 멈춘 교류의 동력

최근 수년간 한중 문화교류의 동력이 식어버린 느낌마저 들어 안타깝다. 작게는 한국 대중문화 분야의 드라마, TV 애니메이션, 다큐멘터리 등의 각종 자료에서 이 같은 사실을 발견하게 된다. 과거 '함께 누리자.'라는 뜻의 공향(共享)을 부르짖으며 문화산업 분야에서 상호 이익을 공유하자는 공영(共赢)과 호리(互利)를 내세워 상호 신뢰 속에 왕성한 교류와 교역이 진행되어왔지만 언제부터인가 까맣게 잊어버린 느낌마저 드는 것은 관련 분야 관계자들만의 잘못은 아닐 것이다. 문화는 그 나라에 국한되지 않고 세계적 공유물로 존경받아야 하며 지나친 자국 우선주의에 매몰되면 발전이 없다는 어느 학자의 주장이 새삼스럽게 들리는 이유는 무엇일까?

구분/연도		2020	2019	2018	2017	2016	2015	2014	2013	2012	2011
드라마	편수	0	2	0	0	55	26	186	43	49	24
	집수	0	34	0	0	1,319	592	4,437	1,706	1,519	767
	금액(만 위안)	0	1203	0	0	28,983	11,227	44,129	7,405	21,068	9,487
TV애니메이션	분량(시간)	47	45	46	147	210	296	0	30	0	0
	금액(만 위안)	906	324	99	416	156	164	0	60	0	0
다큐멘터리	분량(시간)	2	0	0	0	62	16	1	26	148	4
	금액(만 위안)	4	0	0	0	63	67.7	4.1	22	72.4	5

출처 : 2011~2021 China Statistical Yearbook on Culture and Related Industries 자료 재정리

　그런데 2017년 이후 오락프로그램의 중국 수출이 2016년보다 242.7%나 급감했다고 한다. 하지만 반드시 그런 것만은 아닐 것이다. 오르막이 있으면 내리막도 있게 마련이기 때문이다. 화제를 다시 바꾸어 아시다시피 한류는 세계시민들에게 문화향수(文化享受)의 기회를 제공했다. 1999년 11월 19일 중국 베이징 공산주의청년단 기관지 베이징칭년바오에 한류라는 신조어가 처음 등장한 이후 한류라는 단어는 전세계화(全世界化), 전세대화(全世代化)로 확산의 길을 걸어왔다. 특히 최근 들어 한류는 이미 전 세계인이 함께 즐길 만큼 보편화되어 크게 성장했다. 2020년 2월 10일 미국 국무부 모건 오테이거스(Morgen Ortagus) 대변인은 한국 봉준호 감독의 영화 '기생충'이 전날 아카데미 시상식에서 4관왕을 차지한 데 대한 축하 메시지를 트위터를 통해 보냈다. 모건 대변인은 '여러분은 네 개의 오스카상을 충분히 받을 만했다. 한류는 분명히 도래했다.'라고 밝혔다. 영화 '기생충'은 2019년 칸영화제에서 황금종려상을 수상하는 등 세계 각종 영화 시상식에서 상을 휩쓸 만큼 많은 관심을 받아왔다. 또한 2021년 영화 '미나리'가 골든그로브 최우수 외국 영화상, 선댄스 영화제 심사위원 대상, 관객상 등 90여 개 영화상

트로피를 받았고 제93회 아카데미 여우 조연상을 수상한 배우 윤여정 씨가 세계적인 배우로 추앙받게 했다. 세계적인 스타 BTS의 활동 소식도 세계 언론이 앞다투어 다루고 있다. 이웃나라 일본의 오리온 차트 1위를 차지한 BTS의 앨범 판매량이 2,272,040장인 반면 2위인 일본 4인조 밴드 '킹누(King Gnu)'의 판매량은 겨우 2,070장에 그친 것을 보도한 2020년 2월 27일자 한국의 언론 보도가 떠오른다. 일본 아사히신문 인터넷판은 영화 '기생충'과 그룹 BTS로 한국 대중문화는 일본과 아시아를 넘어 세계 쇼 비즈니스를 석권하려고 한다고 분석하고 '다양한 재료를 넣어 하나의 요리를 만드는 비빔밥 같은 한국 대중문화 속에 특유의 한(恨)의 정서가 더해지며 폭발력을 갖고 있다.'라는 분석기사도 내놓았다. 이 같은 일본의 일부 주요 언론 분석은 1998년 이후 한국의 일본 대중문화 개방정책이 시작될 무렵 도쿄에서 개최된 한국 유명가수 콘서트가 성황리에 끝난 후 한국 예술인들의 탁월한 예술적 실력을 일본 공연계 전문가들이 지적한 당시 내용과 일맥상통한다. 영국 '인디펜던트'는 '무수한 감정을 하나의 멋진 작품으로 엮어냈다.'라는 찬사와 함께 영화 '기생충'이 제1차 세계대전 참전 영국군의 일화를 담은 '1917' 등을 제치고 오스카영화제에서 1위를 차지했다고 격찬했다. 하지만 한류를 창작해내는 사람들은 거기에 그치지 않고 끊임없이 새롭고 신선한 충격의 창작물을 세계인에게 선사하기 위해 각고의 노력을 다하고 있어 한류의 전세계화, 전세대화는 지속적으로 강화·확대될 것으로 생각한다.

02 전망

    중국의 사회적·경제적 발전 속에 문화산업 시장 규모는 계속 확대되어 가히 세계적인 시장임은 주지의 사실이다. 연간 3,000만 대에 가까운 차량을 제작·생산하고 약 100만 대의 차량을 교역하며 도시로 이주해 노동자로 살아가는 2억 8,650만 명의 농민공(農民工)의 삶도 점점 개선되어 2020년 그들의 1인당 월 평균수입은 4,072위안(약 590달러)에 이른 것으로 집계되었다. 또한 이 문화향수 자들로서 문화산업 발전에 많은 영향을 미치고 있음을 부인할 수 없다.

중국의 각종 자동차 제작.생산량 추이

연도			2013	2014	2015	2016	2017	2018	2019	2020
연간 자동차 생산량(만 대)			2,211.7	2,372.5	2,450.4	2,811.9	2,901.8	2,781.9	2,552.8	2,532.5
자동차 수출·입 수량(만 량) 및 금액(억 위안)	수출	수량	92	90	72	79	104	115	122	108
		금액	120	770	696	709	898	972	1049	1090
	수입	수량	-	-	-	107	124	113	105	93
		금액	-	-	-	2,942	3,422	3,331	3,332	3,242

출처 : Statistical Communique' of the People's Republic of China on the (2013~2020) National Economic and Social Development 자료 재정리

중국 농민공 수 및 1인당 월 평균수입

연도		2015	2016	2017	2018	2019	2020
농민공	인구 수(만 명)	27,747	28,171	28,652	28,836	29,077	28,560
	1인당 월 평균수입 (위안)	3,072	3,275	3,485	3,721	3,962	4,072

출처 : Statistical Communique' of the People's Republic of China on the (2013~2020) National Economic and Social Development 자료 재정리

그리고 2020년 말 기준 1인당 GDP도 1만 달러가 넘은 10,503달러이며 네티즌 수도 약 9억 8,900만 명, 인터넷보급률은 70.4%이며 농촌의 인터넷 보급률도 55.9%다. 또한 인터넷 기업들의 2020년 투자도 비교적 활발히 진행 중이다. 하지만 당해연도 투자 현황만 보고 시장의 흐름을 낙관하기는 어려울 것이다. 어쨌든 2020년 중국 인터넷 선두 기업들의 투자 현황 몇 가지 사례를 소개한다.

2020년 중국 주요 인터넷 기업의 투자 현황

기업명	투자 건수	투자 주요 사항
텅쉰미디어	51	* 게임 분야 29건, 음악 분야 6건, 애니메이션 분야 3건 등 - 2020년 7월 4일 워너(華納)뮤직에 22억 9,000만 달러, 같은 날 華宜兄第에 22억 9,000만 달러 투자
B站	24	* 게임 분야 11건, 2020년 8월 31일 歡喜미디어에 5억 1,300만 홍콩 달러 투자
알리바바	5	* 影視(영화 · TV 프로그램) 분야 3건 * 2020년 9월 24일 中國廣電에 100억 위안 투자, 11월 7일 芒果超媒에 62억 위안 투자
字節跳動	14	* 주로 전략적 투자가 많음
快手	9	* 게임 분야 7건, 2020년 10월 26일 英雄體育에 1억 달러 투자
小米	7	* 게임 분야 2건, 2020년 12월 7일 云相數科에 3,900만 달러 투자
바이두	4	* 광고 1, 인터넷 문학 1, 짧은 동영상 1, 라이브 방송 1 등 다양한 분야에 투자, 2020년 11월 7일 YY 라이브 방송에 36억 달러 투자

출처 : Report on Development of China's Media Industry(2021) pp.196~202 자료 재정리

위 표와 같이 중국의 문화산업 대기업들의 문화산업 분야 투자는 계속 증가 중이고 시장에서의 수익 창출도 매년 증가 중인 형국을 보면 지속적인 발전으로 이어지는 분위기다. 앞장에서 각종 자료와 사례가 말해주듯이 한중 양국간 문화교류와 협력뿐만 아니라 문화산업 분야에서는 적어도 쉬지 않고 계속 질주할 것이다. 특히 나날이 발전하는 뉴미디어 시장에서 양국 관련 기업들은 협력과 경쟁을 반복해나갈 것이며 가장 경쟁력 있는 문화시장 선점을 두고 치열한 각축전도 예상된다. 이 같은 백가쟁명의 치열한 문화산업시장 경쟁은 서로 자극하면서 오히려 자국 문화콘텐츠의 국제경쟁력 제고로 이어져 상당한 긍정적 효과로 나타날 것이며 상대국 문화에 대한 존중과 이해에 바탕한 문화교류와 협력은 진정한 우의증진으로도 연결될 것이다. 하지만 양국뿐만 아니라 상대방이 있는 다양한 교류는 항상 순탄한 것만은 아니다. 예상하지 못한 불협화음도 발생할 수 있어 한중간 특징짓기에는 다소 애매한 상황이 전개되면서 어려움을 겪는 시간이 너무 길어지는 사례를 보았다. 하지만 외형적인 양국의 문화향수층은 계속 확대되고 품격 있고 고급화된 다양한 문화콘텐츠 제공을 요구받는 지금 콘텐츠에 대한 유저들의 선택의 폭도 급속히 확대되니 머뭇거릴 시간이 없다고 생각한다. 문화산업시장에서 갑작스러운 외부 돌발상황이 발생하지만 않는다면 양국간 정상적인 문화교류와 협력은 진행될 것이다. 2021년 10월 초 한국 웹드라마 '오징어 게임'이 세계적인 플랫폼 넷플릭스(Netflix) 사이트에 선보이면서 서비스되던 세계 83개국에서 시청률 1위를 차지한 현상은 문화산업 종사자들에게 많은 점을 시사한다.

❶ 중국의 방대한 문화산업시장

주지하듯이 중국 인구는 세계 1위다. 따라서 소비시장도 가히 세계적이다. 중국 문화콘텐츠산업 시장을 전망하는 여러 요소 중 소비자인 인구문제를 잠시 살펴보자. 2020년 말 기준 중국의 총인구는 1,409,778,724명에 남자가 721,416,394명, 여자는 688,362,330명으로 남자가 여자보다 33,054,064명 더 많다. 그리고 2030 세대 인구는 전체 인구의 27.67%인 389,947,129명이며 이 중 20대는 166,789,007명, 30대는 223,158,122명이다. 10대 인구도 전체 인구의 11.20%인 157,940,134명에 이른다. 따라서 중국의 10대, 20대, 30대 인구는 전체 인구의 38.87%, 547,887,263명으로 집계되었다. 이 젊은층은 문화콘텐츠 시장뿐만 아니라 일반시장에서도 영향력이 막강하다.

2020년 말 기준 중국 인구 연령층별 비교

구분/연령층별		10~14세	15~19세	20~24세	25~29세	30~34세	35~39세	65세 이상
인구 수(천 명)		85,256	72,684	74,942	91,847	124,145	99,013	190,635
총인구 비중(%)		6.05	5.16	5.32	6.52	8.81	7.02	13.53
성별	남(천 명)	45,607	39,053	39,676	48,162	63,872	50,932	90,510
	여(천 명)	39,649	33,631	35,266	43,685	60,273	48,081	100,125

출처 : 2021 China Social Statistical Yearbook p.51 자료 재정리

호구 수도 무려 522,689,264호에 이른다. 인터넷보급률도 계속 증가하는 추세이고 인터넷 및 관련 서비스 기업 수와 종사자 수도 많다.

중국 인터넷 보급률 및 인터넷 관련 기업 수·종사자 수 추이

구분/연도	2005	2006	2007	2008	2009	2010	2011	2012
인터넷보급률(%)	8.5	10.5	16.0	22.6	28.9	34.3	38.3	42.1
인터넷 기업 수 종사자 수(천 명)	-	-	19,857 508	20,195 491	19,558 591	20,071 764	21,291 772	20,815 788

구분/연도	2013	2014	2015	2016	2017	2018	2019	2020
인터넷 보급률(%)	45.8	47.9	50.3	53.2	55.8	59.6	64.5	70.4
인터넷 기업 수 종사자 수(천 명)	22,099 840	24,001 808	26,388 850	30,547 885	31,470 907	33,337 3,982	48,637 2,862	62,183 2,411

주 : 2018년 이후 종사자가 대폭 증가한 것은 종사자 대상 범위를 확대했기 때문으로 사료됨
출처 : 2021 China Statistical Yearbook on Culture and Related Industries pp.167~169/(2013)
　　　 pp.188~189/(2016) pp.213~215 자료 재정리

위 표와 같이 사회적 환경이 뉴미디어 시대에 빠르게 적응 중인 것으로 보이며 따라서 소비환경에도 많은 변화가 오고 있음을 알 수 있다. '2021년 국가 이미지 조사 결과 보고서/문화체육관광부 해외홍보원 2021.12'에 의하면 중국인들은 한국의 현대문화라고 부르는 드라마, 대중음악, 영화, 뷰티, 예능 프로그램 인지도가 높고 한류 콘텐츠를 접해보았다는 긍정 답변이 84.4%로 가장 높게 나왔으며 한국에 대한 전반적인 이미지에서도 긍정이 68.6%로 상당히 높아 한중간 문화산업시장에서의 상호 긍정적인 경쟁 속에서 인터넷 시대에 걸맞은 방안을 공동 모색해나갈 것으로 기대된다. 중국에 대한 한국인들의 호감도는 2015년 61%에서 2021년 37%로 줄어든 반면 비호감도는 37%에서 61%로 늘었는데 상대국에 대한 이 같은 호감도, 비호감도는 가변성이 항상 크므로 개선될 수 있을 것이다. 2021년 기준 한국의 1인당 GDP가 35,000달러를 상회했다는 소식과 2014년 이미 중국의 부를 대표하는 베이징, 상하이, 광둥성 주민 중 개인자산이 1,000만 위안 (약 18억 원) 이상 보유한 부유층이 베이징 192,000명, 광둥성 180,000명, 상

하이 159,000명이라는 중국 문화부 시장사(市場司)의 주장을 감안하면 문화예술에 대한 이들의 시각과 인식은 과거와 확연히 달라졌을 것이다. 문화는 동시대를 살아가는 사람들의 상호 교류를 통해 자연스럽게 받아들이는 공통 가치이며 여기서 파생된 문화산업은 21세기 지식정보화 시대의 경제적 부가가치 창조의 원천이자 새로운 성장산업으로 꾸준히 지적되어왔다. 따라서 문화는 일방적으로 전해질 수 없는 것이며 자유롭게 어울리고 대화하듯 소통될 때 누구나 주인이 될 수 있을 것이다.

한중 양국이 수교 초기 서로 필요했듯이 수교 30주년을 맞은 지금 뉴미디어 시대에 걸맞은 온라인 공간을 새로운 문화교류의 장으로 활용하는 지혜를 가지면서 문화산업 분야에서 선의의 경쟁자로 동행하는 노력을 하길 바란다. 어쨌든 2005년 전후로 양국간 매우 활발히 진행되었던 교류와 교역에서 바람직했던 현상이 다시 재현될지는 지켜볼 일이다. 양국간 문화 분야에서 상대방 문화에 대한 올바른 이해와 존중 속에서 서로 격려하고 취약 부문은 이끌어주며 선린 이웃으로 아량을 베풀기를 기대하는 것이 일부 사람들만의 희망이 아니길 바란다.

참고문헌

1. 中國視聽新媒体發展報告(2010): 中國廣播影視出版社2010.5出版/中國國家廣播電視總局罔絡視聽節目管理司. 中國國家廣播電視總局發展研究中心 編著

2. 中國視聽新媒体發展報告(2014): 中國廣播影視出版社2014.5出版/中國國家廣播電視總局罔絡 視聽節目管理司. 中國國家廣電總局發展研究中心 編著

3. 中國視聽新媒体發展報告(2015): 中國廣播影視出版社2015.6出版/中國國家廣播電視總局罔絡視聽節目管理司. 中國國家廣電總局發展研究中心 編著

4. 中國視聽新媒体發展報告(2018): 中國廣播影視出版社2018.8出版/中國國家廣播電視總局罔絡視聽節目管理司. 中國國家廣播電視總局發展研究中心 編著

5. 中國視聽新媒体發展報告(2019): 中國廣播影視出版社2019.5出版/中國國家廣播電視總局罔絡視聽節目管理司. 中國國家廣播電視總局發展研究中心 編著

6. 中國視聽新媒体發展報告(2020): 中國廣播影視出版社2020.5出版/中國國家廣播電視總局罔絡視聽節目管理司. 中國國家廣播電視總局發展研究中心 編著

7. 中國視聽新媒体發展報告(2021): 中國廣播影視出版社2021.5出版/中國國家廣播電視總局罔絡視聽節目管理司. 中國國家廣播電視總局發展研究中心 編著

8. 中國与周邊國家: 構建新型伙伴關系(中國社會科學文獻出版社: 2008.2出版/主編張蘊岭)

9. 中韓劫機外交(当代中國出版社: 2009.1出版/阮虹 訪談 정리)

10. 中國傳媒産業發展報告(2018): 中國社會科學文獻出版社2018.7出版/崔保國, 徐立軍, 丁邁 主編

11. 中國傳媒産業發展報告(2019): 中國社會科學文獻出版社2019.8出版/崔保國, 徐立軍, 丁邁 主編

12. 中國傳媒産業發展報告(2020): 中國社會科學文獻出版社2020.8出版/崔保國, 徐立軍, 丁邁 主編

13. 中國傳媒産業發展報告(2021): 中國社會科學文獻出版社2021.8出版/崔保國, 徐立軍, 丁邁 主編

14. 2020中國游戲産業發展報告: 主辦單位 中國音數協游戲工委. 中國游戲産業研究院

15. 2017中國游戱産業報告(摘要版): 中國書籍出版社2017.11出版/主辦單位: 中國音數協游戱工委

16. 中華人民共和國2009年國民經濟與社會發展統計公報: 中國統計出版社 2010.2.28出版/國家統計局

17. 中華人民共和國2010年國民經濟與社會發展統計公報: 中國統計出版社 2011.2.28出版/國家統計局

18. 中華人民共和國2011年國民經濟與社會發展統計公報: 中國統計出版社 2012.2.28出版/國家統計局

19. 中華人民共和國2012年國民經濟與社會發展統計公報: 中國統計出版社 2013.2.28出版/國家統計局

20. 中華人民共和國2013年國民經濟與社會發展統計公報: 中國統計出版社 2014.2.28出版/國家統計局

21. 中華人民共和國2014年國民經濟與社會發展統計公報: 中國統計出版社 2015.2.28出版/國家統計局

22. 中華人民共和國2015年國民經濟與社會發展統計公報: 中國統計出版社 2016.2.28出版/國家統計局

23. 中華人民共和國2016年國民經濟與社會發展統計公報: 中國統計出版社 2017.2.28出版/國家統計局

24. 中華人民共和國2017年國民經濟與社會發展統計公報: 中國統計出版社 2018.2.28出版/國家統計局

25. 中華人民共和國2018年國民經濟與社會發展統計公報: 中國統計出版社 2019.2.28出版/國家統計局

26. 中華人民共和國2019年國民經濟與社會發展統計公報: 中國統計出版社 2020.2.28出版/國家統計局

27. 中華人民共和國2020年國民經濟與社會發展統計公報: 中國統計出版社 2021.2.28出版/國家統計局

28. 中國人心目中的韓國形象: 中國民族出版社2009.8出版/王曉玲 著

29. 韓國人的中國觀: 中國社會科學文獻出版社2014.10出版/王曉玲 著

30. 文化貿易統計: 中國統計出版社2013.10出版/梁昭 著

31. 中國外交与國際發展戰略研究: 中國人民大學出版社2009.7出版/胡樹祥 主編

32. 中國人口結構問題: 中國社會科學文獻出版社2009.3出版/李建新 著

33. 中國与朝鮮半島關系史論: 中國社會科學文獻出版社2006.8出版/楊軍,王秋彬 著

34. 中國電視劇市場報告2003-2004: 中國華夏出版社2004.1出版/上海電視節組委會.央視―索福瑞媒介研究 著

35. 中國電視劇市場報告2005-2006: 中國華夏出版社2005.6出版/上海電視節組委會.央視―索福瑞媒介研究 著

36. 2014年中國社會形勢分析与豫測: 中國社會科學文獻出版社2013.12出版/李培林,陳光金,張翼 主編

37. 中國廣播電影電視海外發展報告(2018): 中國社會科學文獻出版社2018.12出版/朱新梅 主編

38. 中國音樂産業發展報告2015: 人民音樂出版社2016.7出版/中國音像与數字出版協會音樂産業工作委員會 編

39. 中國音樂産業發展報告2016: 人民音樂出版社2017.9出版/中國音像与數字出版協會音樂産業工作委員會 編

40. 中國音樂産業發展報告2017: 人民音樂出版社2018.10出版/中國音像与數字出版協會音樂産業工作委員會 編

41. 2013中國文化及相關産業統計年鑒: 中國統計出版社2013.12出版/中國統計局社會科技和文化産業統計司. 中宣部文化体制改革和發展辦公室 編

42. 2014中國文化及相關産業統計年鑒: 中國統計出版社2014.12出版/中國統計局社會科技和文化産業統計司. 中宣部文化体制改革和發展辦公室 編

43. 2015中國文化及相關産業統計年鑒: 中國統計出版社2015.12出版/中國統計局社會科技和文化産業統計司. 中宣部文化体制改革和發展辦公室 編

44. 2016中國文化及相關産業統計年鑒: 中國統計出版社2016.12出版/中國統計局社會科技和文化産業統計司. 中宣部文化体制改革和發展辦公室 編

45. 2017中國文化及相關産業統計年鑒: 中國統計出版社2017.12出版/中國統計局

社會科技和文化産業統計司. 中宣部文化体制改革和發展辦公室 編

46. 2018中國文化及相關産業統計年鑒: 中國統計出版社2018.12出版/中國統計局 社會科技和文化産業統計司. 中宣部文化体制改革和發展辦公室 編

47. 2019中國文化及相關産業統計年鑒: 中國統計出版社2019.12出版/中國統計局 社會科技和文化産業統計司. 中宣部文化体制改革和發展辦公室 編

48. 2020中國文化及相關産業統計年鑒: 中國統計出版社2020.12出版/中國統計局 社會科技和文化産業統計司. 中宣部文化体制改革和發展辦公室 編

49. Washington Post지(2006년 8월 31일자)

50. Le Monde지(2006년 6월 4일자)

51. 中國人口安全報告-豫警与風險化解: 紅旗出版社2009.2出版/方向新 等 著

52. 2010中國社會統計年鑒: 中國統計出版社2011.12出版/國家統計局社會科技和 文化産業統計司 編

53. 2011中國社會統計年鑒: 中國統計出版社2012.12出版/國家統計局社會科技和 文化産業統計司 編

54. 2012中國社會統計年鑒: 中國統計出版社2013.12出版/國家統計局社會科技和 文化産業統計司 編

55. 2013中國社會統計年鑒: 中國統計出版社2014.12出版/國家統計局社會科技和 文化産業統計司 編

56. 2014中國社會統計年鑒: 中國統計出版社2015.12出版/國家統計局社會科技和 文化産業統計司 編

57. 2015中國社會統計年鑒: 中國統計出版社2016.12出版/國家統計局社會科技和 文化産業統計司 編

58. 2016中國社會統計年鑒: 中國統計出版社2017.12出版/國家統計局社會科技和 文化産業統計司 編

59. 2017中國社會統計年鑒: 中國統計出版社2018.12出版/國家統計局社會科技和 文化産業統計司 編

60. 2017-2018年中國互聯罔t産業發展藍皮書: 人民出版社2018.9出版/中國電子信 息産業發展研究院 編著

61. 中國廣播電影電視發展報告(2010): 中國廣播影視出版社2010.8出版/國家廣播電視總局發展研究中心 編著

62. 中國廣播電影電視發展報告(2018): 中國廣播影視出版社2018.8出版/國家廣播電視總局發展研究中心 編著

63. 中國廣播電影電視發展報告(2019): 中國廣播影視出版社2019.8出版/國家廣播電視總局發展研究中心 編著

64. 中國紀錄片發展研究報告(2018): 中國廣播影視出版社2018.4出版/張同道, 胡智鋒 主編

65. 中國紀錄片發展研究報告(2019): 中國廣播影視出版社2019.4出版/張同道, 胡智鋒 主編

66. 2012中國文化産業年鑒: 光明日報出版社2013.6出版/中國文化産業年鑒編輯部

67. 2016中國動漫游戱産業年度報告: 中國書籍出版社2017.11出版/魏玉山 主編

68. 中國音樂産業發展報告2014: 中國傳媒大學出版社2015.3出版/中國音樂産業發展報告2014 編委會 編

69. 中國音樂産業發展報告2015: 中國人民音樂出版社2016.7出版/中國音樂産業發展報告2015 編委會 編(主編: 趙志安)

70. 中國音樂産業發展報告2016: 中國人民音樂出版社2017.9出版/主編: 莫蘊慧

71. 中國音樂産業發展報告2017: 中國人民音樂出版社2018.10出版/中國音像与數字出版協會音樂産業促進工作委員會 編

72. 强國之路(中國共産黨執政興國的30个歷史關鍵)(洪向華主編/2010.7中國九州出版社出版)

73. 2021中國社會統計年鑒(中國統計出版社2021.11出版)

74. 2021中國文化及相關産業統計年鑒

75. 2021 대한민국 게임 백서(한국콘텐츠진흥원)

76. Apuntes Sobre la Industria Cultural en China/스페인 Miguel Sazatornil과 Maria Cruz Alonso 공동/중국 王留栓, 徐玲玲 共譯/2011.11復旦大學出版社 출판)

77. Annual Report on Digital Publishing Industry in China 2017-2018

78. 2018 한류 백서〈재단법인 한국국제교류진흥원〉

한중문화교류 30년사

"한중 상생 동반자의 시대" 미래와 과제

초판 1쇄 인쇄 2022년 8월 17일
초판 1쇄 발행 2022년 8월 22일

—

지은이 유재기
펴낸이 김호석
편집부 주옥경 · 곽유찬
디자인 최혜주
마케팅 오중환
경영관리 박미경
영업관리 김경혜

—

펴낸곳 도서출판 대가
주소 경기도 고양시 일산동구 무궁화로 32–21 로데오메탈릭타워 405호
전화 02) 305–0210
팩스 031) 905–0221
전자우편 dga1023@hanmail.net
홈페이지 www.bookdaega.com

—

ISBN 978–89–6285–358–2 (93910)